体育学术研究文丛

我国体育场地建设与发展研究

曹可强　徐文强　著

北京体育大学出版社

策划编辑　李志诚
责任编辑　李志诚
责任校对　秦德斌
版式设计　小　小

图书在版编目（CIP）数据

我国体育场地建设与发展研究／曹可强，徐文强著
. －－北京：北京体育大学出版社，2024.1
ISBN 978－7－5644－3934－7

Ⅰ.①我… Ⅱ.①曹… ②徐… Ⅲ.①体育场－建设
－研究－中国 Ⅳ.①G818

中国国家版本馆 CIP 数据核字（2023）第 209998 号

我国体育场地建设与发展研究
WOGUO TIYU CHANGDI JIANSHE YU FAZHAN YANJIU

曹可强　　徐文强　著

出版发行：北京体育大学出版社
地　　址：北京市海淀区农大南路 1 号院 2 号楼 2 层办公 B－212
邮　　编：100084
网　　址：http：//cbs.bsu.edu.cn
发 行 部：010－62989320
邮 购 部：北京体育大学出版社读者服务部 010－62989432
印　　刷：三河市龙大印装有限公司
开　　本：710 毫米×1000 毫米　1/16
成品尺寸：170 毫米×240 毫米
印　　张：20.5
字　　数：356 千字
版　　次：2024 年 1 月第 1 版
印　　次：2024 年 1 月第 1 次印刷
定　　价：80.00 元

前　言

体育场地（体育场馆设施的简称），是开展体育运动、发展体育事业的物质基础，是公共体育服务体系的重要组成部分，承担着为人民群众提供体育场地服务、体育健身指导服务和体育信息服务等责任，是实现国家体育事业发展目标、实施《"健康中国2030"规划纲要》《全民健身计划》及"奥运争光计划"的物质保证，同时也是经济发展、社会进步的重要标志。

本研究基于第六次全国体育场地普查的系统性数据，运用统计分析法、文献资料法、比较分析法和逻辑分析法等研究方法，对2004—2013年我国体育场地建设、运营现状进行全面研究，深入分析我国体育场地的数量、规模、地区分布、行业分布、类型分布、运营效果（2013年度）等现状，并与第五次全国体育场地普查的相关指标进行比较，总结2004—2013年我国体育场地建设、运营及其他方面的主要成就。再以国务院《关于加快发展体育产业促进体育消费的若干意见》为宏观背景，着重分析我国体育场地建设与运营过程中存在的问题，从而为我国体育场地新周期投资建设提供建议与对策。这一研究对于进一步了解我国体育场地分布、结构与开放情况，充分发挥体育场地的服务职能，增加体育场地供给，提高体育场地服务质量，满足人民群众对体育场地的需求具有一定的理论意义和应用价值。

第一章，介绍了我国体育场地建设历程和全国体育场地普查过程。从1949年中华人民共和国成立到2013年底，我国体育场地建设与发展大致经历了3个阶段，包括1949—1958年的体育场地快速增长时期、1959—1976年的体育场地低速发展时期和1977年至今的体育场地高速发展时期。我国体育场地建设与发展呈现出参与主体多层、项目类型多样、位置分布多端和投资融资多元等特征。为了及时掌握我国体育场地发展态势和特征，摸清家底，加强对体育场地建设的宏观管理和开发利用，从20世纪70年代中期开始，我国开始了不定期的体育场地普查。到目前为止，我国共开展了6次全国体育场地普查，分别在1974年、1982年、1988年、1995年、

2003 年和 2013 年，掌握了我国体育场地建设与发展变化的新特点，为科学合理制订我国体育场地建设规划和投资规划奠定了坚实的基础。

第二章，从总体上展现我国体育场地建设概况。2004—2013 年是我国体育场地建设发展的黄金 10 年，各类体育场地无论是在数量、面积和投资额方面都有了突飞猛进的发展。截至 2013 年 12 月 31 日 24 时，全国符合第六次全国体育场地普查要求的各类体育场地 169.46 万个，与第五次全国体育场地普查（截至 2003 年 12 月 31 日）的 85.01 万个相比，全国体育场地数量增加 84.45 万个，增长了 99.34%。体育场地总场地面积为 19.92 亿平方米，总建筑面积为 2.59 亿平方米，总用地面积为 39.82 亿平方米，比 2003 年第五次全国体育场地普查时（总场地面积约为 13.24 亿平方米，总建筑面积约为 0.75 亿平方米，总用地面积约 22.46 亿平方米）分别增长了 50.45%，245.33% 和 77.29%。平均每万人拥有体育场地数量为 12.45 个，平均每人拥有场地面积为 1.46 平方米，相比于第五次全国体育场地普查（平均每万人拥有体育场地约为 6.28 个，平均每人拥有体育场地面积约为 1.02 平方米）分别增长了 98.25% 和 43.14%。其中，2004—2013 年，新建体育场地 1294656 个，占体育场地总数的 79.00%，体育场地面积增加了 127665.33 万平方米，占总面积的 65.57%。

第三章，主要是从我国体育场地的地理位置分布来概览体育场地在各省、自治区、直辖市分布的实际状态：无论从数量还是从场地面积来看，均有显著增加。但是，各省区市体育场地建设发展也呈现出不均衡发展态势，如城镇体育场地建设投资额高、体育场地数量多、体育场地面积大；东部沿海经济发达地区体育场地发展速度快，西部崛起成为后起之秀，中部地区受经济发展的影响，体育场地发展速度受到明显制约。此外，与城镇相比，农村体育场地数量相对较少、场地面积相对较小，城乡体育场地的二元结构依然存在。

第四章，以不同场地类型为对象，即对综合性体育场、体育馆和足球、篮球、排球、乒乓球、羽毛球、网球、游泳、冰雪运动场地及全民健身路径、城市健身步道等十二大类主要体育场地进行分析，分别从各省区市、各系统、各单位类型和不同时期建成的场地分布及场地投资金额情况等 5 个维度进行微观分析，全面了解这些体育场地在全国分布的情况。

第五章，以不同隶属关系为主线，分析体育场地在不同系统（体育系统、教育系统、其他系统）、不同归属单位（中央、省/自治区/直辖市、地区/市/州/盟、县/市/旗、街道/镇/乡、居民/村民居委会及其他 7 种类型）和不同单位类型（体育场地的单位类型分为 4 类，分别是行政机关、事业单位、企业、其他单位。其中，企业又分为 10 个类别，分别是国有企业、集体企业、股份合作企业、联营企业、有限责任公司、股份有限公司、私营企业、其他内资企业、港澳台商投资企业和外商投资企业）之间的分布情况。从 3 个行业系统来看，其他系统的体育场地数量最多，共有 953962 个，占体育场地总数的 58.2%；教育系统次之，共有 660521 个，占 40.3%（教育系统的体育场地又大部分集中在中小学，共有 584865 个体育场地，占教育系统的 88.6%，占所有场地的 35.7%）；体育系统仅有 24322 个，占 1.5%。首先从不同归属单位来看，全国县级以下体育场地的总体规模和增长速度均稳步提高，其余归属关系体育场地的数量和面积均较第五次全国体育场地普查时的比例有所下降，反映出我国体育场地管理和服务的重心进一步下移。首先从体育场地的单位类型来看，体育场地的所有制结构还是比较单一，多元化的体育场地单位类型虽然有一定发展，但变化的速度缓慢。

第六章，以各类型体育场地的品质指标为分析对象，发现体育场地的品质概貌为：我国体育场地在总量增加的同时，体育场地的建设品质状况也有了显著提升，新建的体育场地在设计理念、建造规格、功能拓展方面得到进一步的完善，体现出高质量、高层次、高品质的显著特征。体育馆场地面层以木地板为主，占所有体育馆场地面层的 70.76%；其次是合成材料面层，占到 18.85%。足球、冰雪、全民健身路径工程、游泳等项目的体育场地品质状况不断优化。无论是场地面层、灯光设备、风雨大棚、大屏幕显示设备等都得到了相应的改造和完善，符合国家建设标准的体育场地数量日趋增多。

第七章，主要是概括分析我国体育场地建设的投资情况。2004—2013 年我国体育场地建设投资总额为 8372.69 亿元，占体育场地全部投资 11128.05 亿元的 75.24%，比第五次全国体育场地普查时的总投资（金额约为 2675.36 亿元）增长了 213%。我国体育场地投资主要来源是财政拨款 6335.21 亿元（占投资总额的 56.93%）、单位自筹 3826.38 亿元（占投资总额的 34.39%）、社会捐赠 327.89 亿元（占投资总额的 2.95%）和其他部分 638.57 亿元（占投资总额的 5.74%）。可以看出，政府财政拨款仍是我国体育场地建设投资的主要来源，但是，体育场地投资主体已呈现多样化的趋势，融资渠道也开始趋向多元化。当然，社会捐赠投资金额和其他投资金额在全部投资中所占的比例仍然很低，需要动员更多的社会资本积极参与我国体育场地建设。

第八章，以 2013 年度我国体育场地的运营数据为基础，概数体育场地的运行效果。现阶段我国体育场地的运营模式还比较单一，以自主运营模式为主，而选择委托运营或合作运营模式的体育场地还非常少，仅是自主运营模式的补充。体育场地的对外开放率处于中等水平，还有很大的提升空间，因为全天开放与部分时段开放的体育场地之和仅占体育场地总数的 65.87%，主要是教育系统的体育场地对外开放率低，仅为教育系统体育场地总数的 31.67%。从 2013 年度体育场地的运营收支情况来看：总体表现为入不敷出。我国所有体育场地实现收入 6452017.5 万元，实现支出 6616778.8 万元，净收入为 −164761.30 万元。单个体育场地平均年收入为 3.94 万元，平均年支出为 4.04 万元，平均每块体育场地的净收入为 −0.1 万元。

第九章，概述我国体育场地建设与运营的主要成就。2004—2013 年，各级地方政府和体育主管部门，积极探索体育场地建设工作的新思路、新方法，紧紧围绕提高基本公共体育服务水平，为达成比较健全的覆盖城乡全民健身公共服务体系的总体目标，实现了我国体育场地建设面积显著增加、体育场地类型结构不断优化、体育场地社会投资有所增长、体育场地健身功能得以彰显、体育场地社会开放逐步扩大和体育场地就业人员较大增长的新成就。纵观 2004—2013 年体育场地的发展，成就与困难并存，因为制约我国体育场地发展的一些问题依然存在，如现有的体育场地相关政策执行不力（财政补贴政策覆盖范围较窄、税收优惠政策适用范围有限、能源支持政策难以落实、用地政策仅适用于公益性场馆建设）、投资渠道来源不广、运营模式创新不够（管理体制陈旧、运营模式单一）、公共服务供给不足等。

第十章，根据我国体育场地建设的宏观愿景及体育场地建设过程中存在的问题，概论我国体育场地发展对策。今后，面对经济社会发展新趋势、新机遇和新矛盾、新挑战，要更加准确地把握战略机遇期中我国体育场地建设与发展的内涵，增建、扩建、改建体育场地，为全民健身运动的广泛开展，为进一步提高全民族的健康素质，积极促进"健康中国"建设，实现全民健身作为国家战略的"2025 年人均体育场地面积达 2 平方米"的发展目标，我国体育场地建设的步伐不能仅仅维持原来的速率，未来更应该加速发展。

第一，需要各级体育主管部门积极政策实施部门沟通、协调，力促现有体育场地建设与运营的各项优惠政策的贯彻落实，包括体育主管部门要监督各项优惠政策落实、地方政府要落实全民健身国家战略的相关政策，为体育场地运营管理提供宽松的政策环境。

第二，借鉴社会资本投资体育场地建设的国际经验，进一步引导和鼓励社会资本和民间资本参与建设和管理各类体育场地。同时，要给予体育场地建设实施"PPP模式"的政策支持，包括完善体育场地投融资政策、财政政策、体育场地规划与土地政策和税费价格政策等。

第三，变革单一的体育场地运营模式，促进体育场地多种运营模式融合，着力扩展合作运营和委托运营模式，挖掘合作运营模式及委托运营模式的潜能。推广城市综合体运营模式，完善体育场地运营的相关政策。

第四，促进各类体育场地的社会开放。包括扩大学校体育场地的对外开放、增加体育场地开放时长；促进中小城市体育场地的对外开放，提高体育场地的使用效率。

第五，合理规划体育场地布局，主要是通过增加城市非中心城区体育用地的供给，打造"三绿合一"的户外体育场地，并完善体育用地规划政策，使体育场地建设与人口结构、城市发展和老龄社会更加协调。

第六，优化体育场地类型结构，加快室内体育场地建设速度，适度增加农村体育场地建设规模，增建全民健身类体育场地，拓展现有篮球场地的使用功能，使体育场地在城乡、室内与室外、不同类型之间与城乡经济发展和全民健身运动的开展相匹配。

第七，加快重点项目场地建设速度，包括加大足球运动场地建设的力度，夯实冰雪运动发展的场地基础，适度增加排球场地的建设规模，扩展全民健身场地建设范围，确保国家体育重点工程的顺利完成。

第八，建立体育场地统计的长效机制和大型体育场馆动态统计体系，完善非普查年份体育场地统计报表制度，建立体育场地统计信息查询平台，并试点推行移动网络直报和科学推测算制度，使体育场地统计工作更加准确有效。

目 录

第一章　我国体育场地建设与普查

体育场地，是国家发展体育事业的基础条件之一，是实现国家体育事业发展目标、实施《"健康中国2030"规划纲要》《全民健身计划》及"奥运争光计划"的重要物质保证。体育场地，不仅是国家或地区体育发展水平的重要体现，也是经济发展、社会进步的重要标志。体育场地建设的数量、规模、结构及资金投入的力度等，都可以反映我国经济社会发展的综合水平和人民生活的质量。

一、我国体育场地建设历程

在我国体育场地整个建设过程中，体育场地数量和面积在不同历史时期虽然受到宏观社会环境和政治、经济制度的影响出现过波动，但是总体上仍然呈现出不断增长的趋势。

（一）1949—1958 年体育场地快速增长

中华人民共和国成立之初，医疗和体育成为改善人们健康状况的两种重要途径，增强人民体质成为新中国刚刚成立的一项重要的政治任务，体育场地建设得到了前所未有的重视。中华人民共和国成立之前体育运动十分落后，保留下来的体育场地不仅数量很少，而且质量也很低。到1949年，全国只有4982个体育场地（1949年之前共有体育场地2943个）。1952年毛泽东同志为中华全国体育总会成立大会题词"发展体育运动，增强人民体质"，激发了全国人民开展体育活动的积极性，全国开始推行"劳卫制"、广播体操，以及运动员、教练员、裁判员技术等级制度。当时，国家把着眼点放在增强人民群众的体质上，学校体育、职工体育、农村体育、业余训练蓬勃发展起来。在群众体育活动广泛开展的基础上，培养了大批优秀的运动员。同时，体育场地建设进入了第一个高潮。

在国务院的直接领导下，以国家预算方式进行体育基本建设投资，有计划地建设公共体育场地和训练场地。各个厂矿企业、学校、部队、医院等单位积极建设各类供群众锻炼的体育设施。一批大型体育场馆设施也兴建起来，标志性的建筑是20世纪50年代的北京体育馆和北京工人体育场等。1949—1958年，体育场地总个数净增加8989个，与1949年之前相比，8年时间增长了将近4倍。这与中华人民共和国成立初期大力提倡增强人民体质的有关决策有关，当然，也与1954年国际奥委会承认中华全国体育总会为中国奥林匹克委员会，其间还举行了中华人民共和国第一届全国民族形式体育表演竞赛大会（1953年）、中国第一届工人运动会（1955年）等大型体育比赛有关。在1953—1956年间，全国举办的地、市以上运动会达6000多次，其中全国性运动会达75次，为1949年前全国性比赛的8倍，这些体育赛事活动有效地刺激了体育场地的建设与发展。

（二）1959—1976年体育场地低速发展

1959—1976年，我国体育场地建设的速度减缓，甚至停滞下来，体育场地增长速度大大降低。其间体育场地数量增加9968个，比上一个8年里增加的幅度降低，一些建成的体育场馆变成了其他活动的主要场所。其中，1965年第二届全国运动会的举行，掀起了全国群众体育活动的高潮，近亿人参加了各种体育活动。群众体育活动的内容也多种多样，但由于场地的不足，农民利用田间地头、空地开展了各种丰富多彩的体育活动，工矿企业也利用车间等空地进行广播体操等多样化的健身运动。1968—1976年体育场地建设进入低速发展期。

（三）1977年至今体育场地高速发展

改革开放30多年来，我国体育场地建设进入了一个高速发展的时期。特别是进入20世纪90年代中期《中华人民共和国体育法》《全民健身计划纲要》《奥运争光计划纲要》颁布以来，体育场地建设以前所未有的速度增长，达到国际标准的大型公共体育场馆在许多城市涌现出来，学校体育场地成倍增加，一向被忽视的社区体育场地也雨后春笋般发展起来，大量民营的体育企业也为体育场地建设贡献了力量。

1979年国际奥委会正式恢复中国奥委会的合法地位，同年在北京举办了第四届全国运动会，1983 年在上海举办了第五届全国运动会，各省市和地区相应地兴建了一大批体育场地。1987 年以后全运会开始在上海、广州、南京、济南、沈阳和天津等地轮流举行，促进了一批省会城市大型体育场馆的建设。另外，城市运动会、农民运动会、全国体育大会等一系列全国性体育比赛在一些城市的举办，大大地促进了这些城市体育场地建设的步伐。1984 年新中国首次参加奥运会后，国家体育运动委员会正式确立了"奥运争光"战略，2001 年北京获得 2008 年奥运会的举办权，国内在这期间举办了全运会、世界乒乓球锦标赛、世界大学生运动会等多级别体育竞赛活动，有力地推动了我国体育场地建设。此外，1995 年"全民健身计划"启动，各类大众体育健身场地快速发展。

这一时期，我国体育场地建设还呈现出以下 4 点特征。

1. 体育场地参与主体多层

不同层级政府各司其职、尽其所能地分担着建设体育场地的重要任务。中央政府直接投资大型比赛场馆的建设，担负着短期内快速建设体育场馆的主要任务，其他体育场馆和配套设施的建设则由地方政府采取不同的融资方式共同完成。例如，北京奥运会体育场馆中由北京市负责建设的场馆有 18 个，这些场馆的配套设施项目将运用市场机制以项目融资的方式进行建设。具体的建设规模将采用社会公开招标的方式确定具体项目的法人代表，项目的具体运作如融资、设计、建设和运营将由法人代表负责执行，这种需要巨额投资的体育场地建设引入市场运作方式将大大降低政府投资的风险。全民健身体育场地采用了政府引导、分级负责的方式进行推动，如"体育先进社区""体育先进县"等评选机制的引入分别发挥了市、区、县、镇、村等各级政府的积极作用。

2. 体育场地项目类型多样

不同项目的体育场地类型开始进入多元化的发展阶段，具体表现在新兴体育场地的兴建，如高尔夫、滑雪场、保龄球等大量西方项目的引进，以及赛马等民族传统体育项目的开发，都在客观上刺激了体育场地的发展。不同行业系统利用行业特有的资源和处理问题的方法手段分别推动着体育场地的发展，教育系统利用自身资源的优势依然主导着体育场地的发展，体育系统利用其体育场地资产专用性继续为竞技体育发展提供着重要的物质保证，其他行业系统分别开发体育场地的发展空间，在社会主义市场经济体制下承载着全民健身与休闲娱乐的重任。

3. 体育场地位置分布多端

体育场地的分布情况也走出了计划经济时代的单位制，根据实际需要逐步体现出分散化的趋势，体育场地的位置分布已经不再局限于企事业单位和校园，公园、广场、酒店、街道、乡镇（村）、城市居住小区等也纷纷建设体育场地。

4. 体育场地投资融资多元

体育场地的投融资体系也从计划经济体制之下唯一的政府财政投资为主的国有经济体系，逐步过渡到今天以政府财政拨款为主，其他社会捐助、体育彩票公益金等筹资方式为辅的多种经济成分并存的发展模式。体育场地的经营管理模式从单纯的公益性迈向了经营性的路子，具体经营过程中在保证国有财产所有权的基础上，探索出所有权与经营权分离的经营管理模式。例如，有些投资建设主体在获得一定年限的特许经营权之后，进行市场运作，到了一定期限，将经营权转给政府进行资源的再分配。

二、全国体育场地普查

在我国经济总量成为世界第二大经济体，人民生活水平不断提高，大众体育健身需求日益增长的背景下，无论是体育主管部门还是社会各界，都需要及时掌握我国体育场地发展态势和特征，摸清家底，并通过综合分析，制定科学合理的体育场地建设规划和投资规划，以适应我国体育事业和体育产业发展的需要，满足人民群众日益增长的对体育场地的多样化需求。

（一）全国体育场地普查的意义

1. 体育场地普查有利于对体育场地建设的宏观管理

体育场地是国家的重要物质财富，是国有资产的一部分。管理好、维护好、使用好体育场地，并使之不断升值，是体育主管部门和有关单位的职责。对全国体育场地的普查就是摸清家底，是对体育场地进行发展战略研究、制定长期建设规划、编制城市发展规划，以及采取相应发展对策的前提性工作。

随着我国经济的高速发展和人民群众对体育需求的不断增长，体育场地建设进入了一个快速发展的阶段，如果主管部门不能在宏观上对其进行控制和把握，就可能陷入盲目发展的道路。由于体育场地建设属于社会基础设施的一部分，它的发展具有永久性和半永久性，因此，政府对体育场地的规划、设计、建设的指导尤为必要。

2. 体育场地普查有利于完善体育统计的内容

随着我国经济的高速发展、社会变革的深入，统计工作的重要性越来越显现出来，各行各业的统计工作变得更精细、更复杂、更规范。同样，各级体育主管部门和社会各界对体育统计信息的需求也越来越高，常规的统计指标已无法满足这一需求，有必要通过开展新一轮的体育场地普查来获得支撑体育事业和体育产业发展的统计内容和统计数据。

近年来，我国体育场地不仅数量增加很快，而且种类、功能都有所发展，特别是隶属关系、经营方式等方面都有较大变化，因此用一套更加完整的指标系统进行统计，可以更全面、准确地反映我国体育场地的现状。

3. 体育场地普查有利于体育场地的开发利用

搞好体育场地普查，是为了进一步搞好规划设计，促进合理布局，提高体育场地建设的质量、标准，并通过科学规范的经营与管理，推动体育产业的发展，方便人民群众健身，从而最终为提高全国人民的身体素质服务。

体育场地是人民群众健身的重要场所，也是构成全民健身公共服务体系的重要元素，它的数量、质量关系到人民群众健身的切实利益。合理布局、兴建优质的体育健身场地，是体育主管部门和体育工作者的重要职责之一。因此，搞好普查工作对于兴建更多、更好的体育场地设施，促进健康中国和全民健身国家战略的实施具有十分重要的意义。

4. 体育场地普查为场地建设存在的问题提供对策

在社会主义市场经济体制下，我国体育场地的格局发生了重大变化，公共体育场地的开放、管理、经营与开发问题摆在我们面前，如何从过去的计划经济模式走出，如何摆脱重建设、轻管理以及重投资、轻效益的局面，如何从一方面大量场地闲置、另一方面群众无场地锻炼的困境中走出，必须提出有成效的建设性对策建议，这是全国体育场地普查试图摸索与解决的问题。无论从宏观导向，还是从微观监督上都有必要分类、分项地进行全面普查，从而直接或间接地反映上述问题。同时，我国关于体育场地的法律法规还很不健全，也只有通过普查才能摸清情况，有针对性地制定出具有可操作性的相关法律法规，以实现对体育场地的法治化和规范化管理。

（二）前五次全国体育场地普查简况

为了全面了解我国体育场地建设情况，准确把握社会经济发展对体育场地建设的影响，合理布局新建体育场地的规模、类型与功能，从 20 世纪 70 年代中期开始，我国开始了不定期的体育场地普查。到目前为止，我国共开展了 6 次全国体育场地普查，分别在 1974 年、1982 年、1988 年、1995 年、2003 年和 2013 年。

第一次全国体育场地普查的标准截止时点为 1974 年 12 月 31 日，这是我国历史上首次进行大规模体育场地普查工作。通过第一次全国体育场地普查，摸清我国的各类体育场地总数为 25488 个。

第二次全国体育场地普查的标准截止时点为 1982 年 12 月 31 日，是党的十一届三中全会后确立我国改革开放，以经济建设为中心的宏观背景下组织的一次体育基础设施大检查。体育场地普查工作由国家体委、国家统计局、教育部、农业部和全国总工会联合发文，在全国范围内实施，涉及各行各业各部门体育场地的全面调查工作。第二次普查得出：全国共有各类体育场地 415011 个。

第三次全国体育场地普查登记工作于 1988 年 6 月开展，标准截止时点为 1987 年 12 月 31 日，主要是调查登记第二次体育场地普查以来新增和减少的体育场地，在本质上与前两次体育场地普查有所不同。

第四次全国体育场地普查登记工作于 1996 年 1—4 月开展，调查登记 1995 年 12 月 31 日以前新建、改建和扩建的体育场地。

第五次全国体育场地普查登记工作于 2004 年 6—8 月进行，这是我国进入新世纪以后的第一次体育场地情况调查，也是 2008 北京奥运会之前的一次关于我国体育场地设施的大摸底，调查登记了 2003 年 12 月 31 日以前新建、改建和扩建的全部体育场地。

综合以前全部 5 次体育场地普查情况来看，普查所运用的指标逐次递增，不断趋于完善和复杂。第一次全国体育场地普查仅有 12 个指标（另附 3 项计算方法说明）；第二次全国体育场地普查增至 38 个指标（15 项填表说明）；第三次全国体育场地普查共有 40 个指标；第四次全国体育场地普查有 75 个指标（包括场地指标解释及填报项目说明）；而第五次全国体育场地普查则包括了甲、乙、丙 3 类表共计 371 个指标。

（三）第六次全国体育场地普查

随着我国全面建设小康社会实践的逐步深入和提高，我国体育场地的建设速度也不断提升。2004—2013 年的 10 年间，我国体育场地的类型不断扩展，数量不断上升，尤其是人民群众身边的体育场地设施不断增多，呈现出蓬勃发展的新局面。那么，如果要了解全国到底有多少体育场地并制定科学的体育场地建设与运营规划，那么开展第六次全国体育场地普查十分必要。

首先，开展第六次全国体育场地普查，可以全面了解、掌握我国体育场地数量，特别是"十一五"以来的体育场地状况，即类型、结构、分布和使用管理等基本情况；其次，开展第六次全国体育场地普查，可以为制定全面建成小康社会体育场地标准、完善体育公共服务体系提供基础数据，为制定体育事业发展战略、规划、政策和科学决策提供依据；再次，开展第六次全国体育场地普查，可以了解、掌握全国体育场地发展变化特点，为贯彻《全民健身条例》、实施《全民健身计划（2011—2015 年）》《奥运争光计划纲要（2011—2020 年）》，深化体育改革提供可靠基础资料；最后，开展第六次全国体育场地普查，可以为各级体育主管部门对体育场地建设和使用实施宏观管理，调整体育场地及建设投资方向和建设结构及制定体育场地发展规划提供客观依据。

为了贯彻和落实十八大全面建成小康社会的宏伟目标，更好地掌握现有体育场地现状、使用及其发展变化情况，更好地科学配置体育场地设施资源，推动体育事业与经济社会的协调发展，2013 年 3 月 19 日，国家体育总局、教育部、铁道部、国家旅游局联合发出《关于开展第六次全国体育场地普查工作的通知》，以 2013 年 12 月 31 日 24 时为标准时点，普查全国（不包括港澳台地区）各系统、各行业、各种所有制形式的各类体育场地。

　　第六次全国体育场地普查依然保持第五次全国体育场地普查使用的 3 类表，即体普基甲表（简称"甲表"）、体普基乙表（简称"乙表"）和体普基丙表（简称"丙表"），其中甲、丙表各自只有 1 张，乙表共有 16 张表式，总计 84 类体育场地指标（表 1 - 1）。

　　第六次全国体育场地普查采用"条块结合"的方法进行，其中解放军、武警、铁路系统按条进行普查，其他系统均按块进行普查。各级普查领导小组负责管辖行政区普查工作的布置、培训、数据汇总。县级普查机构根据辖区内所有单位和个人场地，按照不重不漏的原则进行登记，填报普查登记表。

表 1 - 1　第六次全国体育场地普查登记表

表号		普查场地类型
体普基甲表		单位基本情况
体普基乙表	1	体育场、田径场、田径房（馆）和小运动场
	2	体育馆
	3	游泳馆、跳水馆、室外游泳池和室外跳水池
体普基乙表	4	综合房（馆）、篮球房（馆）、排球房（馆）、手球房（馆）、体操房（馆）、羽毛球房（馆）、乒乓球房（馆）、武术房（馆）、摔跤柔道拳击跆拳道空手道房（馆）、举重房（馆）、击剑房（馆）、健身房（馆）、棋牌房（室）、保龄球房（馆）、台球房（馆）、沙狐球房（馆）、室内五人制足球场、网球房（馆）、室内曲棍球场、室内射箭场、室内马术场、室内冰球场（含短道速滑和花样滑冰）、室内速滑场、室内冰壶场、室内轮滑场、壁球房（馆）和门球房（馆）
	5	足球场、室外五人制足球场、室外七人制足球场、篮球场、三人制篮球场、排球场、沙滩排球场、室外手球场、沙滩手球场、橄榄球场、室外网球场、室外曲棍球场、羽毛球场、乒乓球场、棒垒球场、室外射箭场、室外轮滑场、板球场、木球场、地掷球场、室外门球场、室外人工冰球场（含短道速滑和花样滑冰）、室外人工速滑场和室外人工冰壶场
	6	摩托车赛车场、汽车赛车场、卡丁车赛车场、自行车赛车场、自行车赛车馆、小轮车赛车场和室外马术场

续表

表号		普查场地类型
体普基乙表	7	射击房（馆）和室外射击场
	8	水上运动场、海上运动场和天然游泳场
	9	航空运动机场
	10	室内滑雪场和室外人工滑雪场
	11	高尔夫球场
	12	室外人工攀岩场、攀岩馆和攀冰馆
	13	登山步道和城市健身步道
	14	全民健身路径
	15	户外活动营地
	16	体普基乙表－1～15表（83类场地）中场地规格不满足条件的同类体育场地和未包括的其他类体育场地
体普基丙表		大型体育场馆运营情况

三、第六次全国体育场地普查的指标

第六次全国体育场地普查的主要 22 个指标如下。

（一）体育场地单位数量

第六次全国体育场地普查的"体育场地单位"指直接管理体育场地的单位。甲表为体育场地单位登记表，因此，以"甲表数量"定义为"体育场地单位数量"。

（二）体育场地数量

第六次全国体育场地普查对"体育场地数量"的定义有其独特性。按照体育场地类型不同，"体育场地数量"有两种不同的统计口径。

第一种统计口径：乙表－5 所调查的体育场地，除羽毛球场和乒乓球场外，以乙表－5 中的指标"场地片数"定义为"体育场地数量"。

第二种统计口径：乙表－5 中的羽毛球场和乒乓球场以及除乙表－5 外其他乙表

所调查的体育场地，以乙表数量定义为"体育场地数量"。这种独特的定义方式导致第六次全国体育场地普查的"体育场地数量"与乙表数量不相等。

（三）体育场地类型

根据第六次全国体育场地普查中"场地代码"指标进行界定，共定义了84类体育场地（具体体育场地类型信息参见表1-1）。其中，满足场地规格条件的体育场地填写乙表-1至乙表-15，共计83类场地。而场地规格不满足条件的同类体育场地和未包括的其他类体育场地填写乙表-16。

（四）所属区（县）

根据第六次全国体育场地普查中"单位所在详细地址"中的"乡（镇）"指标进行界定。

（五）所在系统

指体育场地单位所归属的行业系统。其分为体育系统、高等院校、中专中技、中小学、其他教育系统单位和其他系统等6个行业系统。

（六）隶属关系

指体育场地单位在行政上的隶属关系。其分为中央、省/自治区/直辖市、地区/市/州/盟、县/市/旗、街道/镇/乡、居民/村民委员会和其他等7级隶属关系。

（七）单位类型

体育场地管理单位分为行政单位、事业单位、企业和其他单位等4个类型。

（八）企业登记注册类型

企业单位需要进一步明确"企业登记注册类型"。其是指按国家统计局《关于划分企业登记注册类型的规定》进行划分的企业单位类型。企业登记注册类型分为：国有企业；集体企业；股份合作企业；联营企业；有限责任公司；股份有限公司；私营企业；其他内资企业；港、澳、台商投资企业；外商投资企业等10种类型。其中，国有企业不包括有限责任公司中的国有独资公司；联营企业包括国有联营企业、集体联营企业、国有与集体联营企业和其他联营企业；有限责任公司包括国有独资公司和其他有限责任公司；私营企业包括私营独资企业、私营合伙企业、私营有限责任公司和私营股份有限公司。

（九）所接待运动队的类型

其指 2013 年使用体育场地单位所属体育场地进行专业或业余训练的运动队的类型，包括国家队、省/自治区/直辖市专业运动队、职业俱乐部运动队和业余运动队 4 种类型。

（十）累计接待运动员人次

其指体育场地单位在 2013 年度接待的各级各类运动队中使用其所属体育场地进行专业或业余训练的运动员人次的总和，分为无、10 人以下、11～30 人、31～50 人、50～100 人、101 人以上等 6 个选项。

（十一）累计接待运动员天数

其指体育场地单位 2013 年全年接待各级各类运动队在其体育场地进行训练所占用的天数总和，分为无、10 天以下、11～20 天、21～30 天、31～50 天、50～100 天、101～200 天、201 天以上等 8 个选项。

（十二）场地分布

其指体育场地具体坐落的地点，如遇交叉分布，自上而下依次选择，只选一项。其分为广场、公园、校园、工矿、机关企事业单位楼院、宾馆商场饭店、居住小区/街道（分布在小区或者沿街）、乡镇/村、军营、其他等 10 个选项。

（十三）建成年份

其指体育场地已建成，工程正式验收后交付使用的年份。工程全部竣工并验收合格后因经费等原因未交付给使用方的场地，按落成年份填写。

（十四）场地规模

场地规模包括 3 项主要指标。

1. 用地面积

指体育场地实际占有的土地面积，包括附属配套设施的占地面积以及道路、停车场、绿化带等占地面积。2 个或 2 个以上场地集中建在一处的占地面积，应等于每个场地的占地面积之和（公共部分不得重复统计）。

2. 建筑面积

指体育场地用房及附属设施房屋的面积。建筑面积以产权证上注明的面积为准，无产权证的以实际丈量或业主提供数据为准。

3. 场地面积

指可供训练、比赛、健身活动的场地有效面积。场地除包括比赛区域（画线区域）外，还包括必要的安全区、缓冲区、无障碍区。带看台的场地面积从看台下计算，有内墙从内墙计算。

（十五）投资金额

其指体育场地的全部投资额。包括财政拨款（含体彩公益金）、单位自筹、社会捐赠及其他各种来源的资金，还应包括改建、扩建的投资。不包括正常维修费用。外币按当时汇率折合成人民币计算。

（十六）场地从业人员人数

其指在体育场地工作并取得劳动报酬或收入的 2013 年末实有人员数。包括在岗职工、再就业的离退休人员、在本企业工作的外方人员、港澳台方人员、兼职人员、借用的外单位人员和第二职业者以及为各场地提供外包服务的人员。不包括离开本场地但仍保留劳动关系的职工。

（十七）运营模式

1. 自主运营

指 2013 年体育场地业主直接对本体育场地开展经营活动。

2. 合作运营

指 2013 年体育场地业主与另一方或另几方通过签订合同协议的方式，共同合作经营管理本场地，包括承包、租赁、合资经营。

3. 委托运营

指 2013 年体育场地业主通过一定的方式选择合适的经营者，通过签订合同协议的方式间接经营场地，业主不直接参与经营管理。

（十八）对外开放情况

1. 不开放

指 2013 年不向全社会开放的体育场地（包括仅对本单位内部人员开放的体育场地）。

2. 部分时段开放

指 2013 年每天部分时段向社会开放的体育场地。

3. 全天开放

指 2013 年每天向全社会开放时长在 8 小时以上的体育场地。

（十九）年开放天数

其指 2013 年度体育场地总计向社会部分开放或全天开放的天数。

（二十）平均每周接待健身人次

其指 2013 年平均每周在体育场地参加体育健身活动的人次，分为 500 人次以下/周、501~2500 人次/周、2501~5000 人次/周、5001~10000 人次/周、10000 人次以上/周等 5 个选项。

（二十一）收入合计

其指 2013 年度体育场地（含附属用房）取得的全部收入之和。

行政事业单位场地的本年收入包括财政拨款、行政单位预算外资金、上级补助收入、事业收入、事业单位经营收入、附属单位上缴收入和其他收入，根据行政事业单位"收入支出决算总表"中的"本年收入合计"项目填报。

企业单位体育场地的本年收入合计包括营业收入和营业外收入。根据企业会计"利润表"中各自的"主营业务收入"的本年累计数与"营业外收入"的本年累计数之和填写。

（二十二）支出合计

其指 2013 年度体育场地（含附属用房）付出的全部支出之和。

行政事业单位体育场地本年支出指在业务活动中发生的各项资产耗费和损失等支出情况，根据行政事业单位"收入支出决算总表"中的"本年支出合计"项目填报。

企业单位体育场地本年支出指在各项业务活动中发生的实际成本等，包括营业税金及附加、销售费用、管理费用、财务费用、资产减值损失、营业外支出、所得税等，根据会计"利润表"中对应指标的本年累计数填写。

在国家体育总局第六次全国体育场地普查办公室的指导下，全国数万名体育场地普查员，经过近 6 个月的艰苦努力，顺利完成了第六次全国体育场地普查工作。2014 年 12 月 25 日国家体育总局在北京正式向社会发布《第六次全国体育场地普查数据公报》。

四、第六次全国体育场地普查的成效

第六次全国体育场地普查工作得到了有关单位各级领导的高度重视和支持，顺利实现组织到位、人员到位、经费到位和物资到位。2014 年 12 月 25 日上午，第六次全国体育场地普查办公室正式发布《第六次全国体育场地普查数据公报》。至此，历时 3 年多的第六次全国体育场地普查工作，高质量地完成了各项普查任务，取得了显著的成效。

首先，摸清了我国体育场地数量、面积等总量情况，查清了场地类型、场地分布、场地归属等结构情况，摸准了运营管理、使用功能、利用状况等基本情况，取得了新时期我国体育场地发展状况的大量翔实数据。

其次，掌握了当前我国体育场地发展变化的新情况。体育场地数量和场地规模均明显增长；体育场地城乡分布日趋均衡；群众身边的健身体育场地数量和种类日益发展丰富，充分彰显了2004—2013年10年来我国体育场地建设又好又快发展的进程。

最后，揭示出我国体育设施建设面临的问题和挑战。通过普查数据，目前我国体育场地在地区分布、对外开放、运营效果等方面还存在一些不足，这些情况将为今后开展相关工作提供决策依据。

本研究运用统计分析法、文献资料法、比较分析法、专家访谈法和逻辑分析法等研究方法，基于"六普"权威、全面、全方位和系统性数据，对我国体育场地建设、运营现状进行全面研究，深入分析我国体育场地的规模、数量、地区分布、行业分布、类型分布、2013年度运营情况等现状，并以"五普"相关指标进行比较，总结2004—2013年10年间我国体育场地建设、运营及其他方面的主要成就；以《国务院关于加快发展体育产业促进体育消费的若干意见》为宏观背景，着重分析体育场地建设与运营过程中存在的问题，从而为我国体育场地新周期投资建设提供建议与对策。这一研究成果，对于进一步了解我国体育场地分布、结构与开放情况，充分发挥体育场地的服务职能，增加体育场地供给，提高体育场地服务质量，满足社会大众对体育场地需求，具有一定的理论意义和应用价值。

第二章　我国体育场地建设概况

2004—2013 年是我国体育场地建设发展的黄金 10 年，各类体育场地无论是在数量、面积和投资额方面都有了突飞猛进的发展。在体育场地总量增加的同时，我国体育场地的建设品质也有了显著提升。本章主要就我国体育场地的建设数量、面积、投资与品质等各方面进行总体分析。

一、我国体育场地建设数量

截至 2013 年 12 月 31 日 24 时，全国符合第六次全国体育场地普查要求的各类体育场地 169.46 万个，与第五次全国体育场地普查（截至 2003 年 12 月 31 日）的 85.01 万个相比，全国体育场地数量增加 84.45 万个，增长了 99.34%。其中，室外体育场地 152.55 万个，占 90.02%，室内体育场地 16.91 万个，占 9.98%。室外体育场地数量远多于室内体育场地，前者为后者的 9.02 倍。（图 2 - 1）

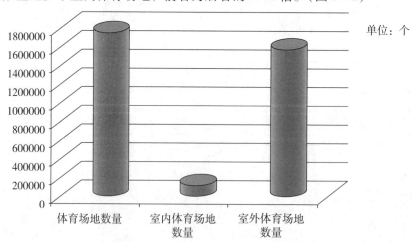

图 2 - 1　我国体育场地数量、室内、室外体育场地数量（截至 2013 年 12 月 31 日 24 时）

二、我国体育场地建设面积

截至 2013 年 12 月 31 日 24 时，我国体育场地总场地面积为 19.92 亿平方米，总建筑面积为 2.59 亿平方米，总用地面积为 39.82 亿平方米，比 2003 年"五普"时（总场地面积约为 13.24 亿平方米，总建筑面积约为 0.75 亿平方米，总用地面积约 22.46 亿平方米）分别增长了 50.45%、245.33% 和 77.29%。（图 2-2）

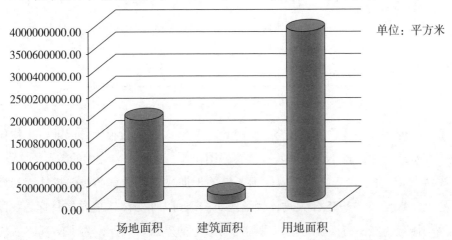

图 2-2　我国体育场地面积、建筑面积、用地面积（截至 2013 年 12 月 31 日 24 时）

三、我国人均体育场地面积

根据国家统计局《中国统计年鉴 2014》，截至 2013 年底中国大陆地区总人口数 136072 万人。按此计算，我国平均每万人拥有体育场地数量为 12.45 个（其中每万人拥有室内体育场地为 1.24 个，室外体育场地为 11.21 个），平均每人拥有场地面积为 1.46 平方米（表 2-1）。相比于第五次全国体育场地普查数据（按照 2003 年底中国总人口 12.92 亿计算，全国平均每万人拥有体育场地约为 6.28 个，其中标准体育场地拥有数量为 3.99 个/万人，非标准体育场地拥有数量为 2.30 个/万人，平均每人拥有体育场地面积约为 1.02 平方米），我国平均每万人拥有场地数量增长了 98.25%，平均每人拥有场地面积增长了 43.14%。

表 2-1　我国体育场地概况

体育场地总量/万个	169.46
总场地面积/亿平方米	19.92
室内体育场地数量/万个	16.91
室外体育场地数量/万个	152.55
人口数量/万人	136 072
万人体育场地数/个	12.45
万人室内体育场地数/个	1.24
万人室外体育场地数/个	11.21
人均场地面积/平方米	1.46

资料来源：根据"六普"数据整理。

　　虽然我国体育场地总数量较多，但是由于我国人口基数很大，因此，人均体育场地占有量却依然比较小，与欧美等体育强国相比，还存在着较大的差距。

　　2014 年 10 月，国务院印发的《国务院关于加快发展体育产业促进体育消费的若干意见》提出了"2025 年人均体育场地面积达到 2 平方米"的发展目标。我国目前的人均体育场地占有面积与这一目标还有一定的差距。因此，为了实现"人均体育场地面积 2 平方米"的目标，未来，我国体育场地建设的步伐不能仅仅维持原来的速度，更需要加快建设速度。

四、不同时期我国体育场地的发展

　　通常情况下，我国体育场地按照建成年份可以分为 4 个统计时间段：中华人民共和国成立前（1949 年以前）、中华人民共和国成立后至改革开放前（1949—1977 年）、改革开放至第五次体育场地普查（1978—2003 年）、第五次体育场地普查后至第六次体育场地普查（2004—2013 年）。

　　我国各统计时间段建成的体育场地呈现出成倍增长的态势。中华人民共和国成立前受生产力水平低下和国民经济萧条的影响，体育场地数量有限，全国目前仅存有 1961 个场地。中华人民共和国成立后体育场地进入了持续增长的阶段，改革开放开始后的 1978—2003 年，体育场地迅速由 19810 个增加到了 344149 个。

2004—2013 年，我国的体育场地建设进入了一个快速增长时期。无论从数量还是从场地面积来看，第五次体育场地普查后至第六次体育场地普查期间，体育场地的建设取得了巨大的成就。我国现有体育场地中，79% 的体育场地数量及 65.6% 的体育场地面积均在 2004—2013 年建成。这一时期的投资额比前面各年代的投入的总和还要多，体育场地发展进入了快车道。体育场地的投资来源也呈现出多样化的特点，由单纯依赖财政拨款向着财政拨款、社会捐赠、单位自筹、体育彩票公益金、其他等多途径、多渠道全面开花。尤其是体育彩票公益金，对体育场地的投入逐年增长，真正体现了体育彩票取之于民用之于民的初衷。

（一）各建成时期体育场地数量

从建成时期来看，我国现有 1638805 个（不包括武警和铁路系统的体育场地）体育场地的建成时间跨度较长。

中华人民共和国成立前建设的体育场地 1961 个，占 0.12%；中华人民共和国成立后至改革开放前（1949—1977 年）建设的体育场地 17849 个，占 1.09%；改革开放至第五次体育场地普查期间（1978—2003 年）建设的体育场地 324339 个，占 19.79%；第五次体育场地普查至第六次体育场地普查期间（2004—2013 年）的 10 年，共建设体育场地 1294656 个，占 79.00%。

（二）各建成时期体育场地面积分布

我国现有体育场地面积 19.92 亿平方米，其中，中华人民共和国成立前建设的体育场地面积 843.40 万平方米，占 0.43%；中华人民共和国成立后至改革开放前（1949—1977 年）建设的体育场地面积 5208.23 万平方米，占 2.67%；改革开放至第五次体育场地普查期间（1978—2003 年）建设的体育场地面积 60991.45 万平方米，占 31.32%；第五次体育场地普查后至第六次体育场地普查期间（2004—2013 年）建设的体育场地面积 127665.33 万平方米，占 65.57%。

由此可知，我国第五次体育场地普查后至第六次体育场地普查期间（2004—2013 年）建设的体育场地面积占了总场地面积的大部分。

（三）各建成时期体育场地的投资额

我国现有体育场地总投资额为 11128.05 亿元，其中，中华人民共和国成立前建设的体育场地投资额为 8.34 亿元，占 0.07％；中华人民共和国成立后至改革开放前（1949—1977 年）建设的体育场地投资额为 71.65 亿元，占 0.64％；改革开放至第五次体育场地普查期间（1978—2003 年）建设的体育场地投资额为 2675.36 万元，占 24.04％；第五次体育场地普查后至第六次体育场地普查期间（2004—2013 年）建设的体育场地投资额为 8372.69 亿元，占 75.24％。

五、我国体育场地建设品质

第六次全国体育场地普查与第五次全国体育场地普查数据相比，我国体育场地不仅仅在数量上明显增加，而且在场地种类方面也更加丰富。近 10 年新建的体育场地在设计理念、建造规格、功能拓展方面得到进一步的完善，体现出高质量、高层次、高品质的显著特征。

截至 2013 年 12 月 31 日 24 时，我国共有体育馆 3034 个。体育馆场地面层主要分为木地板、合成材料、水泥以及其他 4 个种类。据统计，我国体育馆场地面层以木地板为主，占所有体育馆场地面层的 70.76％，总数为 2147 个；排在第二位的是合成材料面层，占比为 18.85％，总数为 572 个；水泥材质的体育馆总数仅有 166 个，占比 5.47％；而其他场地面层的材质占比为 4.91％，总数为 149 个。全国拥有 1721 个配有大屏幕显示屏的体育馆，占比为 56.72％，没有配备大屏幕显示屏的体育馆为 42.81％（在表格中没有填写的体育馆数量有 14 个，仅占比例 0.46％）。此次普查表中没有填写"体育馆场地灯光设备"项目，因而也就无法得到具体数字。但是，考虑到灯光设备为体育馆修建的基本标准之一，可以肯定的是我国体育馆的灯光设备情况比较良好。

通过分析第六次全国体育场地普查数据可以发现，足球、冰雪项目、全民健身路径工程、游泳等项目的体育场地品质状况不断优化。无论是场地面层、灯光设备、风雨大棚、大屏幕显示设备等都得到了相应的改造和完善，符合国家建设标准的体育场地数量日趋增多。以全国 10085 个足球场地为例，我国目前足球场场地面层的材质分别为人造草（3450，占比 34.21%）、天然草（2984，占比为 29.59%）、土质（2578，占比 25.56%）、水泥（583，占比 5.78%）、合成材料（490，占比 4.86%）。可见，足球场场地的面层状况主要以天然草和人造草为主，不仅满足了足球场地的建设要求，而且对运动员起到了很好的保护作用，甚至对城市空气环境也起到了积极的改善作用。

通过第六次全国体育场地普查数据发现，我国目前新建的体育场地，尤其是大型体育场地的建设更加注重设施的整体功能，包括场地的设计理念更加与城市形象相契合、更加考虑到体育场地的多功能性和人性化。此外，山西省、河南省、湖北省、四川省、广西壮族自治区、贵州省等中部和西部省份，或者一些二线城市的大型体育场地建设速度也在不断加快。正是因为这些大型体育场地设施的建设与投入使用，一些城市今后举行大中型体育赛事的机会也越来越多，城市的开放度和知名度将更为广泛，市民的文明素质也将得到快速提升。

六、我国体育场地投资构成

截至 2013 年 12 月 31 日 24 时，我国体育场地总投资额为 11128.05 亿元，其中，第五次体育场地普查后至第六次体育场地普查期间（2004—2013 年）建设的体育场地投资额为 8372.69 亿元，比第五次体育场地普查时的总投资（金额约为 2675.36 亿元）增长了 213%。我国体育场地投资主要来源有财政拨款（含体育彩票公益金）、单位自筹、社会捐赠及其他来源 4 类，其中财政拨款累计 6335.21 亿元，占比 56.93%，超过一半；单位自筹累计 3826.38 亿元，占比 34.39%；社会捐赠累计 327.89 亿元，占比 2.95%；其他部分累计 638.57 亿元，占比仅为 5.74%。可以看出，政府财政拨款仍是我国体育场地建设投资的主要来源。（图 2-3）

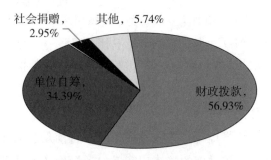

图2-3　我国体育场地投资构成

在我国四大经济地区①体育场地投资金额中，财政拨款占各经济地区体育场地总投资金额的比重均超过50%。财政拨款比重最高的是西部地区，占本地区总投资金额的63.9%，其次是东北地区，占本地区总投资金额的60.7%，中部地区财政拨款占57.7%，对财政拨款依赖最小的是东部地区，财政拨款占该地区总投资金额的52.3%。（表2-2）

我国四大经济地区以体育彩票公益金形式对体育场地的投资额从绝对数值来看存在一定差异。从体育彩票公益金占投资总额的比例来看，东中部地区的投资比重较高，西部和东北地区偏低。四大经济地区的社会捐赠所占比重存在明显的差异，社会捐赠投资占体育场地投资额比重最多的是东部地区，占4.47%，其次是西部地区占1.4%，中部地区占1.0%，而东北地区最低，仅占0.6%。四大经济地区都存在其他渠道对体育场地的投资额，其中占比最高的是东部地区，最低的是西部地区（表2-2）。

---

①　东部包括北京市、天津市、河北省、上海市、江苏省、浙江省、福建省、山东省、广东省和海南省。中部包括山西省、安徽省、江西省、河南省、湖北省和湖南省。西部包括内蒙古自治区、广西壮族自治区、重庆市、四川省、贵州省、云南省、西藏自治区、陕西省、甘肃省、青海省、宁夏回族自治区、新疆维吾尔自治区、新疆生产建设兵团。东北包括辽宁省、吉林省和黑龙江省。

表 2-2 我国各经济地区体育场地投资金额构成

地区	投资总额		财政拨款				单位自筹		社会捐赠		其他	
			财政拨款		其中：体彩公益金							
	金额/万元	占比/%	金额/万元	占比/%	金额/万元	占比/%	金额/万元	占比/%	金额/万元	占比/%	金额/万元	占比/%
东部	60565830	100	31705044	52.3	2701689	4.5	22017921	36.4	2705417	4.5	4137448	6.8
中部	12053595	100	6958515	57.7	420108	3.5	4269581	35.4	114668	1.0	710831	5.9
西部	28292988	100	18082735	63.9	512474	1.8	8800025	31.1	398216	1.4	1012012	3.6
东北	10368054	100	6605768	63.7	201924	2.0	3176276	30.6	60567	0.6	525443	5.1

尽管我国体育场地投融资体制改革已有多年，体育场地投资主体已呈现多样化的趋势，融资渠道也开始趋向多元化。但是，在传统的举国体制影响下，体育场地投融资体制改革相对比较滞后，社会资本参与体育场地建设还存在着一定的政策壁垒和制度障碍，这也就造成了我国体育场地投资主体过于单一，政府财政拨款仍然是体育场地建设资金的主要来源。因此，政府应制定相应政策，鼓励社会资本进入体育场地建设领域，进一步拓宽体育场地建设投融资渠道，推广和运用政府和社会资本合作（PPP 模式）等多种模式，吸引社会资本积极参与体育场地的建设与运营。

七、我国体育场地建设的特征

（一）室内与室外体育场地分布失衡

从总数量来看，室外体育场地数量是室内体育场地数量的 9.02 倍，每万人拥有室外体育场地为 11.21 个，室内体育场地仅有 1.24 个。同样，从体育场地面积来看，室外体育场地面积也远大于室内，各省区市（指省/自治区/直辖市/新疆生产建设兵团，不包括港澳台地区）室内体育场地面积占比均未超过 8%。室内体育场地数量排在前 10 位的有 6 个中东部地区省区市、3 个东北部地区省区市、1 个西部地区省区市。室内体育场地面积占比位于全国前 5 位的均为东部地区，这是因为东部地区的经济较为发达，能够为室内体育场地的发展提供经济保障，而东北地区特殊的自然环境，全年较长的寒冷时段使室外体育活动难以进行，因此发展室内体育场地，满足特殊的体育需求。

（二）农村体育场地依然薄弱

据第六次全国体育场地普查统计数据，农村体育场地数量为 679446 个，占总体育场地数量的 41.46%，农村体育场地面积总量达 611859912 平方米，占全国体育场地总面积的 31.42%。农村体育场地总数量与总面积都有较大增加，但各系统分布仍不均衡，在农村体育场地中，其他系统有体育场地 433420 个，占 63.8%；教育系统体育场地 243834 个，占 35.9%，其中中小学体育场地 238454 个，占教育系统的 97.8%，占所有系统的 35.1%；而体育系统仅有体育场地 2192 个，仅占 0.3%。实际上，这些体育场地社会开放度较低，难以满足新农村、新城镇建设进程中，农村居民日益增长的体育健身需求。

（三）体育场地投资呈现多元化

2004—2013 年，体育场地投资建设的总金额不断增长，如 2013 年的投资总额最大，2006 年增长速度最快。在投资构成中，财政拨款的总额绝对数也逐年呈上升趋势，但相对的比例有所下降，最为重要的变化是社会捐款投资金额和单位自筹投资金额的增加。当然，社会捐款投资金额和其他投资金额在全部投资中所占的比例仍然很低，需要动员全社会资本积极参与我国体育场地建设。

第三章 各省区市体育场地概览

我国体育场地依据其地理位置、类型、所属系统等可以划分为不同的分类。按照不同的分类，体育场地分布有其自身的特点，从不同的分类视角分析更能反映我国体育场地建设发展的现状与特征。因此，本章要从我国体育场地的地理位置分布来呈现体育场地在各省区市分布的实际状态。

一、各省区市体育场地分布

我国体育场地在各省区市的分布并不均衡，整体呈现出东部地区明显优于中西部地区的特征。

（一）各省区市体育场地数量

通过对第六次全国体育场地普查数据的统计，各省区市体育场地数量分布如表3-1所示。

表3-1 各省区市体育场地数量

省区市	场地	
	数量/个	占全国总数之比/%
北京市	20083	1.23
天津市	16233	0.99
河北省	64770	3.95
山西省	63715	3.89
内蒙古自治区	25367	1.55
辽宁省	51901	3.17

续表

省区市	场地	
	数量/个	占全国总数之比/%
吉林省	21176	1.29
黑龙江省	27777	1.69
上海市	38505	2.35
江苏省	122247	7.46
浙江省	124944	7.62
安徽省	53189	3.25
福建省	62736	3.83
江西省	66515	4.06
山东省	101165	6.17
河南省	82670	5.04
湖北省	79347	4.84
湖南省	57565	3.51
广东省	146719	8.95
广西壮族自治区	74182	4.53
海南省	12202	0.74
重庆市	40648	2.48
四川省	67735	4.13
贵州省	32162	1.96
云南省	59640	3.64
西藏自治区	6064	0.37
陕西省	40103	2.45
甘肃省	30282	1.85
青海省	7978	0.49
宁夏回族自治区	11547	0.70
新疆维吾尔自治区	26207	1.60
新疆生产建设兵团	3431	0.21
合计	1638805	100.00

由表3-1、图3-1可以看出，各省区市体育场地的绝对数量存在差距，位于前10位的依次为：广东省146719个，占全国总数的8.95%；浙江省124944个，占全国总数的7.62%；江苏省122247个，占全国总数的7.46%；山东省101165个，占全国总数的6.17%；河南省82670个，占全国总数的5.04%；湖北省79347个，占全国总数的4.84%；广西壮族自治区74182个，占全国总数的4.53%；四川省67735个，占全国总数的4.13%；江西省66515个，占全国总数的4.06%；河北省64770个，占全国总数的3.95%。

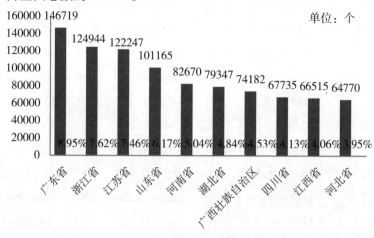

图3-1 体育场地数量排名前10名的省区市

（二）各省区市体育场地面积

通过对第六次全国体育场地普查数据的统计，各省区市体育场地总面积分布如表3-2所示。

表3-2 各省区市体育场地面积

省区市	用地		建筑		场地	
	面积/平方米	占比/%	面积/平方米	占比/%	面积/平方米	占比/%
北京市	70597806.11	1.80	6528205.43	2.72	47691632.14	2.45
天津市	42617739.42	1.08	3102403.50	1.29	31186972.79	1.60
河北省	262728326.51	6.69	22381136.46	9.31	102280328.69	5.25

省区市	用地		建筑		场地	
	面积/平方米	占比/%	面积/平方米	占比/%	面积/平方米	占比/%
山西省	71561514.08	1.82	3285816.80	1.37	46988998.99	2.41
内蒙古自治区	59894290.81	1.52	4434274.37	1.84	41607096.31	2.14
辽宁省	122887146.85	3.13	7644234.83	3.18	78993198.21	4.06
吉林省	294820351.08	7.50	3060522.63	1.27	40843353.19	2.10
黑龙江省	119396937.34	3.04	12604837.71	5.24	45140728.01	2.32
上海市	67836465.95	1.73	6296387.96	2.62	41556935.14	2.13
江苏省	512274645.59	13.04	14662968.15	6.10	156902596.14	8.06
浙江省	114293613.36	2.91	14537886.60	6.05	81234677.84	4.17
安徽省	92687307.03	2.36	3928776.24	1.63	69314611.70	3.56
福建省	78864332.73	2.01	4996790.41	2.08	59847193.47	3.07
江西省	78726040.39	2.00	4017425.94	1.67	64141117.61	3.29
山东省	514769640.74	13.10	18074446.24	7.52	172853046.76	8.88
河南省	126892617.65	3.23	6005954.21	2.50	89080564.35	4.58
湖北省	105839851.32	2.69	5333775.18	2.22	74736961.23	3.84
湖南省	99121745.09	2.52	5070550.32	2.11	72903011.77	3.74
广东省	416331306.13	10.60	58856068.38	24.49	214426407.49	11.01
广西壮族自治区	76004828.11	1.93	3502963.33	1.46	55761810.38	2.86
海南省	48484683.12	1.23	978431.37	0.41%	29986909.55	1.54
重庆市	68861903.64	1.75	4170196.25	1.73%	40612745.64	2.09
四川省	94745771.02	2.41	5686359.19	2.37	66747699.39	3.43
贵州省	60895574.82	1.55	2413546.30	1.00	27116999.81	1.39
云南省	78848876.79	2.01	8045660.83	3.35	57722462.69	2.96
西藏自治区	6101058.39	0.16	457615.41	0.19	4313983.23	0.22
陕西省	94481984.65	2.40	3493324.32	1.45	40377754.69	2.07
甘肃省	39672294.01	1.01	1778424.64	0.74	28917443.33	1.49

续表

省区市	用地		建筑		场地	
	面积/平方米	占比/%	面积/平方米	占比/%	面积/平方米	占比/%
青海省	12718723.23	0.32	556216.11	0.23	9290344.60	0.48
宁夏回族自治区	22148011.55	0.56	1434679.37	0.60	13529287.16	0.69
新疆维吾尔自治区	67698868.87	1.72	2643652.25	1.10	37067764.98	1.90
新疆生产建设兵团	6535750.95	0.17	376498.43	0.16	3909490.49	0.20
合计	3929340007.33	100.00	240360029.16	100.00	1947084127.77	100.00

由表3－2、图3－2可以看出，各省区市体育场地总面积位居前10位的依次为广东省（214426407.49平方米，占全国总面积的11.01%）、山东省（172853046.76平方米，占全国总面积的8.88%）、江苏省（156902596.14平方米，占全国总面积的8.06%）、河北省（102280328.69平方米，占全国总面积的5.25%）、浙江省（81234677.84平方米、占全国总面积的4.17%）、辽宁省（78993198.21平方米，占全国总面积的4.06%）、湖北省（74736961.23平方米，占全国总面积的3.84%）、安徽省（69314611.70平方米，占全国总面积的3.56%）、四川省（66747699.39平方米，占全国总面积的3.43%）、江西省（64141117.61平方米，占全国总面积的3.29%）。

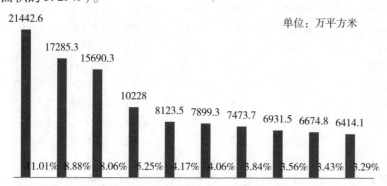

图3－2 体育场地总面积排名前10名的省区市

另外，从表3－2中还可以看出，体育场地建筑面积占全国总面积比例较高的部分省份，如江苏省、浙江省、山东省、广东省、黑龙江省、河北省等，大部分都位于我国的东部地区，这些省份一是经济发展水平相对较高，二是城镇化率相对较高，三是人口密集度也比较高。因此，各种体育场地类型丰富，面积较大，而且体育场地的附属建筑设施也相对较为完备。

再从室外与室内体育场地分布来看，我国各省区市室外体育场地，无论从数量（表3-3），还是从面积（表3-4）来看，都远远超过室内体育场地。其中，经济较为发达的东部地区，以及经济并不发达的北方地区，它们充分利用现有的室内建筑资源，建设具有本地特色和适应传统的室内体育场地，其结果是室内体育场地数量与面积都居于全国的前列。另外黑龙江省、吉林省和辽宁省的室内体育场地占比也较高，也与其所处的地理位置有关。这3个省份均处东北地区，气温较低，因此促进了室内体育场地的建设与发展。

表3-3 我国各省区市室内和室外体育场地数量及占比

省区市	场地						各地室内占体育场地总数比/%
	所有体育场地		室内体育场地		室外体育场地		
	数量/个	占全国比/%	数量/个	占全国比/%	数量/个	占全国比/%	
合计	1638805	100	154751	100	1484054	100	9.44
北京市	20083	1.23	3587	2.32	16496	1.11	17.86
天津市	16233	0.99	1737	1.12	14496	0.98	10.70
河北省	64770	3.95	3049	1.97	61721	4.16	4.70
山西省	63715	3.89	2422	1.57	61293	4.13	3.80
内蒙古自治区	25367	1.55	5018	3.24	20349	1.37	19.78
辽宁省	51901	3.17	5071	3.28	46830	3.16	9.77
吉林省	21176	1.29	2463	1.59	18713	1.26	11.63
黑龙江省	27777	1.69	2948	1.90	24829	1.67	10.61
上海市	38505	2.35	12513	8.09	25992	1.75	32.49
江苏省	122247	7.46	27818	17.98	94429	6.36	22.76
浙江省	124944	7.62	23823	15.39	101121	6.81	19.07
安徽省	53189	3.25	4209	2.72	48980	3.30	7.91
福建省	62736	3.83	8395	5.42	54341	3.66	13.38
江西省	66515	4.06	4605	2.98	61910	4.17	6.92
山东省	101165	6.17	4570	2.95	96595	6.51	4.52

续表

省区市	场地						各地室内占体育场地总数比/%
	所有体育场地		室内体育场地		室外体育场地		
	数量/个	占全国比/%	数量/个	占全国比/%	数量/个	占全国比/%	
河南省	82670	5.04	2127	1.37	80543	5.43	2.57
湖北省	79347	4.84	7113	4.60	72234	4.87	8.96
湖南省	57565	3.51	4428	2.86	53137	3.58	7.34
广东省	146719	8.95	13345	8.62	133374	8.99	9.10
广西壮族自治区	74182	4.53	2000	1.29	72182	4.86	2.70
海南省	12202	0.74	370	0.24	11832	0.80	3.03
重庆市	40648	2.48	1773	1.15	38875	2.62	4.36
四川省	67735	4.13	2279	1.47	65456	4.41	3.36
贵州省	32162	1.96	750	0.48	31412	2.12	2.33
云南省	59640	3.64	2477	1.60	57163	3.85	4.15
西藏自治区	6064	0.37	231	0.15	5833	0.39	3.81
陕西省	40103	2.45	1576	1.02	38527	2.60	3.93
甘肃省	30282	1.85	864	0.56	29418	1.98	2.85
青海省	7978	0.49	284	0.18	7694	0.52	3.56
宁夏回族自治区	11547	0.70	861	0.56	10686	0.72	7.46
新疆维吾尔自治区	26207	1.60	1860	1.20	24347	1.64	7.10
新疆生产建设兵团	3431	0.21	185	0.12	3246	0.22	5.39

表3-4　我国各省区市室内和室外体育场地面积及比例

省区市	所有体育场地		室内体育场地		室外体育场地		各地室内占体育场地总面积比/%
	面积/平方米	占全国比/%	面积/平方米	占全国比/%	面积/平方米	占全国比/%	
合计	1947084127.77	100	58886230.31	100	1888197897.46	100	3.02
北京市	47691632.14	2.45	2379954.72	4.04	45311677.42	2.40	4.99
天津市	31186972.79	1.60	1081930.62	1.84	30105042.17	1.59	3.47
河北省	102280328.7	5.25	1673526.02	2.84	100606802.7	5.33	1.64
山西省	46988998.99	2.41	1184407.08	2.01	45804591.91	2.43	2.52
内蒙古自治区	41607096.31	2.14	2013223.99	3.42	39593872.32	2.10	4.84
辽宁省	78993198.21	4.06	2569485.39	4.36	76423712.82	4.05	3.25

续表

省区市	所有体育场地		室内体育场地		室外体育场地		各地室内占体育场地总面积比/%
	面积/平方米	占全国比/%	面积/平方米	占全国比/%	面积/平方米	占全国比/%	
吉林省	40843353.19	2.10	1096271.88	1.86	39747081.31	2.11	2.68
黑龙江省	45140728.01	2.32	1649532.51	2.80	43491195.5	2.30	3.65
上海市	41556935.14	2.13	2914202.26	4.95	38642732.88	2.05	7.01
江苏省	156902596.1	8.06	6594270.32	11.20	150308325.8	7.96	4.20
浙江省	81234677.84	4.17	4935104.01	8.38	76299573.83	4.04	6.08
安徽省	69314611.7	3.56	1666484.37	2.83	67648127.33	3.58	2.40
福建省	59847193.47	3.07	2280028.97	3.87	57567164.5	3.05	3.81
江西省	64141117.61	3.29	1668401.2	2.83	62472716.41	3.31	2.60
山东省	172853046.8	8.88	2591533.75	4.40	170261513	9.02	1.50
河南省	89080564.35	4.58	1656153.78	2.81	87424410.57	4.63	1.86
湖北省	74736961.23	3.84	2277435.51	3.87	72459525.72	3.84	3.05
湖南省	72903011.77	3.74	2209933.71	3.75	70693078.06	3.74	3.03
广东省	214426407.5	11.01	6837004.08	11.61	207589403.4	10.99	3.19
广西壮族自治区	55761810.38	2.86	1418438.65	2.41	54343371.73	2.88	2.54
海南省	29986909.55	1.54	279295.18	0.47	29707614.37	1.57	0.93
重庆市	40612745.64	2.09	1159604.64	1.97	39453141	2.09	2.86
四川省	66747699.39	3.43	1882775.99	3.20	64864923.4	3.44	2.82
贵州省	27116999.81	1.39	474315.86	0.81	26642683.95	1.41	1.75
云南省	57722462.69	2.96	1131833.13	1.92	56590629.56	3.00	1.96
西藏自治区	4313983.23	0.22	116495.08	0.20	4197488.15	0.22	2.70
陕西省	40377754.69	2.07	1010624.89	1.72	39367129.8	2.08	2.50
甘肃省	28917443.33	1.49	543118.41	0.92	28374324.92	1.50	1.88
青海省	9290344.6	0.48	244902.77	0.42	9045441.83	0.48	2.64
宁夏回族自治区	13529287.16	0.69	354920.46	0.60	13174366.7	0.70	2.62
新疆维吾尔自治区	37067764.98	1.90	868153.52	1.47	36199611.46	1.92	2.34
新疆生产建设兵团	3909490.49	0.20	122867.56	0.21	3786622.93	0.20	3.14

（三）各省区市万人拥有体育场地数量

从每万人拥有体育场地数量来看，有16个省区市的这一指标超过了全国平均水平，其中浙江省、西藏自治区、宁夏回族自治区、山西省、福建省的万人拥有体育场地数量相对较大。在这些省区市中，西藏自治区、宁夏回族自治区虽然体育场地总量不高，但是地处西部，人口相对较少，这使得每万人拥有体育场地数量较高。（表3-5）

表3-5　各省区市万人拥有体育场地数量

省区市	每万人场地数量/个	万人室内体育场数量/个	万人室外体育场数量/个
辽宁省	11.82	1.16	10.67
吉林省	7.70	0.90	6.80
黑龙江省	7.24	0.77	6.47
北京市	9.50	1.70	7.80
天津市	11.03	1.18	9.85
河北省	8.83	0.42	8.42
上海市	15.94	5.18	10.76
江苏省	15.40	3.50	11.89
浙江省	22.73	4.33	18.39
福建省	16.62	2.22	14.40
山东省	10.39	0.47	9.92
广东省	13.78	1.25	12.53
海南省	13.63	0.41	13.22
河南省	8.78	0.23	8.56
湖北省	13.68	1.23	12.46
湖南省	8.60	0.66	7.94
山西省	17.55	0.67	16.89
安徽省	8.82	0.70	8.12
江西省	14.71	1.02	13.69
内蒙古自治区	10.16	2.01	8.15
广西壮族自治区	15.72	0.42	15.30
重庆市	13.69	0.60	13.09
四川省	8.36	0.28	8.07
贵州省	9.18	0.21	8.97
云南省	12.73	0.53	12.20
西藏自治区	19.43	0.74	18.69

续表

省区市	每万人场地数量/个	万人室内体育场数量/个	万人室外体育场数量/个
陕西省	10.65	0.42	10.24
甘肃省	11.73	0.33	11.39
青海省	13.81	0.49	13.32
宁夏回族自治区	17.65	1.32	16.33
新疆维吾尔自治区	13.09	0.90	12.19
全国	12.45	1.24	11.21

从表 3 - 5 可以看出，从每万人拥有室内体育场地数量来看，有 8 个省区市超过了全国平均水平，分别是上海市、浙江省、江苏省、福建省、内蒙古自治区、北京市、宁夏回族自治区、广东省，而且这些省份大都位于东部沿海经济发达地区。由于室内体育场地投资成本相对较高，建设需要较高的资本投入，其发展速度与当地的经济水平密切相关。第六次全国体育场地普查中每万人室内体育场地数量在各省区市的分布进一步印证了这一点。

由于我国 90.56% 的体育场地属于室外体育场地，因此，我国各省区市每万人室外场地占有量与总的每万人体育场地占有量具有很高的相关性。从这一指标看，我国有 16 个省区市超过了全国平均水平，包括西藏自治区、浙江省、山西省、宁夏回族自治区和广西壮族自治区等。这些省份与我国每万人体育场地占有数量排名前几位的省份具有较高的重复度。

（四）各省区市人均体育场地面积

从人均体育场地面积来看，有 15 个省区市的这一指标超过了全国平均水平，其中海南省、北京市、天津市、宁夏回族自治区、广东省的人均体育场地面积较大。（表 3 - 6）

表 3 - 6　各省区市人均体育场地面积

省区市	人均场地面积/平方米	省区市	人均场地面积/平方米
辽宁省	1.80	山西省	1.29
吉林省	1.48	安徽省	1.15

续表

省区市	人均场地面积/平方米	省区市	人均场地面积/平方米
黑龙江省	1.18	江西省	1.42
北京市	2.26	内蒙古自治区	1.67
天津市	2.12	广西壮族自治区	1.18
河北省	1.39	重庆市	1.37
上海市	1.72	四川省	0.82
江苏省	1.98	贵州省	0.77
浙江省	1.48	云南省	1.23
福建省	1.59	西藏自治区	1.38
山东省	1.78	陕西省	1.07
广东省	2.01	甘肃省	1.12
海南省	3.35	青海省	1.61
河南省	0.95	宁夏回族自治区	2.07
湖北省	1.29	新疆维吾尔自治区	1.81
湖南省	1.09		

二、各省区市体育场地投资情况

我国各省区市中体育场地投资额差异较大。现有体育场地的投资金额中，东部地区体育场地投资额高于中西部地区。各省区市中投资金额最高的是广东省，最低的是西藏自治区。按照体育场地投资额从高到低排列，投资金额排在前 10 的省区市依次为广东省（21100918 万元，占全国总投资的 19.0%）、山东省（9747082 万元，占全国总投资的 8.8%）、江苏省（8698270 万元，占全国总投资的 7.8%）、重庆市（6222214 万元，占全国总投资的 5.6%）、贵州省（5370458 万元，占全国总投资的 4.8%）、辽宁省（5097853 万元，占全国总投资的 4.6%）、浙江省（4620744 万元，占全国总投资的 4.2%）、上海市（4008980 万元，占全国总投资的 3.6%）、北京市（3912546 万元，占全国总投资的 3.5%）、黑龙江省（3849479 万元，占全国总投资的 3.5%）。（图 3－3）

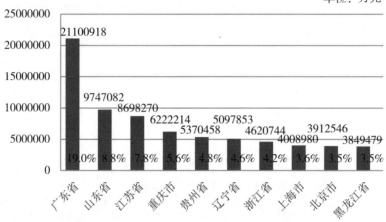

图3-3 我国体育场地投资额排名前10的省区市

从我国各省区市体育场地投资额的构成情况来看（表3-7），9个省区市财政拨款占本地区体育场地总投资额的比重未超过50%，包括北京市（38.9%）、天津市（46.6%）、河北省（43.4%）、吉林省（48.3%）、福建省（45.2%）、湖北省（46.9%）、广东省（44.9%）、海南省（14.1%）、云南省（46.2%）。3个省区市在体育场地投资中，单位自筹占本地体育场地总投资额的比重超过50%，包括北京市（54.8%）、天津市（51.0%）、海南省（75.7%）。这说明北京市、天津市、海南省3个省市在体育场地投资中主要依靠单位自筹。河北省、吉林省、福建省、湖北省、云南省、陕西省、青海省等7个省市在体育场地投资中对财政拨款的依赖性较弱。

表3-7 我国各省区市体育场地投资额构成

省区市	财政拨款				单位自筹		社会捐赠		其他	
	财政拨款		其中：体彩公益金							
	金额/万元	占比/%	金额/万元	占比/%	金额/万元	占比/%	金额/万元	占比/%	金额/万元	占比/%
北京市	1521648	38.9	38324	1.0	2142493	54.8	17047	0.4	231358	5.9
天津市	804284	46.6	34855	2.0	879675	51.0	5712	0.3	34714	2.0
河北省	1052998	43.4	49723	2.1	1189781	49.1	20631	0.9	161561	6.7
山西省	1349226	63.2	27837	1.3	619010	29	14870	0.7	150127	7.0

续表

省区市	财政拨款				单位自筹		社会捐赠		其他	
	财政拨款		其中:体彩公益金							
	金额/万元	占比/%	金额/万元	占比/%	金额/万元	占比/%	金额/万元	占比/%	金额/万元	占比/%
内蒙古自治区	1489564	68.3	13256	0.6	599915	27.5	13152	0.6	78592	3.6
辽宁省	3323381	65.2	107660	2.1	1657807	32.5	35471	0.7	81194	1.6
吉林省	686901	48.3	40906	2.9	636523	44.8	7957	0.6	89341	6.3
黑龙江	2595486	67.4	53358	1.4	881946	22.9	17139	0.4	354908	9.2
上海市	2395740	59.8	44135	1.1	1446853	36.1	7419	0.2	158968	4.0
江苏省	5988606	68.8	257671	3.0	2449610	28.2	43015	0.5	217039	2.5
浙江省	2790540	60.4	231190	5.0	1676185	36.3	34458	0.7	119561	2.6
安徽省	1157823	64.9	59686	3.3	587423	32.9	10641	0.6	27370	1.5
福建省	1329552	45.2	123186	4.2	1372431	46.7	138329	4.7	100793	3.4
江西省	817916	57.6	86526	6.1	536141	37.7	17474	1.2	49183	3.5
山东省	6154904	63.1	1208799	12.4	1482481	15.2	924706	9.5	1184991	12.2
河南省	1069894	54.6	67847	3.5	626303	32.0	17147	0.9	244621	12.5
湖北省	1125025	46.9	126903	5.3	1194960	49.8	19094	0.8	59213	2.5
湖南省	1438631	61.0	51309	2.2	705744	29.9	35442	1.5	180317	7.6
广东省	9471028	44.9	711314	3.4	8328667	39.5	1503357	7.1	1797866	8.5
广西壮族自治区	1894118	68.9	38676	1.4	589223	21.4	34829	1.3	232591	8.5
海南省	195744	14.1	2492	0.2	1049745	75.7	10743	0.8	130597	9.4
重庆市	4291625	69.0	118142	1.9	1761709	28.3	24532	0.4	144348	2.3
四川省	1659307	55.3	45445	1.5	1029785	34.3	103835	3.5	205029	6.8
贵州省	3730860	69.5	38109	0.7	1530011	28.5	71176	1.3	38411	0.7
云南省	877018	46.2	80201	4.2	876828	46.2	30046	1.6	112591	5.9

续表

省区市	财政拨款				单位自筹		社会捐赠		其他	
	财政拨款		其中:体彩公益金							
	金额/万元	占比/%	金额/万元	占比/%	金额/万元	占比/%	金额/万元	占比/%	金额/万元	占比/%
西藏自治区	145241	81.4	12839	7.2	7443	4.2	6142	3.4	19557	11.0
陕西省	2188232	56.9	41319	1.1	1542110	40.1	17326	0.5	98309	2.6
甘肃省	346922	58.2	27217	4.6	213224	35.8	10713	1.8	25479	4.3
青海省	356172	51.0	5397	0.8	296099	42.4	38960	5.6	7287	1.0
宁夏回族自治区	335493	69.8	62287	13.0	141420	29.4	2768	0.6	1081	0.2
新疆维吾尔自治区	678904	71.5	28207	3.0	205016	21.6	20360	2.1	45039	4.7
新疆生产建设兵团	89279	71.7	1379	1.1	7242	5.8	24377	19.6	3698	3.0

各省区市以体彩公益金形式对体育场地的投资额从绝对数值来看存在一定差异。山东省、广东省、江苏省的体彩公益金位居前3位。从体彩公益金占本省区市投资总额占比来看，宁夏回族自治区、山东省、西藏自治区位居前3位。

社会捐赠投资占体育场地投资额比重前3位的分别是新疆生产建设兵团（19.6%）、山东省（9.5%）和广东省（7.1%）。

其他途径投资体育场地投资额比重前3位的分别是河南省（12.5%）、山东省（12.2%）、西藏自治区（11.0%）。

三、各省区市分时期体育场地建设数量、面积及投资情况

本次统计的属于中华人民共和国成立前建设的体育场地数量，排在前10位的分

别是东北地区的辽宁省、吉林省和黑龙江省，西部地区的甘肃省、陕西省、重庆市，东部地区的河北省、福建省、广东省，以及中部地区的河南省等。（图3-4）

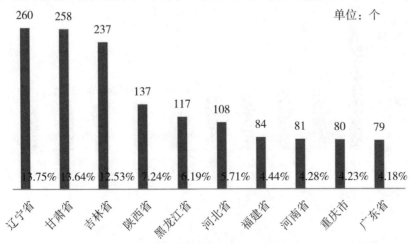

图3-4　中华人民共和国成立前建设的体育场地数量排名前10的省区市

在1949—1977年时期建设的体育场地，各省区市体育场地数量，排在前10位的与中华人民共和国成立前建设的体育场地数量差异不大。（图3-5）

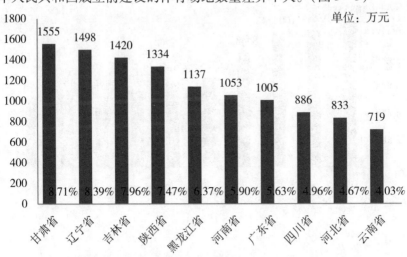

图3-5　1949—1977年建设的体育场地数量排前10位的省区市

改革开放后的1978—2003年，我国东部地区经济的崛起，带动了体育场地建设的快速发展，广东省、江苏省、浙江省、山东省等东部沿海地区的体育场地发展迅速，这一时期建设的体育场馆数量排在前10位的省区市如图3-6所示。

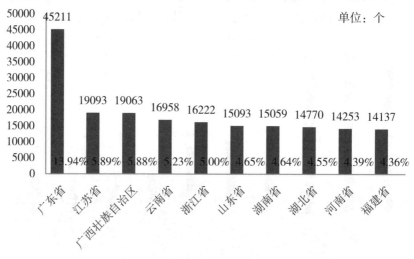

图3-6 1978—2003年建设的体育场地数量排名前10名的省区市

2004—2013年10年间，各地体育场地均迅速增加，各省区市体育场地数量的差距趋于平缓，东部、西部和中部地区的发展速度快于东北地区。（图3-7）

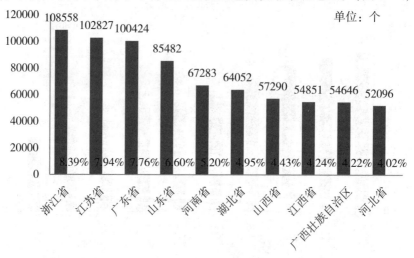

图3-7 2004—2013年建设的体育场地数量排名前10名的省区市

四、各省区市分场地类型体育场地数量及规模

（一）各省区市足球、篮球、排球场地数量及规模

篮球、排球、足球场地，在我国各省区市的数量分布有一定的差异：广东省和山东省的篮球、排球、足球场地数量均位列全国前3；广西壮族自治区的篮球、足球场地分列第二、第四；新疆维吾尔自治区的足球、排球场地分别位列第二、第五；河南省的足球和篮球场地均位列第五；浙江省和江苏省的篮球和排球场地均位列第三和第四。

各省区市的足球场地数量排名前5的依次是：广东省2525个，占全国足球场地总数的23.76%；新疆维吾尔自治区726个，占全国足球场地总数的6.83%；山东省609个，占全国足球场地总数的5.73%；广西壮族自治区504个，占全国足球场地总数的4.74%；河南省449个，占全国足球场地总数的4.22%。

各省区市的篮球场地数量排在前5名的依次是：广东省72850个，占全国篮球场地总数的11.71%；云南省39744个，占全国篮球场地总数的6.39%；浙江省36588个，占全国篮球场地总数的5.88%；河南省34240个，占全国篮球场地总数的5.50%；江苏省32874个，占全国篮球场地总数的5.28%。

各省区市的排球场地数量排在前5名的依次是：山东省4092个，占全国排球场地总数的9.74%；广东省3525个，占全国排球场地总数的8.39%；浙江省3066个，占全国排球场地总数的7.30%；江苏省2838个，占全国排球场地总数的6.75%；新疆维吾尔自治区2456个，占全国排球场地总数的5.84%。（表3-8）

表3-8　各省区市足球、篮球、排球场地数量

省区市	足球		篮球		排球	
	数量/个	占全国比/%	数量/个	占全国比/%	数量/个	占全国比/%
北京市	295	2.78	3791	0.61	254	0.60
天津市	102	0.96	4475	0.72	493	1.17

续表

省区市	足球		篮球		排球	
	数量/个	占全国比/%	数量/个	占全国比/%	数量/个	占全国比/%
河北省	260	2.45	15592	2.51	667	1.59
山西省	146	1.37	21152	3.40	288	0.69
内蒙古自治区	97	0.91	8528	1.37	1842	4.38
辽宁省	302	2.84	13248	2.13	1551	3.69
吉林省	256	2.41	5861	0.94	1128	2.68
黑龙江省	354	3.33	8771	1.41	1062	2.53
上海市	385	3.62	5458	0.88	537	1.28
江苏省	398	3.74	32874	5.28	2838	6.75
浙江省	264	2.48	36588	5.88	3066	7.30
安徽省	224	2.11	21080	3.39	1276	3.04
福建省	173	1.63	23729	3.81	1724	4.10
江西省	161	1.51	22223	3.57	896	2.13
山东省	609	5.73	31084	5.00	4092	9.74
河南省	449	4.22	34240	5.50	1455	3.46
湖北省	245	2.31	25960	4.17	1472	3.50
湖南省	229	2.15	28335	4.56	1295	3.08
广东省	2525	23.76	72850	11.71	3525	8.39
广西壮族自治区	504	4.74	46689	7.51	2130	5.07
海南省	132	1.24	5926	0.95	2330	5.54
重庆市	190	1.79	13456	2.16	578	1.38
四川省	415	3.90	25276	4.06	1332	3.17
贵州省	192	1.81	21521	3.46	267	0.64
云南省	371	3.49	39744	6.39	921	2.19
西藏自治区	108	1.02	2624	0.42	27	0.06
陕西省	227	2.14	13387	2.15	365	0.87

续表

省区市	足球		篮球		排球	
	数量/个	占全国比/%	数量/个	占全国比/%	数量/个	占全国比/%
甘肃省	108	1.02	14627	2.35	1206	2.87
青海省	48	0.45	3067	0.49	156	0.37
宁夏回族自治区	90	0.85	5349	0.86	629	1.50
新疆维吾尔自治区	726	6.83	11843	1.90	2456	5.84
新疆生产建设兵团	15	0.14	1483	0.24	154	0.37
合 计	10628	100.00	622058	100.00	42027	100.00

各省区市中篮球、排球、足球场地面积也呈现出不均衡的态势，足球场地总面积位于前 5 的依次是：广东省 9516517 平方米，占全国足球场地总面积的 26.83%；山东省 2377569 平方米，占全国足球场地总面积的 6.70%；新疆维吾尔自治区 1737004 平方米，占全国足球场地总面积的 4.90%；云南省 1630909 平方米，占全国足球场地总面积的 4.60%；河南省 1618532 平方米，占全国足球场地总面积的 4.56%。

各省区市中篮球场地总面积位于前 5 的依次是：广东省 47471795 平方米，占全国篮球场地总面积的 12.86%；广西壮族自治区 27541764 平方米，占全国篮球场地总面积的 7.46%；云南省 22304392 平方米，占全国篮球场地总面积的 6.04%；河南省 20975931 平方米，占全国篮球场地总面积的 5.68%；浙江省 19830399 平方米，占全国篮球场地总面积的 5.37%。

各省区市排球场地总面积位于前 5 的依次是：广东省 1208802 平方米，占全国排球场地总面积的 9.02%；山东省 1174304 平方米，占全国排球场地总面积的 8.76%；江苏省 920682 平方米，占全国排球场地总面积的 6.87%；浙江省 920379 平方米，占全国排球场地总面积的 6.87%；海南省 795393 平方米，占全国排球场地总面积的 5.93%。（表 3-9）

由此可见，广东省足球、篮球、排球的场地总面积均位于第 1 名。

表3-9　各省区市足球、篮球、排球场地面积情况

省区市	足球		篮球		排球	
	面积/平方米	占全国比/%	面积/平方米	占全国比/%	面积/平方米	占全国比/%
北京市	1082053	3.05	2244635	0.61	93730	0.70
天津市	331099	0.93	2521965	0.68	168316	1.26
河北省	1158742	3.27	9802417	2.65	397921	2.97
山西省	361324	1.02	12286545	3.33	87891	0.66
内蒙古自治区	355676	1.00	5207139	1.41	581214	4.34
辽宁省	1077920	3.04	7750683	2.10	492571	3.67
吉林省	1076551	3.03	3597469	0.97	335018	2.50
黑龙江省	1055355	2.97	5381331	1.46	334107	2.49
上海市	1023487	2.89	3344033	0.91	202555	1.51
江苏省	1297335	3.66	18336725	4.97	920682	6.87
浙江省	584624	1.65	19830399	5.37	920379	6.87
安徽省	535437	1.51	12733474	3.45	393530	2.94
福建省	372630	1.05	13660548	3.70	550781	4.11
江西省	504057	1.42	13301355	3.60	269246	2.01
山东省	2377569	6.70	17705682	4.79	1174304	8.76
河南省	1618532	4.56	20975931	5.68	461581	3.44
湖北省	819284	2.31	14534438	3.94	440061	3.28
湖南省	908294	2.56	17461531	4.73	401178	2.99
广东省	9516517	26.83	47471795	12.86	1208802	9.02
广西壮族自治区	1201904	3.39	27541764	7.46	649788	4.85
海南省	546725	1.54	3663971	0.99	795393	5.93
重庆市	478592	1.35	8076499	2.19	197863	1.48
四川省	1333286	3.76	14951688	4.05	424534	3.17
贵州省	702262	1.98	12693191	3.44	89397	0.67
云南省	1630909	4.60	22304392	6.04	301242	2.25

续表

省区市	足球		篮球		排球	
	面积/平方米	占全国比/%	面积/平方米	占全国比/%	面积/平方米	占全国比/%
西藏自治区	290316	0.82	1275787	0.35	8416	0.06
陕西省	671779	1.89	8165701	2.21	136375	1.02
甘肃省	328950	0.93	8751087	2.37	348757	2.60
青海省	134917	0.38	1756821	0.48	44262	0.33
宁夏回族自治区	231605	0.65	3208877	0.87	201179	1.50
新疆维吾尔自治区	1737004	4.90	7060124	1.91	721322	5.38
新疆生产建设兵团	48298	0.14	890003	0.24	45998	0.34
合计	35475339	100.00	369255537	100.00	13404374	100.00

（二）各省区市乒乓球、羽毛球、网球场地数量及规模

各省区市的乒乓球场地数量排名前5的依次是：湖北省16808个，占全国乒乓球场地总数的8.64%；广东省16015个，占全国乒乓球场地总数的8.24%；河南省15720个，占全国乒乓球场地总数的8.09%；浙江省15538个，占全国乒乓球场地总数的7.99%；江苏省14677个，占全国乒乓球场地总数的7.55%。

各省区市的羽毛球场地数量排名前5的依次是：广东省8269个，占全国羽毛球场地总数的19.30%；湖北省3139个，占全国羽毛球场地总数的7.33%；广西壮族自治区2984个，占全国羽毛球场地总数的6.96%；重庆市2592个，占全国羽毛球场地总数的6.05%；浙江省2372个，占全国羽毛球场地总数的5.54%。

各省区市的网球场地数量排在全国前5的分别是：广东省2307个，占全国网球场地总数的11.27%；江苏省1892个，占全国网球场地总数的9.24%；浙江省1801个，占全国网球场地总数的8.79%；湖北省1319个，占全国网球场地总数的6.44%；上海市1221个，占全国网球场地总数的5.96%。其中广东省、湖北省、浙江省三省的乒乓球、羽毛球和网球场地数量均处于全国各省区市的前5名。（表3-10）

表 3 - 10　各省区市乒乓球、羽毛球和网球场地数量

省区市	乒乓球		羽毛球		网球	
	数量/个	占全国比/%	数量/个	占全国比/%	数量/个	占全国比/%
北京市	1355	0.70	324	0.76	703	3.43
天津市	1744	0.90	168	0.39	470	2.30
河北省	6245	3.21	944	2.20	307	1.50
山西省	4653	2.39	1614	3.77	358	1.75
内蒙古自治区	2007	1.03	552	1.29	778	3.80
辽宁省	2511	1.29	605	1.41	720	3.52
吉林省	1038	0.53	211	0.49	228	1.11
黑龙江省	816	0.42	251	0.59	297	1.45
上海市	3811	1.96	553	1.29	1221	5.96
江苏省	14677	7.55	2186	5.10	1892	9.24
浙江省	15538	7.99	2372	5.54	1801	8.79
安徽省	7044	3.62	1135	2.65	750	3.66
福建省	4009	2.06	1820	4.25	564	2.75
江西省	9578	4.93	2197	5.13	903	4.41
山东省	10719	5.51	1097	2.56	789	3.85
河南省	15720	8.09	1354	3.16	542	2.65
湖北省	16808	8.64	3139	7.33	1319	6.44
湖南省	8058	4.14	1900	4.43	425	2.08
广东省	16015	8.24	8269	19.30	2307	11.27
广西壮族自治区	8490	4.37	2984	6.96	435	2.12
海南省	399	0.21	323	0.75	130	0.63
重庆市	7629	3.92	2592	6.05	881	4.30
四川省	10599	5.45	1928	4.50	1083	5.29
贵州省	4659	2.40	637	1.49	220	1.07

续表

省区市	乒乓球		羽毛球		网球	
	数量/个	占全国比/%	数量/个	占全国比/%	数量/个	占全国比/%
云南省	3233	1.66	583	1.36	641	3.13
西藏自治区	142	0.07	15	0.04	8	0.04
陕西省	6891	3.54	1180	2.75	185	0.90
甘肃省	4511	2.32	918	2.14	182	0.89
青海省	760	0.39	135	0.32	35	0.17
宁夏回族自治区	1055	0.54	226	0.53	88	0.43
新疆维吾尔自治区	2959	1.52	278	0.65	108	0.53
新疆生产建设兵团	189	0.10	62	0.14	20	0.10
合计	194426	100	42850	100	20478	100

在各省区市中，乒乓球场地面积处于前5位的依次是：广东省3769239平方米，占全国乒乓球场地总面积的12.99%；河南省2179671平方米，占全国乒乓球场地总面积的7.51%；湖北省2019683平方米，占全国乒乓球场地总面积的6.96%；山东省2002920平方米，占全国乒乓球场地总面积的6.90%；江苏省1997410平方米，占全国乒乓球场地总面积的6.88%。

在各省区市中，羽毛球场地面积位于前5的依次是：广东省是3430010平方米，占全国羽毛球场地总面积的22.40%；广西壮族自治区是1002821平方米，占全国羽毛球场地总面积的6.55%；江苏省是960717平方米，占全国羽毛球场地总面积的6.27%；湖北省是938635平方米，占全国羽毛球场地总面积的6.13%；重庆市是828856平方米，占全国羽毛球场地总面积的5.41%。

在各省区市中，网球场地面积排在全国前5位的分别是：广东省有1534456平方米，占全国网球场地总面积的11.56%；江苏省有1201646平方米，占全国网球场地总面积的9.05%；浙江省有1114736平方米，占全国网球场地总面积的8.40%；湖北省有845748平方米，占全国网球场地总面积的6.37%；上海市有809868平方米，占全国网球场地总面积的6.10%。（表3-11）

由此可见，乒乓球、羽毛球、网球场地面积均位于前5的省区市是广东省、江苏省和湖北省。

表3-11　各省区市乒乓球、羽毛球和网球场地面积

省区市	乒乓球		羽毛球		网球	
	面积/平方米	占全国比/%	面积/平方米	占全国比/%	面积/平方米	占全国比/%
北京市	280832	0.97	265604	1.73	561481	4.23
天津市	138090	0.48	83706	0.55	348389	2.62
河北省	944245	3.25	346000	2.26	219391	1.65
山西省	552782	1.90	491339	3.21	225087	1.70
内蒙古自治区	397567	1.37	249765	1.63	535047	4.03
辽宁省	465260	1.60	277986	1.82	446064	3.36
吉林省	174156	0.60	141989	0.93	143574	1.08
黑龙江省	172679	0.59	95846	0.63	189976	1.43
上海市	367800	1.27	297624	1.94	809868	6.10
江苏省	1997410	6.88	960717	6.27	1201646	9.05
浙江省	1632536	5.62	730612	4.77	1114736	8.40
安徽省	1343182	4.63	410473	2.68	509448	3.84
福建省	599503	2.07	466933	3.05	287211	2.16
江西省	1282492	4.42	635503	4.15	545072	4.11
山东省	2002920	6.90	433700	2.83	464268	3.50
河南省	2179671	7.51	391405	2.56	389799	2.94
湖北省	2019683	6.96	938635	6.13	845748	6.37
湖南省	1222070	4.21	671849	4.39	263168	1.98
广东省	3769239	12.99	3430010	22.40	1534456	11.56
广西壮族自治区	1060926	3.66	1002821	6.55	285789	2.15
海南省	61398	0.21	152394	1.00	87202	0.66
重庆市	1171367	4.04	828856	5.41	550101	4.14
四川省	1576258	5.43	649538	4.24	735797	5.54
贵州省	532565	1.83	177146	1.16	101319	0.76
云南省	437090	1.51	196962	1.29	429391	3.23

续表

省区市	乒乓球		羽毛球		网球	
	面积/ 平方米	占全国 比/%	面积/ 平方米	占全国 比/%	面积/ 平方米	占全国 比/%
西藏自治区	18820	0.06	4959	0.03	3739	0.03
陕西省	980063	3.38	411700	2.69	128714	0.97
甘肃省	721904	2.49	254412	1.66	115393	0.87
青海省	118817	0.41	39983	0.26	20153	0.15
宁夏回族自治区	213322	0.73	86960	0.57	51978	0.39
新疆维吾尔自治区	464894	1.60	83441	0.54	66794	0.50
新疆生产建设兵团	70429	0.24	24142	0.16	11251	0.08
合计	29024740	100.00	15314048	100.00	13276095	100.00

（三）各省区市体育场、体育馆、游泳项目场地数量及规模

各省区市体育场数量位于前5位的依次是：山东省有454个，占全国体育场总数的7.96%；浙江省有454个，占全国体育场总数的7.96%；江苏省有427个，占全国体育场总数的7.49%；四川省有317个，占全国体育场总数的5.56%；广东省有305个，占全国体育场总数的5.35%。

各省区市体育馆数量位于前5位的依次是：广东省有399个，占全国体育馆总数的13.00%；江苏省有269个，占全国体育馆总数的8.77%；浙江省有197个，占全国体育馆总数的6.42%；湖南省有195个，占全国体育馆总数的6.35%；四川省有170个，占全国体育馆总数的5.54%。

各省区市游泳场地数量位于前5位的依次是：广东省有3322个，占全国游泳场地总数的23.16%；浙江省有1226个，占全国游泳场地总数的8.55%；江苏省有1053个，占全国游泳场地总数的7.34%；四川省有1006个，占全国游泳场地总数的7.01%；重庆市有859个，占全国游泳场地总数的5.99%。（表3-12）

由此可见，体育场、体育馆、游泳场地数量均位于前5的省区市是广东省、江苏省、浙江省和四川省。

表 3-12　各省区市体育场、体育馆和游泳场地数量

省区市	体育场		体育馆		游泳	
	数量/个	占全国比/%	数量/个	占全国比/%	数量/个	占全国比/%
北京市	131	2.30	70	2.28	588	4.10
天津市	87	1.53	46	1.50	157	1.09
河北省	223	3.91	80	2.61	247	1.72
山西省	99	1.74	87	2.83	151	1.05
内蒙古自治区	218	3.82	55	1.79	126	0.88
辽宁省	179	3.14	100	3.26	250	1.74
吉林省	93	1.63	45	1.47	83	0.58
黑龙江省	139	2.44	117	3.81	107	0.75
上海市	70	1.23	58	1.89	773	5.39
江苏省	427	7.49	269	8.77	1053	7.34
浙江省	454	7.96	197	6.42	1226	8.55
安徽省	299	5.24	82	2.67	358	2.50
福建省	215	3.77	86	2.80	826	5.76
江西省	218	3.82	75	2.44	338	2.36
山东省	454	7.96	143	4.66	239	1.67
河南省	240	4.21	109	3.55	193	1.35
湖北省	270	4.74	118	3.84	460	3.21
湖南省	255	4.47	195	6.35	393	2.74
广东省	305	5.35	399	13.00	3322	23.16
广西壮族自治区	129	2.26	77	2.51	474	3.31
海南省	40	0.70	24	0.78	341	2.38
重庆市	158	2.77	86	2.80	859	5.99
四川省	317	5.56	170	5.54	1006	7.01
贵州省	61	1.07	37	1.21	163	1.14
云南省	106	1.86	101	3.29	285	1.99

续表

省区市	体育场		体育馆		游泳	
	数量/个	占全国比/%	数量/个	占全国比/%	数量/个	占全国比/%
西藏自治区	33	0.58	14	0.46	9	0.06
陕西省	167	2.93	55	1.79	179	1.25
甘肃省	82	1.44	52	1.69	37	0.26
青海省	43	0.75	7	0.23	9	0.06
宁夏回族自治区	47	0.82	23	0.75	31	0.22
新疆维吾尔自治区	110	1.93	49	1.60	53	0.37
新疆生产建设兵团	23	0.40	8	0.26	5	0.03
合计	5702	100.00	3069	100.00	14341	100.00

各省区市体育场场地面积位于前 5 位的依次是：山东省是 8432148 平方米，占全国体育场总面积的 8.05%；浙江省是 7882697 平方米，占全国体育场总面积的 7.53%；江苏省是 7834828 平方米，占全国体育场总面积的 7.48%；广东省是 6092535 平方米，占全国体育场总面积的 5.82%；四川省是 5789714 平方米，占全国体育场总面积的 5.53%。

各省区市体育馆场地面积位于前 5 位的依次是：广东省是 1059952 平方米，占全国体育馆总面积的 15.23%；江苏省是 603655 平方米，占全国体育馆总面积的 8.67%；四川省是 490212 平方米，占全国体育馆总面积的 7.04%；湖南省是 432029 平方米，占全国体育馆总面积的 6.21%；山东省是 381212 平方米，占全国体育馆总面积的 5.48%。

各省区市游泳场地面积位于前 5 位的依次是：广东省是 3085703 平方米，占全国游泳场地总面积的 21.24%；四川省是 1034241 平方米，占全国游泳场地总面积的 7.12%；江苏省是 942430 平方米，占全国游泳场地总面积的 6.49%；浙江省是 934200 平方米，占全国游泳场地总面积的 6.43%；福建省是 844050 平方米，占全国游泳场地总面积的 5.81%。（表 3-13）

由此可见，体育场、体育馆、游泳场地面积均位于前 5 位的省区市是广东省、江苏省和四川省。

表 3-13　各省区市体育场、体育馆和游泳场地面积

省区市	体育场		体育馆		游泳	
	面积/平方米	占全国比/%	面积/平方米	占全国比/%	面积/平方米	占全国比/%
北京市	2383829	2.28	212335	3.05	516720	3.56
天津市	1647293	1.57	86435	1.24	223951	1.54
河北省	4379466	4.18	201039	2.89	337054	2.32
山西省	1814751	1.73	166881	2.40	211673	1.46
内蒙古自治区	3926874	3.75	206569	2.97	154954	1.07
辽宁省	3392737	3.24	176263	2.53	286476	1.97
吉林省	2430588	2.32	110915	1.59	114646	0.79
黑龙江省	2469186	2.36	218662	3.14	166268	1.14
上海市	1267271	1.21	138290	1.99	604247	4.16
江苏省	7834828	7.48	603655	8.67	942430	6.49
浙江省	7882697	7.53	318082	4.57	934200	6.43
安徽省	5384379	5.14	156150	2.24	313888	2.16
福建省	3654533	3.49	169280	2.43	844050	5.81
江西省	3872647	3.70	119524	1.72	408918	2.81
山东省	8432148	8.05	381212	5.48	364586	2.51
河南省	4693403	4.48	297364	4.27	441271	3.04
湖北省	4853252	4.64	254310	3.65	562192	3.87
湖南省	4470636	4.27	432029	6.21	454311	3.13
广东省	6092535	5.82	1059952	15.23	3085703	21.24
广西壮族自治区	2208855	2.11	125608	1.80	509541	3.51
海南省	687179	0.66	67479	0.97	320498	2.21
重庆市	2621180	2.50	160225	2.30	786870	5.42
四川省	5789714	5.53	490212	7.04	1034241	7.12
贵州省	1095403	1.05	90109	1.29	172360	1.19
云南省	1878617	1.79	136568	1.96	242438	1.67

续表

省区市	体育场		体育馆		游泳	
	面积/平方米	占全国比/%	面积/平方米	占全国比/%	面积/平方米	占全国比/%
西藏自治区	543821	0.52	16759	0.24	8589	0.06
陕西省	3150662	3.01	146999	2.11	253609	1.75
甘肃省	1690822	1.62	126431	1.82	47901	0.33
青海省	727769	0.70	10146	0.15	11557	0.08
宁夏回族自治区	860099	0.82	76660	1.10	21952	0.15
新疆维吾尔自治区	2008661	1.92	135114	1.94	60762	0.42
新疆生产建设兵团	375784	2.28	23233	0.33	9913	0.07
合计	104686151	100.00	6959050	100.00	14526731	100.00

（四）各省区市冰雪项目、全民健身路径和健身步道数量及规模

各省区市冰雪场地数量位于前 5 名的依次是：黑龙江省有 85 个，占全国冰雪场地总数的 17.60%；吉林省有 45 个，占全国冰雪场地总数的 9.32%；辽宁省有 44 个，占全国冰雪场地总数的 9.11%；河北省有 36 个，占全国冰雪场地总数的 7.45%；北京市有 29 个，占全国冰雪场地总数的 6.00%。

各省区市全民健身路径场地数量位于前 5 名的依次是：浙江省有 42605 个，占全国全民健身路径总数的 11.57%；山东省有 35174 个，占全国全民健身路径总数的 9.56%；江苏省有 33519 个，占全国全民健身路径总数的 9.11%；山西省有 27084 个，占全国全民健身路径总数的 7.36%；河北省有 25524 个，占全国全民健身路径总数的 6.93%。

各省区市健身步道场地数量位于前 5 名的依次是：江苏省有 3632 个，占全国健身步道总数的 29.70%；上海市有 3072 个，占全国健身步道总数的 25.12%；广东省有 1534 个，占全国健身步道总数的 12.54%；浙江省有 496 个，占全国健身步道总数的 4.06%；湖南省有 441 个，占全国健身步道总数的 3.61%。(表 3 - 14)

表 3-14　各省区市冰雪项目、全民健身路径和健身步道数量

省区市	冰雪		全民健身路径		健身步道	
	数量/个	占全国比/%	数量/个	占全国比/%	数量/个	占全国比/%
北京市	29	6.00	8261	2.24	138	1.13
天津市	12	2.48	5583	1.52	57	0.47
河北省	36	7.45	25524	6.93	99	0.81
山西省	18	3.73	27084	7.36	28	0.23
内蒙古自治区	25	5.18	5075	1.38	37	0.30
辽宁省	44	9.11	16695	4.54	212	1.73
吉林省	45	9.32	5354	1.45	55	0.45
黑龙江省	85	17.60	8697	2.36	124	1.01
上海市	3	0.62	13050	3.55	3072	25.12
江苏省	12	2.48	33519	9.11	3632	29.70
浙江省	8	1.66	42605	11.57	496	4.06
安徽省	2	0.41	7979	2.17	76	0.62
福建省	1	0.21	14786	4.02	124	1.01
江西省	0	0.00	14563	3.96	333	2.72
山东省	24	4.97	35174	9.56	358	2.93
河南省	18	3.73	12664	3.44	171	1.40
湖北省	7	1.45	15829	4.30	219	1.79
湖南省	7	1.45	5671	1.54	441	3.61
广东省	24	4.97	14281	3.88	1534	12.54
广西壮族自治区	5	1.04	4984	1.35	65	0.53
海南省	1	0.21	1225	0.33	16	0.13
重庆市	9	1.86	5947	1.62	305	2.49
四川省	16	3.31	12598	3.42	339	2.77
贵州省	2	0.41	1599	0.43	61	0.50
云南省	2	0.41	3063	0.83	76	0.62

续表

省区市	冰雪		全民健身路径		健身步道	
	数量/个	占全国比/%	数量/个	占全国比/%	数量/个	占全国比/%
西藏自治区	0	0.00	2567	0.70	0	0.00
陕西省	10	2.07	9557	2.60	111	0.91
甘肃省	6	1.24	3963	1.08	54	0.44
青海省	1	0.21	1946	0.53	2	0.02
宁夏回族自治区	1	0.21	2339	0.64	13	0.11
新疆维吾尔自治区	27	5.59	4130	1.12	47	0.38
新疆生产建设兵团	3	0.62	1086	0.30	0	0.00
合计	483	100.00	368093	100.00	12229	100.00

各省区市冰雪项目场地面积位于前5名的依次是：新疆维吾尔自治区是4593784平方米，占全国冰雪项目场地总面积的15.50%；河北省是4587222平方米，占全国冰雪项目场地总面积的15.48%；黑龙江省是3227207平方米，占全国冰雪项目场地总面积的10.89%；山东省是2874574平方米，占全国冰雪项目场地总面积的9.70%；吉林省是2553346平方米，占全国冰雪项目场地总面积的8.62%。

各省区市全民健身路径场地面积位于前5名的依次是：浙江省是2383495平方米，占全国全民健身路径场地总面积的13.18%；山东省是1683580平方米，占全国全民健身路径场地总面积的9.31%；江苏省是1501560平方米，占全国全民健身路径场地总面积的8.30%；河北省是1162940平方米，占全国全民健身路径场地总面积的6.43%；山西省是1125185平方米，占全国全民健身路径场地总面积的6.22%。

各省区市健身步道场地面积位于前5名的依次是：江苏省是17052488平方米，占全国健身步道总面积的28.70%；广东省是12711682平方米，占全国健身步道总面积的21.39%；山东省是3366646平方米，占全国健身步道总面积的5.67%；重庆市是3130315平方米，占全国健身步道总面积的5.27%；四川省是2652982平方米，占全国健身步道总面积的4.46%。（表3－15）

表3–15 各省区市冰雪项目、全民健身路径和健身步道面积

省区市	冰雪项目		全民健身路径		健身步道	
	面积/平方米	占全国比/%	面积/平方米	占全国比/%	面积/平方米	占全国比/%
北京市	2087914	7.05	577125	3.19	820073	1.38
天津市	688300	2.32	355550	1.97	76487	0.13
河北省	4587222	15.48	1162940	6.43	863127	1.45
山西省	615606	2.08	1125185	6.22	232831	0.39
内蒙古自治区	1744059	5.89	305340	1.69	347968	0.59
辽宁省	1996057	6.74	695455	3.84	1841071	3.10
吉林省	2553346	8.62	322845	1.78	597587	1.01
黑龙江省	3227207	10.89	530250	2.93	858520	1.44
上海市	2800	0.01	628885	3.48	690122	1.16
江苏省	32987	0.11	1501560	8.30	17052488	28.70
浙江省	115293	0.39	2383495	13.18	1072248	1.80
安徽省	2943	0.01	401475	2.22	1090774	1.84
福建省	1512	0.01	595495	3.29	905077	1.52
江西省	0	0.00	526490	2.91	2334882	3.93
山东省	2874574	9.70	1683580	9.31	3366646	5.67
河南省	2569600	8.67	761080	4.21	1439245	2.42
湖北省	166683	0.56	566325	3.13	1281064	2.16
湖南省	207079	0.70	311790	1.72	2296892	3.87
广东省	38523	0.13	885624	4.90	12711682	21.39
广西壮族自治区	5701	0.02	225572	1.25	490826	0.83
海南省	2496	0.01	63365	0.35	176312	0.30
重庆市	193281	0.65	270705	1.50	3130315	5.27
四川省	666390	2.25	530025	2.93	2652982	4.46
贵州省	25990	0.09	81742	0.45	809987	1.36
云南省	1877	0.01	154522	0.85	258864	0.44

续表

省区市	冰雪项目		全民健身路径		健身步道	
	面积/平方米	占全国比/%	面积/平方米	占全国比/%	面积/平方米	占全国比/%
西藏自治区	0	0.00	162440	0.90	0	0.00
陕西省	150359	0.51	532105	2.94	735859	1.24
甘肃省	230668	0.78	223590	1.24	340623	0.57
青海省	2500	0.01	92190	0.51	463	0.00
宁夏回族自治区	80000	0.27	147535	0.82	36911	0.06
新疆维吾尔自治区	4593784	15.50	187645	1.04	909156	1.53
新疆生产建设兵团	170000	0.57	62890	0.35	0	0.00
合计	29634751	100.00	18089500.3	100.00	59424681	100.00

五、各省区市城镇、农村体育场地数量、面积及投资金额

我国各省区市中，无论从体育场地的数量、面积还是投资金额来看，城乡体育场地二元结构依然存在，绝大多数城镇体育场地数量、面积、投资金额高于农村地区，与农村相比，城镇的体育场地数量、面积和投资金额都高得多。体育场地数量、面积和投资金额占比在各省区市中有较大的差异。

各省区市城镇体育场地数量占全部场地总数的比例由高到低排列位于前10名的分别是上海市占87.7%、江苏省占78.0%、内蒙古自治区占76.9%、广东省占73.5%、北京市占71.1%、辽宁省占69.4%、黑龙江省占67.7%、重庆市占66.8%、天津市占64.2%、湖北省占63.6%。（表3-16）

表3-16 各省区市城镇、农村体育场地数量与占比

省区市	所有体育数量/个	城镇、农村场地数量			
		城镇体育场地		农村体育场地	
		数量/个	占比/%	数量/个	占比/%
北京市	20083	14277	71.1	5806	28.9
天津市	16233	10421	64.2	5812	35.8
河北省	64770	31188	48.2	33582	51.8
山西省	63715	21165	33.2	42550	66.8
内蒙古自治区	25367	19497	76.9	5870	23.1
辽宁省	51901	36037	69.4	15864	30.6
吉林省	21176	12586	59.4	8590	40.6
黑龙江省	27777	18800	67.7	8977	32.3
上海市	38505	33784	87.7	4721	12.3
江苏省	122247	95333	78.0	26914	22.0
浙江省	124944	70176	56.2	54768	43.8
安徽省	53189	32435	61.0	20754	39.0
福建省	62736	32830	52.4	29906	47.6
江西省	66515	35992	54.1	30523	45.9
山东省	101165	53273	52.7	47892	47.3
河南省	82670	40910	49.5	41760	50.5
湖北省	79347	50457	63.6	28890	36.4
湖南省	57565	34984	60.8	22581	39.2
广东省	146719	107843	73.5	38876	26.5
广西壮族自治区	74182	36446	49.1	37736	50.9
海南省	12202	7113	58.3	5089	41.7
重庆市	40648	27173	66.8	13475	33.2
四川省	67735	39422	58.2	28313	41.8
贵州省	32162	14064	43.7	18098	56.3
云南省	59640	23422	39.3	36218	60.7

续表

省区市	所有体育数量/个	城镇、农村场地数量			
		城镇体育场地		农村体育场地	
		数量/个	占比/%	数量/个	占比/%
西藏自治区	6064	1799	29.7	4265	70.3
陕西省	40103	21644	54.0	18459	46.0
甘肃省	30282	12046	39.8	18236	60.2
青海省	7978	3966	49.7	4012	50.3
宁夏回族自治区	11547	6904	59.8	4643	40.2
新疆维吾尔自治区	26207	11300	43.1	14907	56.9
新疆生产建设兵团	3431	2072	60.4	1359	39.6

各省区市城镇场地面积占全部场地面积总数的比例由高到低排在前 10 位的依次是江苏省占 85.6%、天津市占 85.3%、新疆生产建设兵团占 80.3%、上海市占 79.7%、重庆市占 77.9%、广东省占 76.5%、辽宁省占 75.2%、浙江省占 72.7%、四川省占 71.4%、湖北省占 70.8%。（表 3－17）

表 3－17　各省区市城镇、农村体育场地面积与占比

省区市	所有体育面积/平方米	城镇体育场地		农村体育场地	
		面积/平方米	占比/%	面积/平方米	占比/%
北京市	47691632.14	31415868	65.9	16275764	34.1
天津市	31186972.79	26607965	85.3	4579008	14.7
河北省	102280328.7	70139003	68.6	32141326	31.4
山西省	46988998.99	25460149	54.2	21528850	45.8
内蒙古自治区	41607096.31	27553773	66.2	14053323	33.8
辽宁省	78993198.21	59426980	75.2	19566218	24.8
吉林省	40843353.19	23472532	57.5	17370821	42.5
黑龙江省	45140728.01	28240138	62.6	16900590	37.4
上海市	41556935.14	33118335	79.7	8438600	20.3
江苏省	156902596.1	134256324	85.6	22646273	14.4

续表

省区市	所有体育面积/平方米	城镇体育场地		农村体育场地	
		面积/平方米	占比/%	面积/平方米	占比/%
浙江省	81234677.84	59076819	72.7	22157859	27.3
安徽省	69314611.7	47608892	68.7	21705719	31.3
福建省	59847193.47	36736089	61.4	23111104	38.6
江西省	64141117.61	44391026	69.2	19750092	30.8
山东省	172853046.8	109427536	63.3	63425511	36.7
河南省	89080564.35	52544448	59.0	36536116	41.0
湖北省	74736961.23	52879377	70.8	21857584	29.2
湖南省	72903011.77	49317308	67.6	23585704	32.4
广东省	214426407.5	164050980	76.5	50375427	23.5
广西壮族自治区	55761810.38	34755367	62.3	21006443	37.7
海南省	29986909.55	18422611	61.4	11564298	38.6
重庆市	40612745.64	31624240	77.9	8988506	22.1
四川省	66747699.39	47658577	71.4	19089122	28.6
贵州省	27116999.81	14587692	53.8	12529308	46.2
云南省	57722462.69	31167713	54.0	26554750	46.0
西藏自治区	4313983.23	2422122	56.1	1891861	43.9
陕西省	40377754.69	28366511	70.3	12011244	29.7
甘肃省	28917443.33	15096975	52.2	13820468	47.8
青海省	9290344.6	5907687	63.6	3382658	36.4
宁夏回族自治区	13529287.16	7802517	57.7	5726770	42.3
新疆维吾尔自治区	37067764.98	18548127	50.0	18519638	50.0
新疆生产建设兵团	3909490.49	3140532	80.3	768959	19.7

各省区市城镇体育场地投资金额占全部场地投资金额比例由高到低排在前10位的依次是：重庆市占94.6%、陕西省占94.4%、江苏省占92.6%、新疆生产建设兵团占91.4%、天津市占90.1%、安徽省占90.0%、上海市占89.4%、湖南省占88.5%、黑龙江省占87.6%、广西壮族自治区占87.1%。其中，上海市、江苏省、

重庆市、天津市城镇体育场地数量、面积和投资金额占比均在前10位。(表3-18)

表3-18 各省区市城镇、农村体育场地投资金额与占比

省区市	所有体育场地投资额/万元	城镇体育场地		农村体育场地	
		金额/万元	占比/%	金额/万元	占比/%
北京市	3912546	3180208	81.3	732338	18.7
天津市	1724385	1554109	90.1	170276	9.9
河北省	2424971	1858259	76.6	566712	23.4
山西省	2133233	1812620	85.0	320613	15.0
内蒙古自治区	2181223	1888196	86.6	293027	13.4
辽宁省	5097853	4008360	78.6	1089493	21.4
吉林省	1420722	1037334	73.0	383388	27.0
黑龙江省	3849479	3372439	87.6	477040	12.4
上海市	4008980	3583521	89.4	425459	10.6
江苏省	8698270	8051856	92.6	646414	7.4
浙江省	4620744	3659068	79.2	961676	20.8
安徽省	1783257	1605272	90.0	177985	10.0
福建省	2941105	2123340	72.2	817765	27.8
江西省	1420714	1109282	78.1	311432	21.9
山东省	9747082	7174125	73.6	2572957	26.4
河南省	1957965	1490683	76.1	467282	23.9
湖北省	2398292	1787220	74.5	611072	25.5
湖南省	2360134	2089291	88.5	270843	11.5
广东省	21100918	15748445	74.6	5352473	25.4
广西壮族自治区	2750761	2397023	87.1	353738	12.9
海南省	1386829	903663	65.2	483166	34.8
重庆市	6222214	5887923	94.6	334291	5.4
四川省	2997956	2459353	82.0	538603	18.0
贵州省	5370458	3973937	74.0	1396521	26.0

续表

省区市	所有体育场地投资额/万元	城镇体育场地		农村体育场地	
		金额/万元	占比/%	金额/万元	占比/%
云南省	1896483	1442666	76.1	453817	23.9
西藏自治区	178383	127597	71.5	50786	28.5
陕西省	3845977	3630330	94.4	215647	5.6
甘肃省	596338	470955	79.0	125383	21.0
青海省	698518	603535	86.4	94983	13.6
宁夏回族自治区	480762	390298	81.2	90464	18.8
新疆维吾尔自治区	949319	796176	83.9	153143	16.1
新疆生产建设兵团	124596	113840	91.4	10756	8.6

综上所述，2004—2013 年，各省区市的体育场地，无论从数量还是从场地面积来看，均有显著提升。但是，各省区市体育场地建设发展呈现不均衡态势，如城镇体育场地建设投资额高、体育场地数量多、体育场地面积大；东部沿海经济发达地区体育场地发展速度快，西部崛起成为后起之秀，中部地区受经济发展的影响，体育场地发展速度受到明显影响。此外，与城镇相比，农村体育场地数量相对较少、场地面积相对较小。城乡体育场地的二元结构依然明显。

针对我国体育场地发展区域不平衡、体育场地发展与当地社会、经济发展不同步等问题，未来的体育场地规划与建设要遵循各个区域的特征，实行差异化发展策略。

1. 出台扶持政策，加快公共体育场地建设

尽快落实 2014 年 10 月《国务院关于加快发展体育产业促进体育消费的若干意见》的精神，县级以上地方人民政府要按照《全民健身条例》的规定，将全民健身事业纳入本级国民经济和社会发展规划，将全民健身工作所需经费列入本级财政预算。加强体育基础建设和重大全民健身活动的经费投入，对公益性全民健身事业单位和服务机构给予必要的经费保障。加强公共体育设施建设投入，采用无偿划拨土地使用权的方式兴建公共体育场馆，把大型公共体育设施纳入城市规划，把公共体育设施建设作为创建文明城市的必要条件。

2. 梯度错位发展，发挥经济聚集辐射作用

我国的珠江三角洲、长江三角洲、京津冀地区凭借其经济发展实力和社会环境，具有丰富的体育场地资源，但是大多数地区体育场地发展同构性明显，造成大规模体育场地资源的浪费。要打破区域壁垒，协调共赢，资源同享，市场共荣，和而不同，错位发展，分出层次，分清类别，确定一体共赢的发展定位，即积极发挥中心地区的辐射作用，以带动周边地区的快速发展，探索我国体育场地建设新模式。

3. 吸引各类资本，投资便民利民体育场地

在健康中国和全民健身成为国家战略的背景下，各级政府要结合城镇化发展统筹规划体育场地建设，合理布点布局，重点建设一批便民利民的中小型体育场馆、公共体育健身活动中心、户外多功能球场、健身步道等体育场地设施。盘活存量资源，改造旧厂房、仓库、老旧商业设施等用于体育健身。鼓励社会资本建设小型化、多样化的体育活动场馆和体育健身设施，政府以购买服务的方式予以支持。实现在城市社区建设 15 分钟健身圈，新建社区的体育设施覆盖率达到 100%；推进实施农民体育健身工程，在乡镇、行政村实现公共体育健身设施 100% 全覆盖，确保体育设施数量和面积继续增加。

第四章　分类型的体育场地概略

基于国家体育发展战略、人民群众对体育场地的需求，本章将对第六次全国体育场地普查到的 83 种场地类型 ① 中的体育场、体育馆、足球、篮球、排球、乒乓球、羽毛球、网球、游泳、冰雪运动、全民健身路径、城市健身步道等 12 大类主要体育场地的建设情况进行分析。

一、分场地类型的总体情况

根据第六次全国体育场地普查标准，全国普查到 83 种体育场地类型，包括 82 种主要体育场地类型和"其他类"体育场地，其中 82 种主要体育场地类型场地数量 1536537 个，占 93.76%；场地面积 1789837309 平方米，占 91.92%。"其他类"体育场地 102268 个，占 6.24%；场地面积 157246818.6 平方米，占 8.08%。（表 4-1）

表 4-1　各类型体育场地数量及面积

场地类型	场地数量/个	数量占比/%	场地面积/平方米	面积占总面积比/%
82 种主要体育场地类型	1536537	93.76	1789837309	91.92
其他类体育场地	102268	6.24	157246818.6	8.08
合计	1638805	100.00	1947084128	100.00

（一）体育场地数量排名前 20 位的各类场地

在 83 种体育场地类型中，场地数量排名前 20 位的场地类型包括篮球场、全民

---

① 84 种场地类型中，除攀冰馆（未普查到）、其他类体育场地之外，共有 82 种场地类型。

健身路径、乒乓球场、其他类体育场地、小运动场、乒乓球房（馆）、排球场、羽毛球场、棋牌房（室）、健身房（馆）、三人制篮球场、室外网球场、室外门球场、综合房（馆）、台球房（馆）、城市健身步道、田径场、室外游泳池、羽毛球房（馆）等。体育场地数量排名前20位的场地类型占全部场地数量的97.49%；体育场地数量排名前10位的场地类型占全部场地数量的89.83%。（表4-2）

表4-2　体育场地数量排名前20位的各类型场地

序号	场地类型	场地数量/个	占比/%
1	篮球场	595382	36.33
2	全民健身路径	367398	22.42
3	乒乓球场	145630	8.89
4	其他类体育场地	102268	6.24
5	小运动场	89084	5.44
6	乒乓球房(馆)	48232	2.94
7	排球场	41021	2.50
8	羽毛球场	35225	2.15
9	棋牌房(室)	26379	1.61
10	健身房(馆)	21516	1.31
	小计	1472135	89.83
11	三人制篮球场	20161	1.23
12	室外网球场	19682	1.20
13	室外门球场	13983	0.85
14	综合房(馆)	13611	0.83
15	台球房(馆)	12831	0.78
16	城市健身步道	12295	0.75
17	田径场	10995	0.67
18	室外游泳池	9095	0.55
19	羽毛球房(馆)	7327	0.45
20	体育场	5692	0.35
	合计	1597807	97.49

（二）体育场地面积排名前 20 位的各场地类型

体育场地面积排名前 20 位的场地类型包括小运动场、篮球场、高尔夫球场、田径场、其他类体育场地、体育场、城市健身步道、水上运动场、天然游泳场、室外人工滑雪场、足球场、乒乓球场、登山步道、全民健身路径、室外马术场、综合房（馆）、排球场、室外网球场、羽毛球场、室外游泳池等。体育场地面积排名前 20 位的场地类型占全部场地类型场地面积的 95.21%，体育场地面积排名前 10 位的场地类型占全部场地面积的 87.06%。（表 4-3）

表 4-3　场地面积排名前 20 位的各场地类型

序号	场地类型	场地面积/平方米	占比/%
1	小运动场	441985317.58	22.70
2	篮球场	357356212.33	18.35
3	高尔夫球场	292305483.66	15.01
4	田径场	168988144.86	8.68
5	其他类体育场地	157246818.60	8.08
6	体育场	104521620.83	5.37
7	城市健身步道	59421081.32	3.05
8	水上运动场	47847279.66	2.46
9	天然游泳场	36498918.85	1.87
10	室外人工滑雪场	28983587.60	1.49
	小计	1695154465.29	87.06
11	足球场	24834207.41	1.28
12	乒乓球场	22488834.54	1.16
13	登山步道	20328540.23	1.04
14	全民健身路径	18054815.28	0.93
15	室外马术场	15054588.07	0.77
16	综合房（馆）	13771063.46	0.71
17	排球场	12849635.71	0.66

续表

序号	场地类型	场地面积/平方米	占比/%
18	室外网球场	12290314.64	0.63
19	羽毛球场	9918406.61	0.51
20	室外游泳池	9163787.73	0.47
	合计	1853908658.97	95.21

　　场地数量和场地面积都排在前20名的场地类型包括篮球场、全民健身路径、乒乓球场、其他类体育场地、小运动场、排球场、羽毛球场、室外网球场、综合房（馆）、城市健身步道、田径场、室外游泳池、体育场等共13种。场地数量和场地面积都排在前10名的场地类型包括篮球场、小运动场、其他类体育场地等共3种。

　　由此可见，我国传统的体育项目，例如篮球、乒乓球、排球、羽毛球等体育场地存有量仍然位于前列。对于我国存有量较少的体育场地，这些体育运动项目大多是近10年刚刚从国外引进，目前正处于推广期。但是，随着经济发展水平的不断提高，大众的体育需求与爱好也会变得更加广泛，这些新兴的体育运动项目也必将逐步进入公众视野，慢慢融入人们的生活，其发展速度将会进一步加快。

二、体育场场地建设与布局

　　根据第六次全国体育场地普查数据，全国共有体育场5692个，占全国体育场地总数的0.35%。体育场用地面积为150433004.19平方米，占全国体育场地用地面积的3.83%；建筑面积为23815346.79平方米，占全国体育场地建筑面积的9.91%；场地面积为104521620.83平方米，占全国体育场地总面积的5.37%。

（一）各省区市体育场分布

　　拥有体育场场地数量最多的前10位的分别是浙江省、山东省、江苏省、四川省、广东省、安徽省、湖北省、湖南省、河南省、河北省。前10位的合计拥有体育场场地数量3244个，占全国体育场场地总数的56.99%。（图4-1）

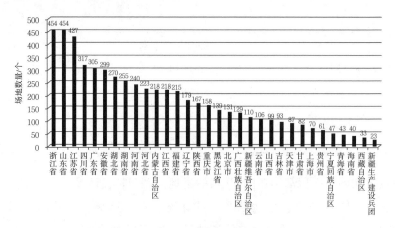

图4-1 各省区市体育场场地数量

体育场场地面积排名前10位的分别是山东省、浙江省、江苏省、广东省、四川省、安徽省、湖北省、河南省、湖南省、河北省。前10位的合计拥有的体育场场地面积59813058平方米，占全国体育场场地总面积的57.23%。（表4-4）

表4-4 各省区市体育场场地面积

省区市	用地		建筑		场地	
	面积/平方米	占全国比/%	面积/平方米	占全国比/%	面积/平方米	占全国比/%
北京市	3453432	2.30	737392	3.10	2383829	2.28
天津市	2114455	1.41	368943	1.55	1647293	1.58
河北省	5661812	3.76	1228214	5.16	4379466	4.19
山西省	2534847	1.69	431206	1.81	1814751	1.74
内蒙古自治区	5625885	3.74	862713	3.62	3926874	3.76
辽宁省	5341109	3.55	981528	4.12	3392737	3.25
吉林省	3084381	2.05	494559	2.08	2430588	2.33
黑龙江省	4661397	3.10	1038463	4.36	2469186	2.36
上海市	2073203	1.38	432609	1.82	1267271	1.21
江苏省	11750466	7.81	1508051	6.33	7834828	7.50
浙江省	10297660	6.85	792249	3.33	7882697	7.54
安徽省	6936646	4.61	708519	2.98	5384379	5.15

续表

省区市	用地		建筑		场地	
	面积/ 平方米	占全国 比/%	面积/ 平方米	占全国 比/%	面积/ 平方米	占全国 比/%
福建省	5053220	3.36	496605	2.09	3654533	3.50
江西省	5675120	3.77	939729	3.95	3872647	3.71
山东省	12299218	8.18	2457346	10.32	8432148	8.07
河南省	7583486	5.04	1897603	7.97	4693403	4.49
湖北省	6952025	4.62	661880	2.78	4853252	4.64
湖南省	5934082	3.94	1062888	4.46	4470636	4.28
广东省	9228539	6.13	2146460	9.01	6092535	5.83
广西壮族自治区	3088186	2.05	539163	2.26	2208855	2.11
海南省	1166170	0.78	29240	0.12	687179	0.66
重庆市	4553633	3.03	707226	2.97	2621180	2.51
四川省	7465332	4.96	893634	3.75	5789714	5.54
贵州省	1895987	1.26	324877	1.36	1095403	1.05
云南省	2816052	1.87	362574	1.52	1878617	1.80
西藏自治区	857579	0.57	108467	0.46	543821	0.52
陕西省	4149055	2.76	538490	2.26	3150662	3.01
甘肃省	2168908	1.44	394377	1.66	1690822	1.62
青海省	1206610	0.80	191744	0.81	727769	0.70
宁夏回族自治区	1145617	0.76	90421	0.38	860099	0.82
新疆维吾尔自治区	2907526	1.93	303058	1.27	2008661	1.92
新疆生产建设兵团	751364	0.50	85124	0.36	375784	0.36
合计	150433004	100.00	23815347	100.00	104521621	100.00

综上所述，体育场的场地数量和场地面积排名前10位的省区市相同，顺序略有不同，均为全国经济、地域面积、人口数量较多的省区市，这些省区市合计拥有了全国一半以上的体育场。

（二）各系统体育场场地分布

在 5692 个体育场中，各系统体育场场地数量最多的是教育系统，为 4526 个，占体育场总数的 79.52%；其次是体育系统，为 824 个，占 14.48%；最少的为其他系统，有 342 个，占 6.01%。其中，在教育系统内部，体育场场地数量最多的是中小学，为 2895 个，占全部体育场场地数量的 50.86%；其次是高等院校，为 1285 个，占 22.58%；中专中技为 285 个，占 5.01%；其他教育系统单位最少，为 61 个，占 1.07%。（表 4 - 5）

表 4 - 5　各系统体育场场地数量分布

所在系统	场地	
	数量/个	占比/%
教育系统	4526	79.52
其中：中小学	2895	50.86
高等院校	1285	22.58
中专中技	285	5.01
其他教育系统单位	61	1.07
体育系统	824	14.48
其他系统	342	6.01
合计	5692	100.00

与各系统体育场场地数量排名相一致，各系统体育场场地面积最大的为教育系统，为 80914778.89 平方米，占体育场场地总面积的 77.41%；其次为体育系统，为 17247007.38 平方米，占 16.50%；最少的为其他系统，为 6359834.56 平方米，占 6.08%。其中，在教育系统内部，中小学体育场场地面积最大，为 50968336.95 平方米，占体育场场地总面积的 48.76%；其次为高等院校，是 23849043.60 平方米，占 22.82%；中专中技为 4958776.78 平方米，占 4.74%；其他教育系统单位最小，为 1138621.56 平方米，占 1.09%。（表 4 - 6）

表 4-6　各系统体育场场地面积分布

所在系统	场地		建筑		用地	
	面积/平方米	占比/%	面积/平方米	占比/%	面积/平方米	占比/%
教育系统	80914778.89	77.41	10219155.80	42.91	100518804.63	66.82
其中:中小学	50968336.95	48.76	5120398.57	21.50	62602530.67	41.61
高等院校	23849043.60	22.82	4359756.17	18.31	30276379.70	20.13
中专中技	4958776.78	4.74	510048.30	2.14	5978598.96	3.97
其他教育 系统单位	1138621.56	1.09	228952.76	0.96	1661295.30	1.10
体育系统	17247007.38	16.50	10561116.42	44.35	38009835.71	25.27
其他系统	6359834.56	6.08	3035074.57	12.74	11904363.85	7.91
合计	104521621	100.00	23815347	100.00	150433004	100.00

（三）各单位类型体育场分布

各单位类型体育场场地数量最多的为事业单位，有4990个，占体育场场地总数的87.67%；其次为行政机关和其他单位，分别为238和237个，占比分别为4.18%和4.16%；最少的是企业，有227个，占3.99%。（表4-7）

表 4-7　各单位类型体育场场地数量分布

单位类型	场地	
	数量/个	占比/%
事业单位	4990	87.67
行政机关	238	4.18
其他单位	237	4.16
企业	227	3.99
合计	5692	100.00

各单位类型体育场场地面积最大的为事业单位，为91196920.86平方米，占体育场场地总面积的87.25%；其次为企业和行政机关，分别为4569673.71平方米和

4493467.26 平方米，分别占到 4.37% 和 4.30%；最小的为其他单位，有 4261559.00 平方米，占 4.08%。（表 4 - 8）

表 4 - 8　各单位类型体育场场地面积分布

单位类型	场地		建筑		用地	
	面积/平方米	占比/%	面积/平方米	占比/%	面积/平方米	占比/%
事业单位	91196920.86	87.25	18155103.55	76.23	127119052.05	84.50
企业	4569673.71	4.37	3200160.41	13.44	9487855.14	6.31
行政机关	4493467.26	4.30	1680144.47	7.05	8128036.31	5.40
其他单位	4261559.00	4.08	779938.36	3.27	5698060.69	3.79
合计	104521621	100.00	23815347	100.00	150433004	100.00

（四）不同时期建成的体育场场地分布

不同时期建成的体育场场地中，现有的建成年份为 2004—2013 年的体育场场地数量最多，有 3912 个，占体育场场地总数的 68.73%；其次为现有的 1978—2003 年期间建成的体育场，有 1652 个，占 29.02%；1949—1977 年期间建成的有 116 个，占 2.04%；现有的体育场场地在 1948 年及以前建成的数量最少，有 12 个，占 0.21%。（表 4 - 9）

表 4 - 9　不同时期建成的体育场场地数量分布

不同时期	场地	
	数量/个	占比/%
2004—2013 年	3912	68.73
1978—2003 年	1652	29.02
1949—1977 年	116	2.04
1948 年及以前	12	0.21
合计	5692	100.00

与不同时期建成的体育场场地数量排名一致，现有的建成年份为 2004—2013 年的体育场场地面积最大，有 72458067.32 平方米，占体育场场地总面积的 69.32%；

其次为 1978—2003 年期间建成的体育场，有 29733138.32 平方米，占 28.45% ；1949—1977 年期间建成的有 2086708.41 平方米，占 2.00% ；现有的 1948 年及以前建成的体育场场地面积最小，有 243706.78 平方米，占 0.23% 。（表4 – 10）

表4 – 10　不同时期建成的体育场场地面积分布

不同时期	场地		建筑		用地	
	面积/平方米	占比/%	面积/平方米	占比/%	面积/平方米	占比/%
2004—2013 年	72458067.32	69.32	16230044.54	68.15	102349538.24	68.04
1978—2003 年	29733138.32	28.45	6992489.11	29.36	44012555.13	29.26
1949—1977 年	2086708.41	2.00	530902.94	2.23	3726338.57	2.48
1948 年及以前	243706.78	0.23	243706.78	1.02	344572.25	0.23
合计	104521621	100.00	23815347	100.00	150433004	100.00

（五）体育场场地投资金额情况

体育场场地投资金额总计 11164328 万元，占全国体育场地投资总金额的 10.03% 。财政拨款为 8873129 万元，占全国体育场地财政拨款总额的 14.01% ，其中体育彩票公益金占全国体育场地体彩公益金总额的 4.52% ；单位自筹 1947346 万元，占全国体育场地单位自筹总额的 5.09% ；其他资金来源为 265495 万元，占全国体育场地其他资金来源总额的 4.16% ；社会捐赠为 78358 万元，占全国体育场地社会捐赠总额的 2.39% 。平均每个体育场场地投资金额为 1961.41 万元。（表4 – 11）

表4 – 11　体育场场地投资金额及在全国体育场地中的占比

资金来源	体育场投资金额/万元	全国体育场地投资金额/万元	占比/%
财政拨款	8873129	63352062	14.01
其中:体彩公益金	173270	3836195	4.52
单位自筹	1947346	38263803	5.09
其他	265495	6385734	4.16
社会捐赠	78358	3278868	2.39
合计	11164328	111280467	10.03

体育场场地各项投资资金来源中，财政拨款最多，占体育场全部投资金额的79.48%（其中体彩公益金占1.55%）；其次为单位自筹，占17.44%；其他资金来源占2.38%；社会捐赠最少，占0.70%。（表4-12）

表4-12 体育场场地投资资金来源及金额

体育场资金来源	投资	
	金额/万元	占比/%
财政拨款	8873129	79.48
其中:体彩公益金	173270	1.55
单位自筹	1947346	17.44
其他	265495	2.38
社会捐赠	78358	0.70
合计	11164328	100.00

三、体育馆场地建设与布局

根据第六次全国体育场地普查数据，全国共有体育馆3034个，占全国体育场地总数的0.19%。体育馆用地面积为33201258.11平方米，占全国体育场地总用地面积的0.84%；建筑面积为20831732.41平方米，占全国体育场地总建筑面积的8.67%；场地面积为6914489.22平方米，占全国体育场地总面积的0.36%。

（一）各省区市体育馆分布

体育馆场地数量排名前10位的省份依次是广东省、江苏省、浙江省、湖南省、四川省、山东省、湖北省、黑龙江省、河南省、云南省。前10位省份合计拥有体育馆场地数量1818个，占体育馆场地总数的59.91%。（图4-2）

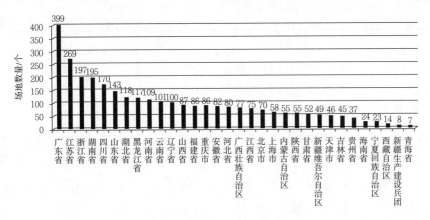

图 4-2 各省区市体育馆场地数量

体育馆场地面积排名前 10 位的省份依次是广东省、江苏省、四川省、湖南省、山东省、浙江省、河南省、湖北省、黑龙江省、北京市。前 10 位省份合计拥有体育馆场地面积 4267813.99 平方米,占体育馆场地总面积的 61.72%。(表 4-13)

表 4-13 各省区市体育馆场地面积

省区市	用地		建筑		场地	
	面积/平方米	占比/%	面积/平方米	占比/%	面积/平方米	占比/%
北京市	1395300.42	4.20	859554.72	4.13	212335.00	3.07
天津市	441911.46	1.33	294623.80	1.41	86434.73	1.25
河北省	1920737.29	5.79	481011.25	2.31	201038.51	2.91
山西省	837627.36	2.52	556851.00	2.67	166880.85	2.41
内蒙古	1130618.47	3.41	414004.77	1.99	206568.63	2.99
辽宁省	1232624.90	3.71	728437.80	3.50	176263.05	2.55
吉林省	358445.74	1.08	264921.44	1.27	110914.97	1.60
黑龙江省	1072490.50	3.23	610333.15	2.93	218661.96	3.16
上海市	1027509.41	3.09	571476.47	2.74	138290.35	2.00
江苏省	2654603.10	8.00	2153551.62	10.34	603655.34	8.73
浙江省	1762079.78	5.31	1212042.25	5.82	318081.94	4.60
安徽省	1088806.37	3.28	594341.28	2.85	156149.79	2.26

续表

省区市	用地		建筑		场地	
	面积/平方米	占比/%	面积/平方米	占比/%	面积/平方米	占比/%
福建省	795560.30	2.40	592013.82	2.84	169280.12	2.45
江西省	1057207.63	3.18	629491.56	3.02	119523.92	1.73
山东省	1659412.23	5.00	1312575.18	6.30	381211.93	5.51
河南省	1300196.55	3.92	737410.18	3.54	297364.24	4.30
湖北省	1450278.33	4.37	797223.70	3.83	254310.33	3.68
湖南省	1140256.20	3.43	877118.21	4.21	432029.32	6.25
广东省	4237251.58	12.76	2730059.79	13.11	1059951.65	15.33
广西壮族自治区	809390.08	2.44	526879.86	2.53	125608.07	1.82
海南省	213542.48	0.64	130312.16	0.63	67479.44	0.98
重庆市	1051914.44	3.17	743138.76	3.57	160225.09	2.32
四川省	1146644.18	3.45	990340.67	4.75	490212.28	7.09
贵州省	319773.10	0.96	244172.80	1.17	90108.99	1.30
云南省	742146.75	2.24	507893.36	2.44	136567.83	1.98
西藏自治区	54371.02	0.16	41913.52	0.20	16758.51	0.24
陕西省	487078.70	1.47	328809.30	1.58	146998.92	2.13
甘肃省	317307.69	0.96	225454.63	1.08	126431.24	1.83
青海省	123682.00	0.37	39112.00	0.19	10146.00	0.15
宁夏	525752.00	1.58	255327.00	1.23	76659.50	1.11
新疆维吾尔自治区	809195.05	2.44	354985.11	1.70	135113.92	1.95
新疆生产建设兵团	37543.00	0.11	26351.25	0.13	23232.80	0.34
合计	33201258.11	100.00	20831732.41	100.00	6914489.22	100.00

综上可以看出,体育馆场地数量和场地面积排名前9位的省份相同,顺序略有不同,第10位不同。广东省和江苏省无论是场地数量还是场地面积均位居前两位。这些省份合计拥有了全国2/3的体育馆。

（二）各系统体育馆分布

在全国 3034 个体育馆中，各系统体育馆场地数量最多的是教育系统，有 1697 个，占全部体育馆数量的 55.93%；其次是体育系统，有 889 个，占 29.30%；其他系统最少，有 448 个，占 14.77%。在教育系统内部，中小学拥有的体育馆数量最多，有 1056 个，占全部体育馆场地数量的 34.81%；其次是高等院校，有 525 个，占 17.30%；中专中技有 72 个，占 2.37%；其他教育系统单位拥有的体育馆数量最少，为 44 个，占 1.45%。（表 4－14）

表 4－14　各系统体育馆场地数量分布

所在系统	场地	
	数量/个	占比/%
教育系统	1697	55.93
其中：中小学	1056	34.81
高等院校	525	17.30
中专中技	72	2.37
其他教育系统单位	44	1.45
体育系统	889	29.30
其他系统	448	14.77
合计	3034	100.00

与各系统体育馆场地数量排名相一致，各系统体育馆场地面积最大的是教育系统，为 3669286.42 平方米，占体育馆场地总面积的 53.07%；其次是体育系统，为 2323372.47 平方米，占体育馆场地总面积的 33.60%；其他系统场地面积最小，为 921830.33 平方米，占体育馆场地总面积的 13.33%。在教育系统内部，中小学的体育馆场地面积最大，为 1793636.07 平方米，占体育馆场地总面积的 25.94%；其次为高等院校，为 1616087.15 平方米，占体育馆场地总面积的 23.37%；中专中技为 150373.52 平方米，占体育馆场地总面积的 2.17%；其他教育系统单位最小，为 109189.68 平方米，占体育馆场地总面积的 1.58%。（表 4－15）

表4-15 各系统体育馆场地面积分布

所在系统	场地		建筑		用地	
	面积/平方米	占比/%	面积/平方米	占比/%	面积/平方米	占比/%
教育系统	3669286.42	53.07	8034320.76	38.57	9627822.82	29.00
其中:中小学	1793636.07	25.94	3809168.92	18.29	4305076.58	12.97
高等院校	1616087.15	23.37	3664934.96	17.59	4565547.23	13.75
中专中技	150373.52	2.17	336932.55	1.62	410961.63	1.24
其他教育系统单位	109189.68	1.58	223284.33	1.07	346237.38	1.04
体育系统	2323372.47	33.60	9416911.13	45.20	16253397.74	48.95
其他系统	921830.33	13.33	3380500.52	16.23	7320037.55	22.05
合计	6914489.22	100.00	20831732.41	100.00	33201258.11	100.00

(三) 各单位类型体育馆分布

各单位类型体育馆场地数量最多的为事业单位，有2342个，占体育馆场地总数的77.19%；其次为企业，有279个，占体育馆场地总数的9.20%；行政机关有266个，占体育馆场地总数的8.77%；数量最少的是其他单位，有147个，占体育馆场地总数的4.85%。(表4-16)。

表4-16 各单位类型体育馆场地数量分布

单位类型	场地	
	数量/个	占比/%
事业单位	2342	77.19
企业	279	9.20
行政机关	266	8.77
其他单位	147	4.85
合计	3034	100.00

与各单位类型体育馆场地数量排名一致，体育馆场地面积最大的是事业单位，为5362681.15平方米，占体育馆场地总面积的77.56%；其次是企业，为

791596.44 平方米，占体育馆场地总面积的 11.45%；行政机关为 457295.54 平方米，占体育馆场地总面积的 6.61%；最小的是其他单位，有 302916.09 平方米，占体育馆场地总面积的 4.38%。（表 4 - 17）

表 4 - 17 各单位类型体育馆场地面积分布

单位类型	场地		建筑		用地	
	面积/平方米	占比/%	面积/平方米	占比/%	面积/平方米	占比/%
事业单位	5362681.15	77.56	15214306.98	73.03	21756231.41	65.53
企业	791596.44	11.45	3285928.68	15.77	7424497.35	22.36
行政机关	457295.54	6.61	1561851.95	7.50	2910893.48	8.77
其他单位	302916.09	4.38	769644.80	3.69	1109635.87	3.34
合计	6914489.22	100.00	20831732.41	100.00	33201258.11	100.00

（四）不同时期建成的体育馆分布

不同时期建成的体育馆场地中，现有的建成年份为 2004—2013 年的体育馆场地数量最多，有 1763 个，占体育馆场地总数的 58.11%；其次为现有的 1978—2003 年期间建成的体育馆，有 1226 个，占体育馆场地总数的 40.41%；1949—1977 年期间建成的有 44 个，占体育馆场地总数的 1.45%；现有的 1948 年及以前建成的体育馆场地数量最少，仅 1 个，占体育馆总数的 0.03%。（表 4 - 18）

表 4 - 18 不同时期建成的体育馆数量分布

不同时期	场地	
	数量/个	占比/%
2004—2013 年	1763	58.11
1978—2003 年	1226	40.41
1949—1977 年	44	1.45
1948 年及以前	1	0.03
合计	3034	100.00

与不同时期建成的体育场地数量排名一致，现有的建成年份为 2004—2013 年的体育馆场地面积最大，为 4536285.73 平方米，占体育馆场地总面积的 65.61%；

其次是 1978—2003 年期间建成的体育馆，为 2319828.69 平方米，占体育馆场地总面积的 33.55%；1949—1977 年期间建成的有 57074.80 平方米，占体育馆场地总面积的 0.83%；现有的 1948 年及以前建成的体育馆场地面积最小，仅 1300.00 平方米，占体育馆场地总面积的 0.02%。（表 4 - 19）

表 4 - 19　不同时期建成的体育馆面积分布

不同时期	场地		建筑		用地	
	面积/平方米	占比/%	面积/平方米	占比/%	面积/平方米	占比/%
2004—2013 年	4536285.73	65.61	13894733.83	66.70	23454571.36	70.64
1978—2003 年	2319828.69	33.55	6600959.84	31.69	9332894.37	28.11
1949—1977 年	57074.80	0.83	332184.74	1.59	399625.38	1.20
1948 年及以前	1300.00	0.02	3854.00	0.02	14167.00	0.04
合计	6914489.22	100.00	20831732.41	100.00	33201258.11	100.00

（五）体育馆投资金额情况

体育馆投资金额总计 10079960 万元，占全国体育场地投资总额的 9.06%。财政拨款为 7852184 万元，占全国体育场地财政拨款总额的 12.39%。其中，体育彩票公益金为 234819 万元，占全国体育场地体彩公益金总额的 6.12%。单位自筹 1716888 万元，占全国体育场地单位自筹总额的 4.49%；其他资金来源为 375455 万元，占全国体育场地同类总额的 5.88%；社会捐赠为 135433 万元，占全国体育场地社会捐赠总额的 4.13%。平均每个体育馆投资金额为 3322.33 万元。（表 4 - 20）

表 4 - 20　体育馆投资金额在全国同类投资中的占比

资金来源	体育馆投资金额/万元	全国体育场地投资金额/万元	占比/%
财政拨款	7852184	63352062	12.39
其中:体彩公益金	234819	3836195	6.12
单位自筹	1716888	38263803	4.49
其他	375455	6385734	5.88
社会捐赠	135433	3278868	4.13
合计	10079960	111280467	9.06

在体育馆各项投资资金来源中，财政拨款最多，占体育馆全部投资金额的77.90%（其中体彩公益金占2.33%）；其次为单位自筹，占17.03%；其他资金来源占3.72%；社会捐赠最少，占1.34%。（表4-21）

表4-21　体育馆投资资金来源、金额及各来源占比

体育馆资金来源	投资	
	金额/万元	占比/%
财政拨款	7852184	77.90
其中:体彩公益金	234819	2.33
单位自筹	1716888	17.03
其他	375455	3.72
社会捐赠	135433	1.34
合计	10079960	100.00

四、足球类场地建设与布局

足球类场地包括足球场（11人制）、室外5人制足球场、室外7人制足球场和室内5人制足球场，不包括体育场和田径场环形跑道内的足球场。

全国共有足球类场地10600个，占全国体育场地总数的0.65%。其中，足球场（11人制）数量最多，有4565个，占全国体育场地总数的0.28%；其次为室外5人制足球场为3660个，占全国体育场地总数的0.22%；室外7人制足球场2335个，占全国体育场地总数的0.14%；室内5人制足球场最少，仅40个，占比可以忽略不计。（表4-22）

表4-22　足球类场地数量及在全国体育场地中的占比

足球类场地	场地数量/个	占全国体育场地数量比例/%
足球场(11人制)	4565	0.28
室外5人制足球场	3660	0.22
室外7人制足球场	2335	0.14
室内5人制足球场	40	0.00
合计	10600	0.65

足球类场地的总面积为35393034.65平方米，占全国体育场地总面积的1.82%。其中足球场（11人制）的场地面积最大，为24834207.41平方米，占全国体育场地总面积的1.28%；其次为室外7人制足球场，有6786338.63平方米，占全国体育场地总面积的0.35%；室外5人制足球场有3726117.01平方米，占全国体育场地总面积的0.19%；室内5人制足球场场地面积最小，为46371.60平方米，占比太小忽略不计。（表4-23）。

表4-23　足球类场地面积及在全国体育场地中的占比

足球类场地	场地		建筑		用地	
	面积/平方米	占全国总面积比/%	面积/平方米	占全国总面积比/%	面积/平方米	占全国总面积比/%
足球场(11人制)	24834207.41	1.28	2667969.21	1.11	33664254.25	0.86
室外7人制足球场	6786338.63	0.35	882818.60	0.37	8795737.71	0.22
室外5人制足球场	3726117.01	0.19	357630.47	0.15	6977411.92	0.18
室内5人制足球场	46371.60	0.00	71295.78	0.03	90329.46	0.00
合计	35393034.65	1.82	3979714.06	1.66	49527733.34	1.26

（一）各省区市足球类场地分布

足球类场地数量排名前10位的省区市依次为广东省、新疆维吾尔自治区、山东省、广西壮族自治区、河南省、四川省、江苏省、上海市、云南省、黑龙江省。其中，广东省的足球类场地数量遥遥领先，占全国足球类场地总数的23.82%。前10位省份合计拥有足球类场地数量6736个，占全国足球类场地总数的63.55%。（表4-24）

表4-24　各省区市足球类场地数量与面积

省区市	场地		用地		建筑		场地	
	数量/个	占比/%	面积/平方米	占比/%	面积/平方米	占比/%	面积/平方米	占比/%
合计	10600	100.00	49527733.34	100.00	3979714.06	100.00	35393034.65	100.00
北京市	295	2.78	1622927.47	3.28	39376.20	0.99	1082053	3.06
天津市	102	0.96	641848.09	1.30	154936.00	3.89	331099	0.94

续表

省区市	场地		用地		建筑		场地	
	数量/个	占比/%	面积/平方米	占比/%	面积/平方米	占比/%	面积/平方米	占比/%
河北省	260	2.45	2013141.98	4.06	113785.64	2.86	1158742	3.27
山西省	146	1.38	471348.22	0.95	130.00	0.00	361324	1.02
内蒙古自治区	97	0.92	508831.24	1.03	3914.00	0.10	355676	1.00
辽宁省	302	2.85	1374028.96	2.77	3333.00	0.08	1077920	3.05
吉林省	256	2.42	1575050.66	3.18	25710.00	0.65	1076551	3.04
黑龙江省	354	3.34	1624393.20	3.28	31468.00	0.79	1055355	2.98
上海市	385	3.63	1200549.01	2.42	40504.39	1.02	1023487	2.89
江苏省	398	3.75	1629037.91	3.29	17106.78	0.43	1297335	3.67
浙江省	264	2.49	790129.22	1.60	5111.00	0.13	584624	1.65
安徽省	224	2.11	662100.36	1.34	2636.00	0.07	535437	1.51
福建省	173	1.63	486070.02	0.98	1299.00	0.03	372630	1.05
江西省	161	1.52	590047.08	1.19	4780.00	0.12	504057	1.42
山东省	609	5.75	3292529.52	6.65	357271.00	8.98	2377569	6.72
河南省	449	4.24	2078838.10	4.20	34898.30	0.88	1618532	4.57
湖北省	245	2.31	1017867.57	2.06	4176.56	0.10	819284	2.31
湖南省	229	2.16	1157555.00	2.34	14880.00	0.37	908294	2.57
广东省	2525	23.82	13089207.23	26.43	2787644.13	70.05	9516517	26.89
广西壮族自治区	504	4.75	2446462.84	4.94	15497.00	0.39	1201904	3.40
海南省	132	1.25	691395.84	1.40	475.00	0.01	546725	1.54
重庆市	190	1.79	575170.03	1.16	19570.00	0.49	478592	1.35
四川省	415	3.92	1836996.83	3.71	96032.84	2.41	1333286	3.77
贵州省	192	1.81	956202.20	1.93	110623.00	2.78	702262	1.98
云南省	371	3.50	2145512.25	4.33	61442.22	1.54	1630909	4.61
西藏自治区	108	1.02	355831.43	0.72	4266.00	0.11	290316	0.82
陕西省	227	2.14	973416.12	1.97	5758.00	0.14	671779	1.90

续表

省区市	场地		用地		建筑		场地	
	数量/个	占比/%	面积/平方米	占比/%	面积/平方米	占比/%	面积/平方米	占比/%
甘肃省	108	1.02	466239.30	0.94	9404.00	0.24	328950	0.93
青海省	48	0.45	163516.86	0.33	0.00	0.00	134917	0.38
宁夏回族自治区	90	0.85	388321.18	0.78	10700.00	0.27	231605	0.65
新疆维吾尔自治区	726	6.85	2635659.62	5.32	2986.00	0.08	1737004	4.91
新疆生产建设兵团	15	0.14	67508.00	0.14	0.00	0.00	48298	0.14

从表4-24可以看出，足球类场地面积排名前10位的省区市是广东省、山东省、新疆维吾尔自治区、云南省、河南省、四川省、江苏省、广西壮族自治区、河北省、北京市。广东省的足球类场地面积遥遥领先，占全国足球类场地总面积的26.89%。前10位省份合计拥有的足球类场地面积达22953851平方米，占足球类场地总面积的64.85%。同样，足球类场地数量和场地面积排名前10位的省份中，有8个省份相同，顺序略有不同。广东省、山东省、新疆维吾尔自治区无论是场地数量还是场地面积，都位居前3名之列。

（二）各系统足球类场地分布

在10600个足球类场地中，各系统足球类场地数量最多的是教育系统，有6766个，占全部足球类场地数量的63.83%；其次是其他系统，有3175个，占足球类场地总数的29.95%；体育系统最少，有659个，占足球类场地总数的6.22%。在教育系统内部，中小学拥有的足球类场地数量最多，为5681个，占足球类场地总数的53.59%；其次是高等院校，有769个，占足球类场地总数的7.25%；中专中技为214个，占足球类场地总数的2.02%；其他教育系统单位拥有的足球类场地数量较少，仅102个，占足球类场地总数的0.96%。（表4-25）

表 4 - 25　各系统足球类场地数量分布

所在系统	场地	
	数量/个	占比/%
教育系统	6766	63.83
其中:中小学	5681	53.59
高等院校	769	7.25
中专中技	214	2.02
其他教育系统单位	102	0.96
其他系统	3175	29.95
体育系统	659	6.22
合计	10600	100.00

与各系统足球类场地数量排名相一致,各系统足球类场地面积最大的是教育系统,为 23777520.05 平方米,占足球类场地总面积的 67.18%;其次是其他系统,为 9251850.21 平方米,占足球类场地总面积的 26.14%;体育系统场地面积最小,为 2363664.39 平方米,占足球类场地总面积的 6.68%。在教育系统内部,中小学的足球类场地面积最大,为 18688711.60 平方米,占足球类场地总面积的 52.80%;其次是高等院校,为 3767645.77 平方米,占足球类场地总面积的 10.65%;中专中技有 929119.58 平方米,占足球类场地总面积的 2.63%;其他教育系统单位最小,仅 392043.10 平方米,占足球类场地总面积的 1.11%。(表 4 - 26)

表 4 - 26　各系统足球类场地面积分布

所在系统	场地		建筑		用地	
	面积/平方米	占比/%	面积/平方米	占比/%	面积/平方米	占比/%
教育系统	23777520.05	67.18	1913096.13	48.07	31505967.40	63.61
其中:中小学	18688711.60	52.80	1521153.99	38.22	24532954.05	49.53
高等院校	3767645.77	10.65	280989.17	7.06	5171609.28	10.44
中专中技	929119.58	2.63	98511.97	2.48	1286014.86	2.60
其他教育系统单位	392043.10	1.11	12441	0.31	515389.21	1.04
其他系统	9251850.21	26.14	1536160.56	38.60	13981588.44	28.23
体育系统	2363664.39	6.68	530457.37	13.33	4040177.50	8.16
合计	35393034.65	100	3979714.06	100	49527733.34	100.00

（三）各单位类型足球类场地分布

各单位类型足球类场地数量最多的是事业单位，有7046个，占足球类场地总数的66.47%；其次是企业，有1742个，占足球类场地总数的16.43%；其他单位有1563个，占足球类场地总数的14.75%；数量最少的是行政机关，有249个，占足球类场地总数的2.35%。（表4-27）

表4-27　各单位类型足球类场地数量分布与比例

单位类型	场地	
	数量/个	占比/%
事业单位	7046	66.47
企业	1742	16.43
其他单位	1563	14.75
行政机关	249	2.35
合计	10600	100.00

与各单位类型足球类场地数量排名一致，足球类场地面积最大的是事业单位，为24566053.28平方米，占足球类场地总面积的69.41%；其次是企业，为5825218.43平方米，占足球类场地总面积的16.46%；其他单位为4370060.75平方米，占足球类场地总面积的12.35%；最小的是行政机关，有631702.19平方米，占足球类场地总面积的1.78%。（表4-28）

表4-28　各单位类型足球类场地面积与占比

单位类型	场地		建筑		用地	
	面积/平方米	占比/%	面积/平方米	占比/%	面积/平方米	占比/%
事业单位	24566053.28	69.41	2107741.22	52.96	34010406.88	68.67
企业	5825218.43	16.46	1014385.18	25.49	7723306.67	15.59
其他单位	4370060.75	12.35	790446.66	19.86	6928107.51	13.99
行政机关	631702.19	1.78	67141.00	1.69	865912.28	1.75
合计	35393034.65	100.00	3979714.06	100.00	49527733.34	100.00

（四）不同时期建成的足球类场地分布

不同时期建成的足球类场地中，现有的建成年份为2004—2013年的足球类场地数量最多，有7076个，占足球类场地总数的66.75%；其次为现有的1978—2003年建成的足球类场地，共3204个，占足球类场地总数的30.23%；现有的1949—1977年建成的有275个，占足球类场地总数的2.59%；现有的1948年及以前建成的足球类场地数量最少，仅45个，占足球类场地总数的0.42%。（表4-29）

表4-29　不同时期建成的足球类场地数量分布

不同时期	数量/个	占比/%
2004—2013 年	7076	66.75
1978—2003 年	3204	30.23
1949—1977 年	275	2.59
1948 年及以前	45	0.42
合计	10600	100.00

与不同时期建成的足球类场地数量排名一致，现有的建成年份为2004—2013年的足球类场地面积最大，为21344763.55平方米，占足球类场地总面积的60.31%；其次为现有的1978—2003年建成的足球类场地，有12798952.85平方米，占足球类场地总面积的36.16%；现有的1949—1977年建成的是1085951.00平方米，占足球类场地总面积的3.07%；现有的1948年及以前建成的足球类场地面积最小，仅163367.25平方米，占足球类场地总面积的0.46%。（表4-30）

表4-30　不同时期建成的足球类场地面积分布

不同时期	场地		建筑		用地	
	面积/平方米	占比/%	面积/平方米	占比/%	面积/平方米	占比/%
2004—2013 年	21344763.55	60.31	2207211.99	55.46	29452894.16	59.47
1978—2003 年	12798952.85	36.16	1669316.47	41.95	18145486.78	36.64
1949—1977 年	1085951.00	3.07	91254.00	2.29	1729357.40	3.49
1948 年及以前	163367.25	0.46	11931.60	0.30	199995.00	0.40
合计	35393034.65	100.00	3979714.06	100.00	49527733.34	100.00

（五）足球类场地投资金额情况

足球类场地投资金额总计 1554983 万元，占全国体育场地投资总额的 1.40%。财政拨款为 845074 万元，占全国体育场地财政拨款总额的 1.33%（其中，体育彩票公益金为 11560 万元，占全国体育场地体彩公益金总额的 0.30%）；单位自筹 616442 万元，占全国体育场地单位自筹总额的 1.61%；其他资金来源为 83005 万元，占全国体育场地其他资金来源总额的 1.30%；社会捐赠为 10462 万元，占全国体育场地社会捐赠总额的 0.32%。平均每个足球类场地投资金额为 146.70 万元。（表 4 - 31）

表 4 - 31　足球类场地投资金额

资金来源	足球类场地投资金额/万元	全国体育场地投资金额/万元	占比/%
财政拨款	845074	63352062	1.33
其中：体彩公益金	11560	3836195	0.30
单位自筹	616442	38263803	1.61
其他	83005	6385734	1.30
社会捐赠	10462	3278868	0.32
合计	1554983	111280467	1.40

足球类场地各投资资金来源中，财政拨款最多，占足球类场地全部投资金额的 54.35%（其中体彩公益金占 0.74%）；其次为单位自筹，占 39.64%；其他资金来源占 5.34%；社会捐赠最少，占 0.67%。（表 4 - 32）

表 4 - 32　足球类场地投资资金来源及占比

足球类场地资金来源	金额/万元	占比/%
财政拨款	845074	54.35
其中：体彩公益金	11560	0.74
单位自筹	616442	39.64
其他	83005	5.34
社会捐赠	10462	0.67
合计	1554983	100.00

五、篮球类场地建设与布局

篮球类场地包括篮球房（馆）、篮球场、3 人制篮球场，不包括体育馆和综合房（馆）中的篮球场。全国共有篮球类场地 620831 个，占全国体育场地总数的 37.88%。其中，篮球场数量最多，有 595382 个，占全国体育场地总数的 36.33%；其次是 3 人制篮球场，有 20161 个，占全国体育场地总数的 1.23%；篮球房（馆）最少，仅有 5288 个，占全国体育场地总数的 0.32%。（表 4 - 33）

表 4 - 33　篮球类场地数量及在全国体育场地中的占比

篮球类场地	场地数量/个	占全国体育场地数量比例/%
篮球场	595382	36.33
3 人制篮球场	20161	1.23
篮球房（馆）	5288	0.32
合计	620831	37.88

篮球类场地面积为 368487998.84 平方米，占全国体育场地总面积的 18.93%。其中篮球场的面积最大，为 357356212.33 平方米，占全国体育场地总面积的 18.35%；其次是 3 人制篮球场，有 6424394.80 平方米，占全国体育场地总面积的 0.33%；篮球房（馆）场地面积最小，为 4707391.71 平方米，占全国体育场地总面积的 0.24%。（表 4 - 34）

表 4 - 34　篮球类场地面积及在全国体育场地中的占比

篮球类场地	场地		建筑		用地	
	面积/平方米	占比/%	面积/平方米	占比/%	面积/平方米	占比/%
篮球场	357356212.33	18.35	19408492.55	8.07	485505936.64	12.36
3 人制篮球场	6424394.80	0.33	231501.44	0.10	8869646.74	0.23
篮球房（馆）	4707391.71	0.24	10231873.18	4.26	10413942.59	0.27
合计	368487998.84	18.92	29871867.17	12.43	504789525.97	12.86

（一）各省区市篮球类场地分布

篮球类场地数量排名前 10 位的省区市分别是广东省、广西壮族自治区、云南省、浙江省、河南省、江苏省、山东省、湖南省、湖北省、四川省。前 10 位省区市合计拥有篮球类场地数量 373640 个，占篮球类场地总数的 60.18%。（表 4 – 35）

表 4 – 35　各省区市篮球类场地数量与面积

省区市	场地		用地		建筑		场地	
	数量/个	占比/%	面积/平方米	占比/%	面积/平方米	占比/%	面积/平方米	占比/%
北京市	3791	0.61	2812137.44	0.56	166174.34	0.56	2244635.45	0.61
天津市	4475	0.72	3232682.37	0.64	391160.83	1.31	2521965.47	0.68
河北省	15592	2.51	14499629.62	2.87	666736.70	2.23	9802416.75	2.66
山西省	21152	3.41	16656272.69	3.30	165665.50	0.55	12286544.80	3.33
内蒙古自治区	8528	1.37	7155814.59	1.42	209089.02	0.70	5207139.41	1.41
辽宁省	13248	2.13	10843766.01	2.15	426188.90	1.43	7750683.40	2.10
吉林省	5861	0.94	5746497.42	1.14	181929.13	0.61	3597468.66	0.98
黑龙江省	8771	1.41	11294147.80	2.24	536659.21	1.80	5381331.29	1.46
上海市	5458	0.88	3803685.89	0.75	434255.55	1.45	3344033.08	0.91
江苏省	32874	5.30	24796734.37	4.91	923099.29	3.09	18336724.52	4.98
浙江省	36588	5.89	25870927.76	5.13	3335360.21	11.17	19830399.06	5.38
安徽省	21080	3.40	17418115.82	3.45	277556.02	0.93	12733473.78	3.46
福建省	23729	3.82	17275744.50	3.42	251677.33	0.84	13660547.86	3.71
江西省	22223	3.58	15651356.80	3.10	164364.25	0.55	13301355.15	3.61
山东省	31084	5.01	25452832.48	5.04	1858797.95	6.22	17705682.11	4.80
河南省	34240	5.52	28862991.79	5.72	263568.53	0.88	20975930.65	5.69
湖北省	25960	4.18	20050368.09	3.97	176464.66	0.59	14534438.34	3.94
湖南省	28335	4.56	22218864.83	4.40	332863.74	1.11	17461530.75	4.74
广东省	72850	11.73	64453414.53	12.77	12784943.00	42.80	47471795.08	12.88
广西壮族自治区	46689	7.52	36012137.81	7.13	259507.60	0.87	27541763.94	7.47
海南省	5926	0.95	4742995.01	0.94	28007.85	0.09	3663970.82	0.99

续表

省区市	场地		用地		建筑		场地	
	数量/个	占比/%	面积/平方米	占比/%	面积/平方米	占比/%	面积/平方米	占比/%
重庆市	13456	2.17	10616984.88	2.10	338905.28	1.13	8076498.58	2.19
四川省	25276	4.07	18284508.25	3.62	346145.76	1.16	14951687.80	4.06
贵州省	21521	3.47	18585966.49	3.68	237715.22	0.80	12693191.27	3.44
云南省	39744	6.40	29373393.83	5.82	4135634.36	13.84	22304391.74	6.05
西藏自治区	2624	0.42	1697250.87	0.34	72829.81	0.24	1275787.36	0.35
陕西省	13387	2.16	13739460.20	2.72	270307.36	0.90	8165700.84	2.22
甘肃省	14627	2.36	13914647.25	2.76	227569.36	0.76	8751086.52	2.37
青海省	3067	0.49	2273405.08	0.45	47775.73	0.16	1756820.57	0.48
宁夏回族自治区	5349	0.86	5690196.36	1.13	31925.36	0.11	3208877.08	0.87
新疆维吾尔自治区	11843	1.91	10430492.18	2.07	177171.74	0.59	7060123.66	1.92
新疆生产建设兵团	1483	0.24	1332102.96	0.26	151817.58	0.51	890003.05	0.24
合计	620831	100.00	504789525.97	100.00	29871867.17	100.00	368487998.84	100.00

从表4-35可以看出，篮球类场地面积排名前10位的省区市是广东省、广西壮族自治区、云南省、河南省、浙江省、江苏省、山东省、湖南省、四川省、湖北省。前10位省份合计拥有篮球类场地面积221114343.99平方米，占篮球类场地总面积的60.01%。

综合来看，篮球类场地数量和场地面积排名前10位的省区市全部相同，只是顺序略有不同。广东省、广西壮族自治区、云南省无论是场地数量还是场地面积，均位居前3位。

（二）各系统篮球类场地分布

在620831个篮球类场地中，各系统篮球类场地数量最多的是其他系统，为323249个，占篮球类场地总数的52.07%；其次是教育系统，有291392个，占篮球类场地总数的 46.94 %；体育系统为 6179 个，占篮球类场地总数的 1.00 %；铁路系统最少，仅 11 个，占比可以忽略不计。在教育系统内部，中小学拥有的篮球类场地数量最多，有 253150 个，占篮球类场地总数的 40.78%；其次是高等院校，有 25817 个，占篮球类场地总数的 4.16%；中专中技为 9838 个，占篮球类场地总数的 1.58%；其他教育系统单位拥有的篮球类场地数量最少，为 2587 个，占篮球类场地总数的 0.42%。（表 4 - 36）

表 4 - 36　各系统篮球类场地数量分布

所在系统	场地	
	数量/个	占比/%
其他系统	323249	52.07
教育系统	291392	46.94
其中:中小学	253150	40.78
高等院校	25817	4.16
中专中技	9838	1.58
其他教育系统单位	2587	0.42
体育系统	6179	1.00
铁路系统	11	0.00
合计	620831	100.00

与各系统篮球类场地数量排名相一致，各系统篮球类场地面积最大的是其他系统，为 186289965.54 平方米，占篮球类场地总面积的 50.56%；其次是教育系统，为 178251830.28 平方米，占篮球类场地总面积的 48.37%；体育系统为 3911799.02 平方米，占篮球类场地总面积的 1.06%；铁路系统场地面积最小，为 34404.00 平方米，仅占 0.01 %。在教育系统内部，中小学的篮球类场地面积最大，为 154024846.60 平方米，占篮球类场地总面积的 41.80%；其次是高等院校，为 16414941.14 平方米，占篮球类场地总面积的 4.45%；中专中技为 6174223.16 平方米，占篮球类场地总面积的 1.68%；其他教育系统单位最小，为 1637819.38 平方米，占 0.44%。（表 4 - 37）

表4－37　各系统篮球类场地面积分布

所在系统	场地		建筑		用地	
	面积/平方米	占比/%	面积/平方米	占比/%	面积/平方米	占比/%
其他系统	186289965.54	50.56	14475428.21	48.46	258354043.94	51.18
教育系统	178251830.28	48.37	14349375.24	48.04	239821080.58	47.51
其中:中小学	154024846.60	41.80	12821638.14	42.92	208583355.18	41.32
高等院校	16414941.14	4.45	882652.70	2.95	20972806.27	4.15
中专中技	6174223.16	1.68	457149.99	1.53	8070614.05	1.60
其他教育系统单位	1637819.38	0.44	187934.41	0.63	2194305.08	0.43
体育系统	3911799.02	1.06	1045479.72	3.50	6601504.45	1.31
铁路系统	34404.00	0.01	1584.00	0.01	12897.00	0.00
合计	368487998.84	100.00	29871867.17	100.00	504789525.97	100.00

（三）各单位类型篮球类场地分布

各单位类型篮球类场地数量最多的是事业单位，有290009个，占篮球类场地总数的46.71%；其次是其他单位，为257692个，占篮球类场地总数的41.51%；企业有40158个，占篮球类场地总数的6.47%；数量最少的是行政机关，为32972个，占篮球类场地总数的5.31%。（表4－38）

表4－38　各单位类型篮球类场地数量分布

单位类型	场地	
	数量/个	占比/%
事业单位	290009	46.71
其他单位	257692	41.51
企业	40158	6.47
行政机关	32972	5.31
合计	620831	100.00

与各单位类型篮球类场地数量排名一致，篮球类场地面积最大的是事业单位，为177072649.93平方米，占篮球类场地总面积的48.05%；其次是其他单位，有

148046473.52 平方米，占篮球类场地总面积的 40.18%；企业为 23344215.68 平方米，占篮球类场地总面积的 6.34%；最小的是行政机关，为 20024659.71 平方米，占篮球类场地总面积的 5.43%。（表 4 -39）

表4 -39　各单位类型篮球类场地面积分布

单位类型	场地		建筑		用地	
	面积/平方米	占比/%	面积/平方米	占比/%	面积/平方米	占比/%
事业单位	177072649.93	48.05	14883068.27	49.82	241444762.01	47.83
其他单位	148046473.52	40.18	10112202.42	33.85	201737651.87	39.96
企业	23344215.68	6.34	2889707.86	9.67	32903688.05	6.52
行政机关	20024659.71	5.43	1986888.62	6.65	28703424.04	5.69
合计	368487998.84	100.00	29871867.17	100.00	504789525.97	100.00

（四）不同时期建成的篮球类场地分布

不同时期建成的篮球类场地中，现有的建成年份为2004—2013 年的篮球类场地数量最多，有476039 个，占篮球类场地总数的76.68%；其次是现有的1978—2003 年建成的篮球类场地，有138688 个，占篮球类场地总数的22.34%；现有的1949—1977 年建成的有5644 个，占篮球类场地总数的0.91%；现有的1948 年及以前建成的篮球类场地数量最少，仅仅460 个，占篮球类场地总数的0.07%。（表4 -40）

表4 -40　不同时期建成的篮球类场地数量分布

不同时期	数量/个	占比/%
2004—2013 年	476039	76.68
1978—2003 年	138688	22.34
1949—1977 年	5644	0.91
1948 年及以前	460	0.07
合计	620831	100.00

与不同时期建成的篮球类场地数量排名一致，现有的建成年份为2004—2013 年的篮球类场地面积最大，为280455392 平方米，占篮球类场地总面积的76.11%；其次是现有的1978—2003 年建成的篮球类场地，有83858192 平方米，占篮球类场地总面积的22.76%；现有的1949—1977 年建成的为3888868 平方米，占篮球类场地

总面积的 1.06 % ；现有的 1948 年及以前建成的篮球类场地面积最小，为 285547 平方米，仅占 0.08 % 。（表 4 - 41）

表 4 - 41 不同时期建成的篮球类场地面积分布

不同时期	场地		建筑		用地	
	面积/平方米	占比/%	面积/平方米	占比/%	面积/平方米	占比/%
2004—2013 年	280455392	76. 11	21328704	71. 40	384254575	76. 12
1978—2003 年	83858192	22. 76	8239249	27. 58	114223122	22. 63
1949—1977 年	3888868	1. 06	275330	0. 92	5814903	1. 15
1948 年及以前	285547	0. 08	28584	0. 10	496926	0. 10
合计	368487999	100. 00	29871867	100. 00	504789526	100. 00

（五）篮球类场地投资金额情况

篮球类场地投资金额总计 21525570 万元，占全国体育场地投资总金额的 19.34 % 。财政拨款为 9615869 万元，占全国体育场地财政拨款总额的 15.18 %（其中体育彩票公益金为 1007863 万元，占全国体育场地体彩公益金总额的 26.27 %）；单位自筹 8911279 万元，占全国体育场地单位自筹总额的 23.29 %；社会捐赠为 1545662 万元，占全国体育场地社会捐赠总额的 47.14 %；其他资金来源为 1452760 万元，占全国同类投资的 22.75 %。平均每个篮球类场地投资金额为 34.67 万元。（表 4 - 42）

表 4 - 42 篮球类场地投资金额及在全国同类投资中的占比

资金来源	篮球类场地投资金额/万元	全国体育场地投资金额/万元	占全国投资比/%
财政拨款	9615869	63352062	15. 18
其中:体彩公益金	1007863	3836195	26. 27
单位自筹	8911279	38263803	23. 29
社会捐赠	1545662	3278868	47. 14
其他	1452760	6385734	22. 75
合计	21525570	111280467	19. 34

篮球类场地各项投资资金来源中，财政拨款最多，占篮球类场地全部投资金额的 44.67 %（其中体彩公益金占 4.68 %）；其次为单位自筹，占全部投资金额的

41.40%；社会捐赠占全部投资金额的 7.18%；其他资金来源则较少，仅占投资总额的 6.75%。（表 4-43）

表 4-43 篮球类场地投资资金来源、金额及各来源占比

篮球类场地资金来源	投资	
	金额/万元	占比/%
财政拨款	9615869	44.67
其中:体彩公益金	1007863	4.68
单位自筹	8911279	41.40
社会捐赠	1545662	7.18
其他	1452760	6.75
合计	21525570	100.00

六、排球类场地建设与布局

排球类场地包括排球房（馆）、排球场、沙滩排球场，不包括体育馆和综合房（馆）中的排球场。全国共有排球类场地 42012 个，占全国体育场地数量的 2.56%。其中排球场数量最多，为 41021 个，占全国体育场地总数的 2.50%；其次为沙滩排球场，有 583 个，仅占全国体育场地总数的 0.04%；排球房（馆）最少，为 408 个，占全国体育场地总数的 0.02%。（表 4-44）

表 4-44 排球类场地数量及在全国体育场地中的占比

排球类场地	场地数量/个	占全国体育场地数量比例/%
排球场	41021	2.50
沙滩排球场	583	0.04
排球房(馆)	408	0.02
合计	42012	2.56

排球类场地的场地面积为 13398391.49 平方米，占全国体育场地总面积的 0.68%。其中排球场的场地面积最大，为 12849635.71 平方米，占全国体育场地总面积的 0.66%；其次为沙滩排球场，为 277093.07 平方米，占全国体育场地总面积

的 0.01%；排球房（馆）场地面积最小，为 271662.71 平方米，也仅占全国体育场地总面积的 0.01%。（表 4-45）

表 4-45　排球类场地面积及在全国体育场地中的占比

排球类场地	场地		建筑		用地	
	面积/平方米	占比/%	面积/平方米	占比/%	面积/平方米	占比/%
排球场	12849635.71	0.66	539840.28	0.22	19047843.10	0.48
沙滩排球场	277093.07	0.01	32881.34	0.01	614500.32	0.02
排球房（馆）	271662.71	0.01	408244.40	0.17	523574.65	0.01
合计	13398391.49	0.68	980966.02	0.41	20185918.07	0.51

（一）各省区市排球类场地分布

排球类场地数量排名前 10 位的省区市是山东省、广东省、浙江省、江苏省、新疆维吾尔自治区、海南省、广西壮族自治区、内蒙古自治区、福建省、辽宁省。前 10 位省区市合计拥有排球类场地共 25554 个，占排球类场地总数的 60.83%。（表 4-46）

表 4-46　各省区市排球类场地数量与面积

省区市	场地		用地		建筑		场地	
	数量/个	占比/%	面积/平方米	占比/%	面积/平方米	占比/%	面积/平方米	占比/%
北京市	254	0.60	165364.35	0.01	15407.51	1.57	93729.50	0.70
天津市	493	1.17	244203.16	0.01	18269.45	1.86	168315.68	1.26
河北省	667	1.59	490474.40	0.02	12353.24	1.26	397921.20	2.97
山西省	288	0.69	121385.90	0.01	3040.00	0.31	87891.00	0.66
内蒙古自治区	1842	4.38	902655.52	0.04	11819.64	1.20	581213.90	4.34
辽宁省	1551	3.69	789615.17	0.04	64810.29	6.61	492570.50	3.68
吉林省	1128	2.68	573050.55	0.03	26662.83	2.72	335018.35	2.50
黑龙江	1062	2.53	738427.98	0.04	30023.00	3.06	334106.88	2.49
上海市	537	1.28	273763.24	0.01	53140.98	5.42	202555.03	1.51
江苏省	2838	6.76	1328007.12	0.07	39309.81	4.01	920681.73	6.87
浙江省	3066	7.30	1254158.72	0.06	28654.40	2.92	920378.89	6.87

省区市	场地		用地		建筑		场地	
	数量/个	占比/%	面积/平方米	占比/%	面积/平方米	占比/%	面积/平方米	占比/%
安徽省	1276	3.04	560523.70	0.03	8029.90	0.82	393530.17	2.94
福建省	1724	4.10	744246.80	0.04	32932.60	3.36	550780.52	4.11
江西省	896	2.13	336432.58	0.02	5268.64	0.54	269245.68	2.01
山东省	4092	9.74	1895917.51	0.09	174391.40	17.78	1174303.68	8.76
河南省	1455	3.46	678482.14	0.03	10746.00	1.10	461581.40	3.45
湖北省	1472	3.50	666486.03	0.03	8173.76	0.83	440060.69	3.28
湖南省	1295	3.08	531470.27	0.03	9195.50	0.94	401178.45	2.99
广东省	3525	8.39	2115290.54	0.10	310967.45	31.70	1208801.78	9.02
广西壮族自治区	2130	5.07	847365.24	0.04	36012.87	3.67	649787.91	4.85
海南省	2330	5.55	1278249.91	0.06	4672.28	0.48	795393.07	5.94
重庆市	578	1.38	266102.49	0.01	11850.00	1.21	197863.35	1.48
四川省	1332	3.17	524056.87	0.03	18350.71	1.87	424533.74	3.17
贵州省	267	0.64	112045.87	0.01	5060.00	0.52	89397.38	0.67
云南省	921	2.19	450892.94	0.02	28336.01	2.89	301241.89	2.25
西藏自治区	27	0.06	11246.90	0.00	300.00	0.03	8416.40	0.06
陕西省	365	0.87	186643.55	0.01	5809.00	0.59	136375.00	1.02
甘肃省	1206	2.87	494106.14	0.02	4804.75	0.49	348757.00	2.60
青海省	156	0.37	65411.20	0.00	0.00	0.00	44261.66	0.33
宁夏回族自治区	629	1.50	392172.20	0.02	1332.00	0.14	201178.67	1.50
新疆维吾尔自治区	2456	5.85	1056824.51	0.05	942.00	0.10	721322.39	5.38
新疆生产建设兵团	154	0.37	90844.57	0.00	300.00	0.03	45998.00	0.34
合计	42012	100.00	20185918.07	100.00	980966.02	100.00	13398391.49	100.00

排球类场地面积排名前 10 位的省区市依次是广东省、山东省、江苏省、浙江省、海南省、新疆维吾尔自治区、广西壮族自治区、内蒙古自治区、福建省、辽宁

省。前 10 位省份合计拥有排球类场地面积 8015234.37 平方米，占排球类场地总面积的 59.82%。（表 4 - 46）

综合以上可以看出，排球类场地数量和场地面积排名前 10 位的省区市全部相同，只是顺序略有不同。山东省、广东省、浙江省、江苏省无论是场地数量还是场地面积，均位居前 4 位。

（二）各系统排球类场地分布

在 42012 个排球类场地中，各系统排球类场地数量最多的是教育系统，为36432 个，占全部排球类场地数的 86.72%；其次是其他系统，有 5155 个，占全部排球类场地数的 12.27%；体育系统为 424 个，占全部排球类场地数的 1.01%；铁路系统最少，为 1 个，占比太小忽略不计。在教育系统内部，中小学拥有的排球类场地数量最多，有 26974 个，占全部排球类场地数的 64.21%；其次是高等院校，有 7632 个，占全部排球类场地数的 18.17%；中专中技有 1612 个，占全部排球类场地数的 3.84%；其他教育系统单位拥有的排球类场地数量最少，为 214 个，仅占全部排球类场地数的 0.51%。（表 4 - 47）

表 4 - 47　各系统排球类场地数量分布

所在系统	场地	
	数量/个	占比/%
教育系统	36432	86.72
其中:中小学	26974	64.21
高等院校	7632	18.17
中专中技	1612	3.84
其他教育系统单位	214	0.51
其他系统	5155	12.27
体育系统	424	1.01
合计	42012	100.00

与各系统排球类场地数量排名相一致，各系统排球类场地面积最大的是教育系统，为 11495559.88 平方米，占排球类场地总面积的 85.80%；其次是其他系统，为1729279.47 平方米，占排球类场地总面积的 12.91%；体育系统为 173266.14 平方米，占排球类场地总面积的 1.29%；铁路系统场地面积最小，为 286.00 平方米，

占比太小忽略不计。在教育系统内部，中小学的排球类场地面积最大，为8309991.42 平方米，占排球类场地总面积的 62.02%；其次为高等院校，为2625354.16 平方米，占排球类场地总面积的 19.59%；中专中技为 495852.72 平方米，占排球类场地总面积的 3.70%；其他教育系统单位最小，为 64361.58 平方米，仅占排球类场地总面积的 0.48%。（表 4 - 48）

表 4 - 48　各系统排球类场地面积分布

所在系统	场地		建筑		用地	
	面积/平方米	占比/%	面积/平方米	占比/%	面积/平方米	占比/%
教育系统	11495559.88	85.80	724408.98	73.85	16731362.03	82.89
其中:中小学	8309991.42	62.02	565569.07	57.65	12270171.82	60.79
高等院校	2625354.16	19.59	137422.11	14.01	3655704.73	18.11
中专中技	495852.72	3.70	13878.00	1.41	721208.76	3.57
其他教育系统单位	64361.58	0.48	7539.80	0.77	84276.72	0.42
其他系统	1729279.47	12.91	188516.93	19.22	2987618.80	14.80
体育系统	173266.14	1.29	68040.11	6.94	466647.24	2.31
合计	13398391.49	100.00	980966.02	100.00	20185918.07	100.00

（三）各单位类型排球类场地分布

各单位类型排球类场地数量最多的是事业单位，有 35981 个，占排球类场地总数的 85.64%；其次是其他单位，为 3932 个，占排球类场地总数的 9.36%；企业有1297 个，占排球类场地总数的 3.09%；数量最少的是行政机关，为 802 个，占排球类场地总数的 1.91%。（表 4 - 49）

表 4 - 49　各单位类型排球类场地数量分布

单位类型	场地	
	数量/个	占比/%
事业单位	35981	85.64
其他单位	3932	9.36
企业	1297	3.09
行政机关	802	1.91
合计	42012	100.00

与各单位类型排球类场地数量排名一致，排球类场地面积最大的是事业单位，为11376077.57平方米，占排球类场地总面积的84.91%；其次是其他单位，为1317176.69平方米，占排球类场地总面积的9.83%；企业有448968.34平方米，占排球类场地总面积的3.35%；最小的是行政机关，为256168.89平方米，占排球类场地总面积的1.91%。（表4－50）

表4－50 各单位类型排球类场地面积分布

单位类型	场地		建筑		用地	
	面积/平方米	占比/%	面积/平方米	占比/%	面积/平方米	占比/%
事业单位	11376077.57	84.91	765013.91	77.99	16672395.99	82.59
其他单位	1317176.69	9.83	103968.15	10.60	2251475.83	11.15
企业	448968.34	3.35	83112.37	8.47	837638.18	4.15
行政机关	256168.89	1.91	28871.59	2.94	424408.07	2.10
合计	13398391.49	100.00	980966.02	100.00	20185918.07	100.00

（四）不同时期建成的排球类场地分布

不同时期建成的排球类场地中，现有的建成年份为2004—2013年的排球类场地数量最多，有31127个，占排球类场地总数的74.09%；其次是现有的1978—2003年建成的排球类场地，有10559个，占排球类场地总数的25.13%；现有的1949—1977年建成的有290个，占排球类场地总数的0.69%；现有的1948年及以前建成的排球类场地数量最少，为36个，占0.09%。（表4－51）

表4－51 不同时期建成的排球类场地数量分布

不同时期	场地	
	数量/个	占比/%
2004—2013年	31127	74.09
1978—2003年	10559	25.13
1949—1977年	290	0.69
1948年及以前	36	0.09
合计	42012	100.00

与不同时期建成的排球类场地数量排名一致，现有的建成年份为2004—2013年的排球类场地面积最大，为9752271.09平方米，占排球类场地总面积的72.79%；其次是现有的1978—2003年建成的排球类场地，为3540202.27平方米，占排球类场地总面积的26.42%；1949—1977年建成的为93382.13平方米，占排球类场地总面积的0.70%；现有的1948年及以前建成的排球类场地面积最小，为12536.00平方米，占排球类场地总面积的0.09%。（表4-52）

表4-52　不同时期建成的排球类场地面积分布

不同时期	场地		建筑		用地	
	面积/平方米	占比/%	面积/平方米	占比/%	面积/平方米	占比/%
2004—2013年	9752271.09	72.79	658238.37	67.10	15000783.13	74.31
1978—2003年	3540202.27	26.42	309800.78	31.58	5025144.97	24.89
1949—1977年	93382.13	0.70	8776.87	0.89	133649.97	0.66
1948年及以前	12536.00	0.09	4150.00	0.42	26340.00	0.13
合计	13398391.49	100.00	980966.02	100.00	20185918.07	100.00

（五）排球类场地投资金额情况

排球类场地投资金额总计565169万元，占全国体育场地投资总额的0.51%。财政拨款为396292万元，占全国体育场地财政拨款总额的0.63%（其中体育彩票公益金为5273万元，占全国体育场地体彩公益金总额的0.14%）；单位自筹145535万元，占全国体育场地单位自筹总额的0.38%；社会捐赠为12407万元，占全国体育场地社会捐赠总额的0.38%；其他资金来源为10935万元，占全国体育场地同类投资总额的0.17%。平均每个排球类场地投资金额为13.45万元。（表4-53）

表4-53　排球类场地投资金额及其在全国同类投资中的占比

资金来源	排球类场地投资金额/万元	全国体育场地投资金额/万元	占比/%
财政拨款	396292	63352062	0.63
其中:体彩公益金	5273	3836195	0.14
单位自筹	145535	38263803	0.38
社会捐赠	12407	3278868	0.38
其他	10935	6385734	0.17
合计	565169	111280467	0.51

排球类场地各项投资资金来源中，财政拨款最多，占排球类场地全部投资金额的70.12%（其中体彩公益金占0.93%）；其次为单位自筹，占排球类场地全部投资的25.75%；社会捐赠占2.20%；其他资金来源最少占1.93%。（表4-54）

表4-54　排球类场地投资资金来源、金额及占比

排球类场地资金来源	投资	
	金额/万元	占比/%
财政拨款	396292	70.12
其中:体彩公益金	5273	0.93
单位自筹	145535	25.75
社会捐赠	12407	2.20
其他	10935	1.93
合计	565169	100.00

七、乒乓球类场地建设与布局

全国共有乒乓球类场地193862个，占全国体育场地总数的11.83%。其中乒乓球场数量为145630个，占全国体育场地总数的8.89%；乒乓球房（馆）为48232个，占全国体育场地总数的2.94%。（表4-55）

表4-55　乒乓球类场地数量及在全国体育场地中的占比

乒乓球类场地	场地数量/个	占全国体育场地数量比例/%
乒乓球场	145630	8.89
乒乓球房(馆)	48232	2.94
合计	193862	11.83

乒乓球类场地的场地面积为28969967.85平方米，占全国体育场地总面积的1.49%。其中，乒乓球场的面积为22488834.54平方米，占全国体育场地总面积的1.16%；乒乓球房（馆）场地面积为6481133.31平方米，占全国体育场地总面积的0.33%。（表4-56）

表 4 – 56　乒乓球类场地面积及在全国体育场地中的占比

乒乓球类场地	场地		建筑		用地	
	面积/平方米	占比/%	面积/平方米	占比/%	面积/平方米	占比/%
乒乓球场	22488834.54	1.16	1719955.78	0.72	37332838.63	0.95
乒乓球房（馆）	6481133.31	0.33	9464553.89	3.94	10210677.64	0.26
合计	28969967.85	1.49	11184509.67	4.65	47543516.27	1.21

（一）各省区市乒乓球类场地分布

乒乓球类场地数量排名前 10 位的省区市依次是湖北省、广东省、河南省、浙江省、江苏省、山东省、四川省、江西省、广西壮族自治区、湖南省。前 10 位省区市合计拥有乒乓球类场地数量 126202 个，占全国乒乓球类场地总数的 65.10%。（表 4 – 57）

表 4 – 57　各省区市乒乓球类场地数量与面积

省区市	场地		用地		建筑		场地	
	数量/个	占比/%	面积/平方米	占比/%	面积/平方米	占比/%	面积/平方米	占比/%
北京市	1355	0.70	425757.87	0.90	157136.83	1.40	280832.01	0.97
天津市	1744	0.90	234921.62	0.49	65277.52	0.58	138089.94	0.48
河北省	6245	3.22	2078121.25	4.37	412547.21	3.69	944245.45	3.26
山西省	4653	2.40	889546.97	1.87	164166.48	1.47	552781.72	1.91
内蒙古自治区	2007	1.04	679267.22	1.43	287972.25	2.57	397567.23	1.37
辽宁省	2511	1.30	872845.06	1.84	271945.34	2.43	465259.98	1.61
吉林省	1038	0.54	386632.77	0.81	185446.59	1.66	174155.88	0.60
黑龙江省	816	0.42	570491.62	1.20	451177.86	4.03	172678.83	0.60
上海市	3811	1.97	440320.03	0.93	465261.67	4.16	367799.82	1.27
江苏省	14677	7.57	2859193.06	6.01	1272736.43	11.38	1997410.37	6.89
浙江省	15538	8.01	2030088.67	4.27	1180926.91	10.56	1632535.84	5.64
安徽省	7044	3.63	1945803.14	4.09	279445.99	2.50	1343182.10	4.64
福建省	4009	2.07	841451.30	1.77	341830.84	3.06	599503.45	2.07
江西省	9578	4.94	1539642.79	3.24	214638.29	1.92	1282492.06	4.43

续表

省区市	场地		用地		建筑		场地	
	数量/个	占比/%	面积/平方米	占比/%	面积/平方米	占比/%	面积/平方米	占比/%
山东省	10719	5.53	4291734.78	9.03	911356.64	8.15	2002919.95	6.91
河南省	15720	8.11	3570424.64	7.51	171521.97	1.53	2179670.95	7.52
湖北省	16808	8.67	3137126.81	6.60	414500.98	3.71	2019682.58	6.97
湖南省	8058	4.16	1928249.20	4.06	350289.26	3.13	1222070.25	4.22
广东省	16015	8.26	6088010.69	12.81	2461635.83	22.01	3769238.90	13.01
广西壮族自治区	8490	4.38	1488873.86	3.13	107217.53	0.96	1060925.50	3.66
海南省	399	0.21	92723.96	0.20	15035.22	0.13	61397.68	0.21
重庆市	7629	3.94	1962312.34	4.13	192750.94	1.72	1171366.51	4.04
四川省	10599	5.47	2159145.44	4.54	166710.49	1.49	1576258.20	5.44
贵州省	4659	2.40	1137173.90	2.39	43200.09	0.39	532565.26	1.84
云南省	3233	1.67	664924.86	1.40	130262.91	1.16	437089.57	1.51
西藏自治区	142	0.07	28045.43	0.06	2959.08	0.03	18819.51	0.06
陕西省	6891	3.55	2428949.32	5.11	146275.01	1.31	980063.07	3.38
甘肃省	4511	2.33	1237437.81	2.60	79298.78	0.71	721904.12	2.49
青海省	760	0.39	162382.52	0.34	8315.95	0.07	118816.88	0.41
宁夏回族自治区	1055	0.54	454698.99	0.96	81771.16	0.73	213321.81	0.74
新疆维吾尔自治区	2959	1.53	813112.22	1.71	139280.22	1.25	464893.85	1.60
新疆生产建设兵团	189	0.10	104106.13	0.22	11617.40	0.10	70428.58	0.24
合计	193862	100.00	47543516.27	100.00	11184509.67	100.00	28969967.9	100.00

　　从表4-57可以看出，乒乓球类场地面积排名前10位的省区市是广东省、河南省、湖北省、山东省、江苏省、浙江省、四川省、安徽省、江西省、湖南省。前10位省区市合计拥有乒乓球类场地面积19025461.20平方米，占乒乓球类场地总面积的65.67%。此外，场地数量和场地面积排名前10位的省区市有9个相同，前7名完全相同，只是顺序略有不同。

（二）各系统乒乓球类场地分布

在193862个乒乓球类场地中，各系统乒乓球类场地数量最多的是其他系统，为110394个，占全部乒乓球类场地数的56.94%；其次是教育系统，有82101个，占乒乓球类场地总数的42.35%；体育系统有1365个，占乒乓球类场地总数的0.70%；铁路系统最少，仅仅有2个，占比太小忽略不计。在教育系统内部，中小学拥有的乒乓球类场地数量最多，为78398个，占全部乒乓球类场地数的40.44%；其次是中专中技，为1604个，占乒乓球类场地总数的0.83%；高等院校为1341个，占乒乓球类场地总数的0.69%；其他教育系统单位拥有的乒乓球类场地数量最少，为758个，占乒乓球类场地总数的0.39%（见表4-58）。

表4-58　各系统乒乓球类场地数量分布

所在系统	场地	
	数量/个	占比/%
其他系统	110394	56.94
教育系统	82101	42.35
其中:中小学	78398	40.44
中专中技	1604	0.83
高等院校	1341	0.69
其他教育系统单位	758	0.39
体育系统	1365	0.70
铁路系统	2	0.00
合计	193862	100.00

各系统乒乓球类场地面积最大的是教育系统，为17113588.54平方米，占乒乓球类场地总面积的59.07%；其次是其他系统，为11316000.48平方米，占乒乓球类场地总面积的39.06%；体育系统为540246.83平方米，占乒乓球类场地总面积的1.86%；铁路系统场地面积最小，为132.00平方米，占比太小忽略不计。在教育系统内部，中小学的乒乓球类场地面积最大，为15671623.15平方米，占乒乓球类场地总面积的54.10%；其次是高等院校，为766650.09平方米，占乒乓球类场地总面积的2.65%；中专中技为524482.96平方米，占乒乓球类场地总面积的1.81%；其

他教育系统单位最小，为 150832.34 平方米，占乒乓球类场地总面积的 0.52%。
（表 4-59）

表 4-59　各系统乒乓球类场地面积分布

所在系统	场地		建筑		用地	
	面积/平方米	占比/%	面积/平方米	占比/%	面积/平方米	占比/%
教育系统	17113588.54	59.07	3309607.63	29.59	24211158.92	50.92
其中:中小学	15671623.15	54.10	2669443.84	23.87	1087100.12	2.29
高等院校	766650.09	2.65	404873.55	3.62	732870.15	1.54
中专中技	524482.96	1.81	137405.85	1.23	243930.04	0.51
其他教育系统单位	150832.34	0.52	97884.39	0.88	20346494.84	42.80
其他系统	11316000.48	39.06	7419457.70	66.34	921362.20	1.94
体育系统	540246.83	1.86	455366.34	4.07	600.00	0.00
铁路系统	132.00	0.00	78.00	0.00	24211158.92	50.92
合计	28969967.85	100.00	11184509.67	100.00	47543516.27	100.00

（三）各单位类型乒乓球类场地分布

各单位类型乒乓球类场地数量最多的是事业单位，为 85260 个，占乒乓球类场地总数的 43.98%；其次是其他单位，为 82139 个，占乒乓球类场地总数的42.37%；企业有 15548 个，占乒乓球类场地总数的 8.02%；数量最少的是行政机关，为 10915 个，占乒乓球类场地总数的 5.63%。（表 4-60）

表 4-60　各单位类型乒乓球类场地数量分布

单位类型	场地	
	数量/个	占比/%
事业单位	85260	43.98
其他单位	82139	42.37
企业	15548	8.02
行政机关	10915	5.63
合计	193862	100.00

与各单位类型乒乓球类场地数量排名一致，乒乓球类场地面积最大的是事业单位，为 17426348.62 平方米，占乒乓球类场地总面积的 60.15%；其次是其他单位，

为 7859533.07 平方米，占乒乓球类场地总面积的 27.13%；企业有 2257776.18 平方米，占乒乓球类场地总面积的 7.79%；最小的是行政机关，为 1426309.98 平方米，占乒乓球类场地总面积的 4.92%。（表 4-61）

表 4-61　各单位类型乒乓球类场地面积分布

单位类型	场地		建筑		用地	
	面积/平方米	占比/%	面积/平方米	占比/%	面积/平方米	占比/%
事业单位	17426348.62	60.15	4113559.91	36.78	27583728.97	58.02
其他单位	7859533.07	27.13	3115904.95	27.86	14096805.95	29.65
企业	2257776.18	7.79	2864936.60	25.62	3405098.30	7.16
行政机关	1426309.98	4.92	1090108.21	9.75	2457883.05	5.17
合计	28969967.85	100.00	11184509.67	100.00	47543516.27	100.00

（四）不同时期建成的乒乓球类场地分布

不同时期建成的乒乓类场地中，现有的建成年份为 2004—2013 年的乒乓球类场地数量最多，为 163831 个，占乒乓球类场地总数的 84.51%；其次是现有的 1978—2003 年建成的乒乓球类场地，有 29154 个，占乒乓球类场地总数的 15.04%；现有的 1949—1977 年建成的有 784 个，占乒乓球类场地总数的 0.40%；现有的 1948 年及以前建成的乒乓球类场地数量最少，仅仅 93 个，占乒乓球类场地总数的 0.05%。（表 4-62）

表 4-62　不同时期建成的乒乓球类场地数量分布

不同时期	场地	
	数量/个	占比/%
2004—2013 年	163831	84.51
1978—2003 年	29154	15.04
1949—1977 年	784	0.40
1948 年及以前	93	0.05
合计	193862	100.00

与不同时期建成的乒乓球类场地数量排名一致，现有的建成年份为 2004—2013 年的乒乓球类场地面积最大，为 23469223 平方米，占乒乓球类场地总面积的

81.01%；其次为 1978—2003 年建成的乒乓球类场地，为 5338427 平方米，占乒乓球类场地总面积的 18.43%；现有的 1949—1977 年建成的为 149638 平方米，占乒乓球类场地总面积的 0.52%；现有的 1948 年及以前建成的乒乓球类场地面积最小，为 12679 平方米，占 0.04%。（表 4 - 63）

表 4 - 63　不同时期建成的乒乓球类场地规模分布

不同时期	场地		建筑		用地	
	面积/平方米	占比/%	面积/平方米	占比/%	面积/平方米	占比/%
2004—2013 年	23469223	81.01	8451881	75.57	38523796	81.03
1978—2003 年	5338427	18.43	2629273	23.51	8726795	18.36
1949—1977 年	149638	0.52	98180	0.88	269708	0.57
1948 年及以前	12679	0.04	5175	0.05	23217	0.05
合计	28969967.85	100.00	11184509.67	100.00	47543516.27	100.00

（五）乒乓球类场地投资金额情况

乒乓球类场地投资金额总计 2005250 万元，占全国体育场地投资总额的 1.80%。财政拨款为 1211152 万元，占全国体育场地财政拨款总额的 1.91%（其中体育彩票公益金为 67291 万元，占全国体育场地体彩公益金总额的 1.75%）；单位自筹 693307 万元，占全国体育场地单位自筹总额的 1.81%；其他资金来源为 66758 万元，占全国体育场地同类投资总额的 1.05%；社会捐赠为 34033 万元，占全国体育场地社会捐赠金额的 1.04%。平均每个乒乓球类场地投资金额为 10.34 万元。（表 4 -64）

表 4 -64　乒乓类场地投资金额及在全国同类投资中的占比

资金来源	排球类场地投资金额/万元	全国体育场地投资金额/万元	占全国总投资比/%
财政拨款	1211152	63352062	1.91
其中:体彩公益金	67291	3836195	1.75
单位自筹	693307	38263803	1.81
其他	66758	6385734	1.05
社会捐赠	34033	3278868	1.04
合计	2005250	111280467	1.80

乒乓球类场地各投资资金来源中，财政拨款最多，占乒乓球类场地全部投资金额的 60.40%（其中体彩公益金占 3.36%）；其次是单位自筹，占乒乓球类场地投资总额的 34.57%；其他资金来源占乒乓球类场地总投资的 3.33%；社会捐赠资金来源最少，占乒乓球类场地总投资的 1.70%。（表 4 –65）

表 4 –65   乒乓球类场地投资资金来源、金额及各来源占比

乒乓球类场地资金来源	投资	
	金额/万元	占比/%
财政拨款	1211152	60.40
其中:体彩公益金	67291	3.36
单位自筹	693307	34.57
其他	66758	3.33
社会捐赠	34033	1.70
合计	2005250	100.00

八、羽毛球类场地建设与布局

全国共有羽毛球类场地 42552 个，占全国体育场地总数的 2.60%。其中羽毛球场数量为 35225 个，占全国体育场地总数的 2.15%；羽毛球房（馆）为 7327 个，占体育场地总数的 0.45%。（表 4 –66）

表 4 –66   羽毛球类场地数量及在全国体育场地中的占比

羽毛球类场地	场地数量/个	占全国体育场地数量比例/%
羽毛球场	35225	2.15
羽毛球房(馆)	7327	0.45
合计	42552	2.60

羽毛球类场地面积为 15233008.25 平方米，占全国体育场地总面积的 0.78%。其中羽毛球场的面积为 9918406.61 平方米，占体育场地总面积的 0.51%；羽毛球房（馆）场地面积为 5314601.64 平方米，占体育场地总面积的 0.27%。（表 4 –67）

表4-67 羽毛球类场地面积及在全国体育场地中的占比

羽毛球类场地	场地		建筑		用地	
	面积/平方米	占比/%	面积/平方米	占比/%	面积/平方米	占比/%
羽毛球场	9918406.61	0.51	945129.64	0.39	17086102.36	0.43
羽毛球房(馆)	5314601.64	0.27	9214987.19	3.83	8672124.45	0.22
合计	15233008.25	0.78	10160116.83	4.23	25758226.81	0.66

(一)各省区市羽毛球类场地分布

羽毛球类场地数量排名前10位的省区市是广东省、湖北省、广西壮族自治区、重庆市、浙江省、江西省、江苏省、四川省、湖南省、福建省。前10位省区市合计拥有羽毛球类场地数量29387个,占体育场地总数的69.06%。(表4-68)

表4-68 各省区市羽毛球类场地数量与面积

省区市	场地		用地		建筑		场地	
	数量/个	占比/%	面积/平方米	占比/%	面积/平方米	占比/%	面积/平方米	占比/%
北京市	324	0.76	374998.84	1.46	281411.52	2.77	265604.35	1.74
天津市	168	0.39	135432.62	0.53	89470.75	0.88	83705.80	0.55
河北省	944	2.22	653228.12	2.54	206647.21	2.03	345999.69	2.27
山西省	1614	3.79	740187.16	2.87	100339.68	0.99	491338.59	3.23
内蒙古自治区	552	1.30	438237.27	1.70	204244.23	2.01	249765.00	1.64
辽宁省	605	1.42	440818.90	1.71	274014.88	2.70	277985.90	1.82
吉林省	211	0.50	239587.76	0.93	98823.90	0.97	141988.92	0.93
黑龙江省	251	0.59	334276.53	1.30	204432.57	2.01	95845.66	0.63
上海市	553	1.30	521184.10	2.02	396250.10	3.90	297623.97	1.95
江苏省	2186	5.14	1481764.32	5.75	723021.43	7.12	960717.21	6.31
浙江省	2372	5.57	1029398.17	4.00	2123759.21	20.90	730611.69	4.80
安徽省	1135	2.67	621902.45	2.41	216205.95	2.13	410472.94	2.69
福建省	1820	4.28	730811.93	2.84	213892.44	2.11	466932.63	3.07
江西省	2197	5.16	788953.40	3.06	270002.11	2.66	635502.73	4.17
山东省	1097	2.58	1291134.13	5.01	216877.63	2.13	433699.92	2.85

续表

省区市	场地		用地		建筑		场地	
	数量/个	占比/%	面积/平方米	占比/%	面积/平方米	占比/%	面积/平方米	占比/%
河南省	1354	3.18	648755.18	2.52	109442.60	1.08	391404.87	2.57
湖北省	3139	7.38	1468490.88	5.70	426748.04	4.20	938635.27	6.16
湖南省	1900	4.47	1006694.77	3.91	284580.92	2.80	671848.83	4.41
广东省	8269	19.43	6415556.18	24.91	2128116.52	20.95	3430010.21	22.52
广西壮族自治区	2984	7.01	1411725.80	5.48	492147.40	4.84	1002821.26	6.58
海南省	323	0.76	318782.94	1.24	117511.58	1.16	152393.91	1.00
重庆市	2592	6.09	1389213.22	5.39	127178.47	1.25	828855.85	5.44
四川省	1928	4.53	861958.16	3.35	139354.29	1.37	649538.41	4.26
贵州省	637	1.50	327323.28	1.27	58963.40	0.58	177145.55	1.16
云南省	583	1.37	352361.34	1.37	145195.75	1.43	196961.67	1.29
西藏自治区	15	0.04	7028.95	0.03	802.00	0.01	4958.65	0.03
陕西省	1180	2.77	817261.85	3.17	169556.79	1.67	411700.21	2.70
甘肃省	918	2.16	456242.00	1.77	82249.83	0.81	254411.50	1.67
青海省	135	0.32	79585.26	0.31	18510.87	0.18	39983.06	0.26
宁夏回族自治区	226	0.53	187939.70	0.73	194213.85	1.91	86960.40	0.57
新疆维吾尔自治区	278	0.65	152513.43	0.59	41041.00	0.40	83441.25	0.55
新疆生产建设兵团	62	0.15	34878.17	0.14	5110.00	0.05	24142.35	0.16
合计	42552	100.00	25758226.81	100.00	10160116.83	100.00	15233008.25	100.00

从表4-68看出，羽毛球类场地面积排名前10位的省份依次是广东省、广西壮族自治区、江苏省、湖北省、重庆市、浙江省、湖南省、四川省、江西省、山西省。前10位省区市合计拥有羽毛球类场地面积10339880.05平方米，占体育场地总面积的67.88%（表4-68）。可以看出，羽毛球类场地数量和场地面积排名前10位的省份有9个相同，只是顺序有所不同。

（二）各系统羽毛球类场地分布

在42552个羽毛球类场地中，各系统羽毛球类场地数量最多的是其他系统，为22003个，占羽毛球类场地总数的51.71%；其次是教育系统，为19830个，占羽毛球类场地总数的46.60%；体育系统最少，为719个，占羽毛球类场地总数的1.69%。在教育系统内部，中小学拥有的羽毛球类场地数量最多，为17431个，占羽毛球类场地总数的40.96%；其次是高等院校，有1233个，占羽毛球类场地总数的2.90%；中专中技有848个，占羽毛球类场地总数的1.99%；其他教育系统单位拥有的羽毛球类场地数量最少，为318个，占羽毛球类场地总数的0.75%。（表4-69）

表4-69 各系统羽毛球类场地数量分布

所在系统	场地	
	数量/个	占比/%
其他系统	22003	51.71
教育系统	19830	46.60
其中:中小学	17431	40.96
高等院校	1233	2.90
中专中技	848	1.99
其他教育系统单位	318	0.75
体育系统	719	1.69
合计	42552	100.00

与各系统羽毛球类场地数量排名相一致，各系统羽毛球类场地面积最大的是其他系统，为7459078.39平方米，占羽毛球类场地总面积的48.97%；其次是教育系统，为7018867.21平方米，占羽毛球类场地总面积的46.08%；体育系统场地面积最小，为755062.65平方米，占羽毛球类场地总面积的4.96%。在教育系统内部，中小学的羽毛球类场地面积最大，为5623794.06平方米，占羽毛球类场地总面积的36.92%；其次为高等院校，为906436.34平方米，占羽毛球类场地总面积的5.95%；中专中技为370400.30平方米，占羽毛球类场地总面积的2.43%；其他教育系统单位最小，为118236.51平方米，占羽毛球类场地总面积的0.78%。（表4-70）

表4-70　各系统羽毛球类场地面积分布

所在系统	场地		建筑		用地	
	面积/平方米	占比/%	面积/平方米	占比/%	面积/平方米	占比/%
其他系统	7459078.39	48.97	6912178.80	68.03	13315679.66	51.69
教育系统	7018867.21	46.08	2471933.00	24.33	10869979.99	42.20
其中:中小学	5623794.06	36.92	1871202.63	18.42	8859054.65	34.39
高等院校	906436.34	5.95	397587.74	3.91	1265442.94	4.91
中专中技	370400.30	2.43	127920.41	1.26	561913.76	2.18
其他教育系统单位	118236.51	0.78	75222.22	0.74	183568.64	0.71
体育系统	755062.65	4.96	776005.03	7.64	1572567.16	6.11
合计	15233008.25	100.00	10160116.83	100.00	25758226.81	100.00

（三）各单位类型羽毛球类场地分布

各单位类型羽毛球类场地数量最多的是事业单位，为21244个，占羽毛球类场地总数的49.92%；其次是其他单位，为9402个，占羽毛球类场地总数的22.10%；企业有7795个，占羽毛球类场地总数的18.32%；数量最少的是行政机关，为4111个，占羽毛球类场地总数的9.66%。（表4-71）

表4-71　各单位类型羽毛球类场地数量分布

单位类型	场地	
	数量/个	占比/%
事业单位	21244	49.92
其他单位	9402	22.10
企业	7795	18.32
行政机关	4111	9.66
合计	42552	100.00

羽毛球类场地面积最大的是事业单位，为7645477.02平方米，占羽毛球类场地总面积的50.19%；其次是企业，为3548367.04平方米，占羽毛球类场地总面积的23.29%；其他单位为2970872.59平方米，占羽毛球类场地总面积的19.50%；最小的是行政机关，为1068291.60平方米，占羽毛球类场地总面积的7.01%。（表4-72）

表4-72 各单位类型羽毛球类场地面积分布

单位类型	场地		建筑		用地	
	面积/平方米	占比/%	面积/平方米	占比/%	面积/平方米	占比/%
事业单位	7645477.02	50.19	3189297.61	31.39	12747947.52	49.49
企业	3548367.04	23.29	5074724.45	49.95	5637794.78	21.89
其他单位	2970872.59	19.50	1441766.22	14.19	5542618.98	21.52
行政机关	1068291.60	7.01	454328.55	4.47	1829865.53	7.10
合计	15233008.25	100.00	10160116.83	100.00	25758226.81	100.00

（四）不同时期建成的羽毛球类场地分布

不同时期建成的羽毛类场地中，现有的建成年份为2004—2013年的羽毛球类场地数量最多，为34670个，占羽毛球类场地总数的81.48%；其次为现有的1978—2003年建成的羽毛球类场地，为7673个，占羽毛球类场地总数的18.03%；现有的1949—1977年建成的为197个，占羽毛球类场地总数的0.46%；现有的1948年及以前建成的羽毛球类场地数量最少，为12个，仅占羽毛球类场地总数的0.03%。（表4-73）

表4-73 不同时期建成的羽毛球类场地数量分布

不同时期	场地	
	数量/个	占比/%
2004—2013 年	34670	81.48
1978—2003 年	7673	18.03
1949—1977 年	197	0.46
1948 年及以前	12	0.03
合计	42552	100.00

与不同时期建成的羽毛球类场地数量排名一致，现有的建成年份是2004—2013年的羽毛球类场地面积最大，为12403636.10平方米，占羽毛球类场地总面积的81.43%；其次是现有的1978—2003年建成的羽毛球类场地，为2731130.62平方米，占羽毛球类场地总面积的17.93%；现有的1949—1977年建成的为92923.29平

方米，占羽毛球类场地总面积的 0.61%；现有的 1948 年及以前建成的羽毛球类场地面积最小，为 5318.24 平方米，仅占 0.03%。（表 4 -74）

表 4 -74 不同时期建成的羽毛球类场地面积分布

不同时期	场地		建筑		用地	
	面积/平方米	占比/%	面积/平方米	占比/%	面积/平方米	占比/%
2004—2013 年	12403636.10	81.43	8480316.08	83.47	21212178.25	82.35
1978—2003 年	2731130.62	17.93	1604945.66	15.80	4357110.64	16.92
1949—1977 年	92923.29	0.61	61873.09	0.61	146432.52	0.57
1948 年及以前	5318.24	0.03	12982.00	0.13	42505.40	0.17
合计	15233008.25	100.00	10160116.83	100.00	25758226.81	100.00

（五）羽毛球类场地投资金额情况

羽毛球类场地投资金额总计 2414395 万元，占全国体育场地投资总金额的 2.17%。财政拨款为 1139007 万元，占全国体育场地财政拨款总额的 1.80%（其中体育彩票公益金为 33816 万元，占全国体育场地体彩公益金投资总额的 0.88 %）；单位自筹为 1189489 万元，占全国体育场地单位自筹总额的 3.11%；其他资金来源为 67024 万元，占全国体育场地同类资金总额的 1.05%；社会捐赠为 18875 万元，占全国体育场地社会捐赠总额的 0.58%。平均每个羽毛球类场地投资金额为 56.74 万元。（表 4 -75）

表 4 -75 羽毛球类场地投资金额及其在全国体育场地中的占比

资金来源	羽毛球类场地投资金额/万元	全国体育场地投资金额/万元	占比/%
财政拨款	1139007	63352062	1.80
其中:体彩公益金	33816	3836195	0.88
单位自筹	1189489	38263803	3.11
其他	67024	6385734	1.05
社会捐赠	18875	3278868	0.58
合计	2414395	111280467	2.17

羽毛球类场地各投资资金来源中，单位自筹最多，占羽毛球类场地全部投资金额的49.27％；其次为财政拨款，占47.18%（其中体彩公益金占3.36%）；其他资金来源占2.78%；社会捐赠资金来源最少，占0.78%。（表4-76）

表4-76　羽毛球类场地投资资金来源、金额及各来源占比

羽毛球类场地资金来源	投资	
	金额/万元	占比/%
单位自筹	1189489	49.27
财政拨款	1139007	47.18
其中:体彩公益金	33816	1.40
其他	67024	2.78
社会捐赠	18875	0.78
合计	2414395	100.00

九、网球类场地建设与布局

全国共有网球类场地20390个，占全国体育场地总数的1.24%。其中室外网球场数量为19682个，占体育场地总数的1.20%；网球房（馆）为708个，占体育场地总数的0.04%。（表4-77）

表4-77　网球类场地数量及在全国体育场地中的占比

网球类场地	场地数量/个	占全国体育场地数量比例/%
室外网球场	19682	1.20
网球房(馆)	708	0.04
合计	20390	1.24

网球类场地的面积为13222048.78平方米，占全国体育场地总面积的0.68%。其中室外网球场的场地面积为12290314.64平方米，占体育场地总面积的0.63%；网球房（馆）场地面积为931734.14平方米，占体育场地总面积的0.05%。（表4-78）

表4-78　网球类场地面积及在全国体育场地中的占比

网球类场地	场地		建筑		用地	
	面积/平方米	占比/%	面积/平方米	占比/%	面积/平方米	占比/%
室外网球场	12290314.64	0.63	860721.45	0.36	16493937.50	0.42
网球房(馆)	931734.14	0.05	1657310.68	0.69	2180405.25	0.06
合计	13222048.78	0.68	2518032.13	1.05	18674342.75	0.48

（一）各省区市网球类场地分布

网球类场地数量排名前10位的省区市分别是广东省、江苏省、浙江省、湖北省、上海市、四川省、江西省、重庆市、山东省、内蒙古自治区。前10位省区市合计拥有网球类场地数量12974个，占网球类场地总数的63.63%。（表4-79）

表4-79　各省区市网球类场地数量与面积

省区市	场地		用地		建筑		场地	
	数量/个	占比/%	面积/平方米	占比/%	面积/平方米	占比/%	面积/平方米	占比/%
北京市	703	3.45	830409.64	4.45	150325.17	5.97	561480.73	4.25
天津市	470	2.31	412083.33	2.21	176330.51	7.00	348388.87	2.63
河北省	307	1.51	283001.81	1.52	57755.49	2.29	219391.27	1.66
山西省	358	1.76	286976.19	1.54	18895.00	0.75	225086.64	1.70
内蒙古自治区	778	3.82	796208.16	4.26	100649.07	4.00	535046.77	4.05
辽宁省	720	3.53	641559.42	3.44	64133.24	2.55	446063.99	3.37
吉林省	228	1.12	195497.10	1.05	22134.20	0.88	143573.84	1.09
黑龙江省	297	1.46	299949.52	1.61	100308.51	3.98	189975.86	1.44
上海市	1221	5.99	1305489.83	6.99	127217.28	5.05	809867.97	6.13
江苏省	1892	9.28	1625150.51	8.70	144825.93	5.75	1201645.68	9.09
浙江省	1801	8.83	1437414.24	7.70	77491.63	3.08	1114736.23	8.43
安徽省	750	3.68	619450.72	3.32	31506.27	1.25	509447.83	3.85
福建省	564	2.77	458955.68	2.46	36715.19	1.46	287211.27	2.17

续表

省区市	场地		用地		建筑		场地	
	数量/个	占比/%	面积/平方米	占比/%	面积/平方米	占比/%	面积/平方米	占比/%
江西省	903	4.43	676270.28	3.62	49180.27	1.95	545071.69	4.12
山东省	789	3.87	724401.69	3.88	89490.00	3.55	464268.22	3.51
河南省	542	2.66	507807.54	2.72	42765.00	1.70	389799.44	2.95
湖北省	1319	6.47	1040264.21	5.57	57515.29	2.28	845747.63	6.40
湖南省	425	2.08	348707.67	1.87	32155.52	1.28	263168.25	1.99
广东省	2307	11.31	2209689.09	11.83	573879.66	22.79	1534456.49	11.61
广西壮族自治区	435	2.13	581027.24	3.11	44406.50	1.76	285789.28	2.16
海南省	130	0.64	154341.32	0.83	4444.00	0.18	87201.74	0.66
重庆市	881	4.32	869682.78	4.66	73325.91	2.91	550101.40	4.16
四川省	1083	5.31	1031986.75	5.53	133499.30	5.30	735797.13	5.56
贵州省	220	1.08	163391.34	0.87	30702.30	1.22	101318.70	0.77
云南省	641	3.14	589884.70	3.16	217054.69	8.62	429390.75	3.25
西藏自治区	8	0.04	4525.38	0.02	0.00	0.00	3738.76	0.03
陕西省	185	0.91	157785.14	0.84	17049.00	0.68	128713.55	0.97
甘肃省	182	0.89	189445.58	1.01	14628.00	0.58	115392.58	0.87
青海省	35	0.17	39623.53	0.21	4927.00	0.20	20153.10	0.15
宁夏回族自治区	88	0.43	81580.12	0.44	4713.80	0.19	51978.14	0.39
新疆维吾尔自治区	108	0.53	97163.50	0.52	20008.40	0.79	66793.57	0.51
新疆生产建设兵团	20	0.10	14618.74	0.08	0.00	0.00	11251.41	0.09
合计	20390	100.00	18674342.75	100.00	10160116.83	100.00	13222048.78	100.00

网球类场地面积排名前10位的省区市为广东省、江苏省、浙江省、湖北省、上海市、四川省、北京市、重庆市、江西省、内蒙古自治区。前10位省区市合计拥有网球类场地场地面积8433951.72平方米，占网球类场地总面积的63.79%，而且场地数量和场地面积排名前10位的省区市有9个相同，只是顺序有所不同。(表4-79)

（二）各系统网球类场地分布

在20390个网球类场地中，各系统网球类场地数量最多的是其他系统，为10489个，占全部网球类场地数量的51.44%；其次是教育系统，为7279个，占网球类场地总数的35.70%；体育系统为2620个，占网球类场地总数的12.85%；铁路系统最少，为2个，仅占0.01%。在教育系统内部，高等院校拥有的网球类场地数量最多，为5022个，占全部网球类场地的24.63%；其次是中小学，有1834个，占网球类场地总数的8.99%；中专中技为272个，占网球类场地总数的1.33%；其他教育系统单位拥有的网球类场地数量最少，为151个，仅占0.74%。（表4-80）

表4-80　各系统网球类场地数量分布

所在系统	场地	
	数量/个	占比/%
其他系统	10489	51.44
教育系统	7279	35.70
其中:高等院校	5022	24.63
中小学	1834	8.99
中专中技	272	1.33
其他教育系统单位	151	0.74
体育系统	2620	12.85
铁路系统	2	0.01
合计	20390	100.00

与各系统网球类场地数量排名相一致，各系统网球类场地面积最大的为其他系统，为6659869.67平方米，占网球类场地总面积的50.37%；其次为教育系统，为4561788.67平方米，占网球类场地总面积的34.50%；体育系统为1998845.44平方米，占网球类场地总面积的15.12%；铁路系统场地面积最小，为1545.00平方米，仅仅占0.01%。在教育系统内部，高等院校的网球类场地面积最大，为3160691.67平方米，占网球类场地总面积的23.90%；其次为中小学，为1133340.67平方米，占网球类场地总面积的8.57%；中专中技为164684.10平方米，占网球类场地总面积的1.25%；其他教育系统单位最小，为

103072.23 平方米，占 0.78%。（表 4 - 81）

表 4 - 81 各系统网球类场地面积分布

所在系统	场地		建筑		用地	
	面积/平方米	占比/%	面积/平方米	占比/%	面积/平方米	占比/%
其他系统	6659869.67	50.37	1402100.69	55.68	9729801.97	52.10
教育系统	4561788.67	34.50	352395.51	13.99	5700578.99	30.53
其中:高等院校	3160691.67	23.90	227190.27	9.02	3955020.89	21.18
中小学	1133340.67	8.57	101829.05	4.04	1417914.54	7.59
中专中技	164684.10	1.25	6325.53	0.25	200211.70	1.07
其他教育系统单位	103072.23	0.78	17050.66	0.68	127431.86	0.68
体育系统	1998845.44	15.12	737235.93	29.28	3240401.79	17.35
铁路系统	1545.00	0.01	26300.00	1.04	3560.00	0.02
合计	13222048.78	100.00	2518032.13	100.00	18674342.75	100.00

（三）各单位类型网球类场地分布

各单位类型网球类场地数量最多的是事业单位，为 10087 个，占网球类场地总数的 49.47%；其次是企业，为 5976 个，占网球类场地总数的 29.31%；其他单位有 3000 个，占网球类场地总数的 14.71%；数量最少的是行政机关，为 1327 个，占网球类场地总数的 6.51%。（表 4 - 82）

表 4 - 82 各单位类型网球类场地数量分布

单位类型	场地	
	数量/个	占比/%
事业单位	10087	49.47
企业	5976	29.31
其他单位	3000	14.71
行政机关	1327	6.51
合计	20390	100.00

网球类场地面积最大的是事业单位，为 6629656.06 平方米，占网球类场地总面

积的 50.14%；其次是企业，为 3932948.88 平方米，占网球类场地总面积的 29.75%；其他单位为 1827249.47 平方米，占网球类场地总面积的 13.82%；最小的是行政机关，为 832194.37 平方米，占网球类场地总面积的 6.29%。（表 4 - 83）

表 4 - 83　各单位类型网球类场地面积分布

单位类型	场地		建筑		用地	
	面积/平方米	占比/%	面积/平方米	占比/%	面积/平方米	占比/%
事业单位	6629656.06	50.14	1088270.80	43.22	9018770.49	48.29
企业	3932948.88	29.75	1098715.76	43.63	6008248.67	32.17
其他单位	1827249.47	13.82	185149.13	7.35	2497310.15	13.37
行政机关	832194.37	6.29	145896.44	5.79	1150013.44	6.16
合计	13222048.78	100.00	2518032.13	100.00	18674342.75	100.00

（四）不同时期建成的网球类场地分布

不同时期建成的网球类场地中，现有的建成年份为 2004—2013 年的网球类场地数量最多，为 15280 个，占网球类场地总数的 74.94%；其次为现有的 1978—2003 年期间建成的网球类场地，为 5073 个，占网球类场地总数的 24.88%；现有的 1949—1977 年期间建成的为 36 个，占网球类场地总数的 0.18%；现有的 1948 年及以前建成的网球类场地数量最少，为 1 个，占比太小忽略不计。（表 4 - 84）

表 4 - 84　不同时期建成的网球类场地数量分布

不同时期	场地	
	数量/个	占比/%
2004—2013 年	15280	74.94
1978—2003 年	5073	24.88
1949—1977 年	36	0.18
1948 年及以前	1	0.00
合计	20390	100.00

与不同时期建成的网球类场地数量排名一致，现有的建成年份为 2004—2013 年的网球类场地面积最大，为 9811182.52 平方米，占网球类场地总面积的 74.20%；其次是现有的 1978—2003 年建成的网球类场地，为 3385279.92 平方米，占网球类

场地总面积的 25.60%；现有的 1949—1977 年建成的为 24916.34 平方米，占网球类场地总面积的 0.19%；现有的 1948 年及以前建成的网球类场地面积最小，为 670.00 平方米，仅仅占 0.01%。（表 4－85）

表 4－85　不同时期建成的网球类场地面积分布

不同时期	场地		建筑		用地	
	面积/平方米	占比/%	面积/平方米	占比/%	面积/平方米	占比/%
2004—2013 年	9811182.52	74.20	1942680.13	77.15	14387072.24	77.04
1978—2003 年	3385279.92	25.60	568351.68	22.57	4251223.24	22.77
1949—1977 年	24916.34	0.19	6031.32	0.24	35078.27	0.19
1948 年及以前	670.00	0.01	969.00	0.04	969.00	0.01
合计	13222048.78	100.00	2518032.13	100.00	18674342.75	100.00

（五）网球类场地投资金额情况

网球类场地投资金额总计 1662961 万元，占全国体育场地投资金额的 1.49%。财政拨款为 870469 万元，占全国体育场地财政拨款总额的 1.37%（其中体育彩票公益金为 26061 万元，占全国体育场地体彩公益金总额的 0.68%）；单位自筹为 667151 万元，占全国体育场地单位自筹总额的 1.74%；其他资金来源为 113538 万元，占全国体育场地同类投资总额的 1.78%；社会捐赠为 11803 万元，占全国体育场地社会捐赠总额的 0.36%。平均每个网球类场地投资金额为 81.56 万元。（表 4－86）

表 4－86　网球类场地投资金额在全国体育场地中的占比

资金来源	排球类场地投资金额/万元	全国体育场地投资金额/万元	占比/%
财政拨款	870469	63352062	1.37
其中:体彩公益金	26061	3836195	0.68
单位自筹	667151	38263803	1.74
其他	113538	6385734	1.78
社会捐赠	11803	3278868	0.36
合计	1662961	111280467	1.49

网球类场地各投资资金来源中，财政拨款最多，占网球类场地全部投资金额的 52.34%（其中体彩公益金占 1.57%）；其次为单位自筹，占网球类场地总投资的 40.12%；其他资金来源占 6.83%；社会捐赠资金来源最少，占 0.71%。（表 4-87）

表 4-87　网球类场地投资资金来源、金额及各来源占比

网球类场地资金来源	投资	
	金额/万元	占比/%
财政拨款	870469	52.34
其中:体彩公益金	26061	1.57
单位自筹	667151	40.12
其他	113538	6.83
社会捐赠	11803	0.71
合计	1662961	100.00

十、游泳类场地建设与布局

游泳类场地包括游泳馆、室外游泳池。全国共有游泳类场地 14341 个，占全国体育场地数的 0.87%。其中，室外游泳池数量为 9095 个，占全国体育场地总数的 0.55%；游泳馆为 5246 个，占全国体育场地总数的 0.32%。（表 4-88）

表 4-88　游泳类场地数量及在全国体育场地中的占比

游泳类场地	场地数量/个	占全国体育场地数量比例/%
室外游泳池	9095	0.55
游泳馆	5246	0.32
合计	14341	0.87

游泳类场地的面积为 14447770.71 平方米，占全国体育场地总面积的 0.74%。其中室外游泳池的场地面积为 9163787.73 平方米，占全国体育场地总面积的 0.47%；游泳馆场地面积为 5283982.98 平方米，占全国体育场地总面积的 0.27%。（表 4-89）

表4-89 游泳类场地面积及在全国体育场地中的占比

游泳类场地	场地		建筑		用地	
	面积/平方米	占比/%	面积/平方米	占比/%	面积/平方米	占比/%
室外游泳池	9163787.73	0.47	4590365.73	1.91	16640684.61	0.42
游泳馆	5283982.98	0.27	10522038.07	4.38	14571870.20	0.37
合计	14447770.71	0.74	15112403.80	6.29	31212554.81	0.79

（一）各省区市游泳类场地分布

游泳类场地数量排名前10位的省区市分别是广东省、浙江省、江苏省、四川省、重庆市、福建省、上海市、北京市、广西壮族自治区、湖北省。前10位省区市合计拥有游泳类场地数量10587个，占游泳类场地总数的73.82%。（表4-90）

表4-90 各省区市游泳类场地数量与面积

省区市	场地		用地		建筑		场地	
	数量/个	占比/%	面积/平方米	占比/%	面积/平方米	占比/%	面积/平方米	占比/%
北京市	588	4.10	1805699.22	5.79	1087971.64	7.20	516719.61	3.58
天津市	157	1.09	496453.18	1.59	335245.04	2.22	223950.67	1.55
河北省	247	1.72	898044.92	2.88	483864.32	3.20	337054.15	2.33
山西省	151	1.05	509297.03	1.63	344955.45	2.28	211672.78	1.47
内蒙古自治区	126	0.88	376743.64	1.21	189811.04	1.26	154953.51	1.07
辽宁省	250	1.74	799458.40	2.56	531899.58	3.52	286476.29	1.98
吉林省	83	0.58	296086.30	0.95	218930.73	1.45	114646.22	0.79
黑龙江省	107	0.75	657584.77	2.11	489126.34	3.24	166268.14	1.15
上海市	773	5.39	1194956.55	3.83	738710.27	4.89	604246.71	4.18
江苏省	1053	7.34	1804906.56	5.78	1166919.41	7.72	942430.46	6.52
浙江省	1226	8.55	1940284.66	6.22	828941.99	5.49	934199.52	6.47
安徽省	358	2.50	613665.25	1.97	225238.52	1.49	313887.50	2.17
福建省	826	5.76	1460762.96	4.68	515546.80	3.41	844050.05	5.84
江西省	338	2.36	760184.08	2.44	261283.78	1.73	408917.69	2.83

续表

省区市	场地		用地		建筑		场地	
	数量/个	占比/%	面积/平方米	占比/%	面积/平方米	占比/%	面积/平方米	占比/%
山东省	239	1.67	1097226.65	3.52	698150.12	4.62	364586.01	2.52
河南省	193	1.35	796783.10	2.55	614564.69	4.07	441271.39	3.05
湖北省	460	3.21	1134293.63	3.63	315589.93	2.09	562192.47	3.89
湖南省	393	2.74	828360.64	2.65	307403.13	2.03	454311.44	3.14
广东省	3322	23.16	6205664.60	19.88	3675300.96	24.32	3085703.26	21.36
广西壮族自治区	474	3.31	1154774.86	3.70	189826.91	1.26	509541.08	3.53
海南省	341	2.38	688589.47	2.21	113360.87	0.75	320498.37	2.22
重庆市	859	5.99	1285338.86	4.12	350615.85	2.32	786870.42	5.45
四川省	1006	7.01	1667212.36	5.34	381876.49	2.53	1034240.91	7.16
贵州省	163	1.14	481443.31	1.54	160124.92	1.06	172360.40	1.19
云南省	285	1.99	633974.05	2.03	345585.48	2.29	242437.90	1.68
西藏自治区	9	0.06	25876.79	0.08	11800.30	0.08	8589.49	0.06
陕西省	179	1.25	904109.35	2.90	231306.21	1.53	253609.00	1.76
甘肃省	37	0.26	111459.20	0.36	77475.88	0.51	47901.00	0.33
青海省	9	0.06	262878.35	0.84	41096.50	0.27	11557.40	0.08
宁夏回族自治区	31	0.22	73709.15	0.24	61097.68	0.40	21952.00	0.15
新疆维吾尔自治区	53	0.37	167748.05	0.54	110327.41	0.73	60762.30	0.42
新疆生产建设兵团	5	0.03	78984.87	0.25	8455.56	0.06	9912.57	0.07
合计	14341	100.00	31212554.81	100.00	15112403.80	100.00	14447770.71	100.00

游泳类场地面积排名前10位的省区市是广东省、四川省、江苏省、浙江省、福建省、重庆市、上海市、湖北省、北京市、广西壮族自治区。前10位省区市合计拥有游泳类场地面积9820194.49平方米，占游泳类场地总面积的67.97%。而且场地数量和场地面积排名前10位的省区市全部相同，顺序略有不同，这些省份合计拥有了全国2/3的游泳类场地。（表4-90）

（二）各系统游泳类场地分布

在 14341 个游泳类场地中，各系统游泳类场地数量最多的是其他系统，为 11557 个，占全部游泳类场地数量的 80.59%；其次是教育系统，为 1739 个，占游泳类场地总数的 12.13%；体育系统为 1043 个，占游泳类场地总数的 7.27%；铁路系统最少，为 2 个，仅占 0.01%。在教育系统内部，中小学拥有的游泳类场地数量最多，为 1048 个，占全部游泳类场地的 7.31%；其次是高等院校为 517 个，占游泳类场地总数的 3.61%；其他教育系统单位为 130 个，占游泳类场地总数的 0.91%；中专中技拥有的游泳类场地数量最少为 44 个，仅占 0.31%。（表 4 - 91）

表 4 - 91　各系统游泳类场地数量分布

所在系统	场地	
	数量/个	占比/%
其他系统	11557	80.59
教育系统	1739	12.13
其中:中小学	1048	7.31
高等院校	517	3.61
其他教育系统单位	130	0.91
中专中技	44	0.31
体育系统	1043	7.27
铁路系统	2	0.01
合计	14341	100.00

与各系统游泳类场地数量排名相一致，各系统游泳类场地面积最大的是其他系统，为 10120956.59 平方米，占游泳类场地总面积的 70.05%；其次是教育系统，为 2231335.97 平方米，占游泳类场地总面积的 15.44%；体育系统为 2092662.15 平方米，占游泳类场地总面积的 14.48%；铁路系统场地面积最小，为 2816.00 平方米，占 0.02%。在教育系统中，中小学的游泳类场地面积最大，为 1059687.83 平方米，占游泳类场地总面积的 7.33%；其次是高等院校，为 1006322.64 平方米，占游泳类场地总面积的 6.97%；其他教育系统单位为 106944.70 平方米，占游泳类场地总面积的 0.74%；中专中技最小，为 58380.80 平方米，占 0.40%。（表 4 - 92）

表4-92 各系统游泳类场地面积分布情况

所在系统	场地		建筑		用地	
	面积/平方米	占比/%	面积/平方米	占比/%	面积/平方米	占比/%
其他系统	10120956.59	70.05	9386969.44	62.11	20671045.81	66.23
教育系统	2231335.97	15.44	2200241.29	14.56	4279503.16	13.71
其中:中小学	1059687.83	7.33	951589.04	6.30	1808750.03	5.79
高等院校	1006322.64	6.97	1094319.42	7.24	2111213.06	6.76
其他教育系统单位	106944.70	0.74	110573.12	0.73	249258.36	0.80
中专中技	58380.80	0.40	43759.71	0.29	110281.71	0.35
体育系统	2092662.15	14.48	3520593.07	23.30	6256365.84	20.04
铁路系统	2816.00	0.02	4600.00	0.03	5640.00	0.02
合计	14447770.71	100.00	15112403.80	100.00	31212554.81	100.00

（三）各单位类型游泳类场地分布

各单位类型游泳类场地数量最多的是企业，为7895个，占游泳类场地总数的55.05%；其次是其他单位，为3332个，占游泳类场地总数的23.23%；事业单位有2724个，占游泳类场地总数的18.99%；数量最少的是行政机关，为390个，占游泳类场地总数的2.72%。（表4-93）

表4-93 各单位类型游泳类场地数量分布

单位类型	场地	
	数量/个	占比/%
企业	7895	55.05
其他单位	3332	23.23
事业单位	2724	18.99
行政机关	390	2.72
合计	14341	100.00

游泳类场地面积最大的也是企业，为 6841753.64 平方米，占游泳类场地总面积的 47.36%；其次是事业单位，为 4128600.14 平方米，占游泳类场地总面积的 28.58%；其他单位为 2900912.39 平方米，占游泳类场地总面积的 20.08%；最小的是行政机关，为 576504.54 平方米，占游泳类场地总面积的 3.99%。（表 4 - 94）

表 4 - 94 各单位类型游泳类场地面积分布

单位类型	场地		建筑		用地	
	面积/平方米	占比/%	面积/平方米	占比/%	面积/平方米	占比/%
企业	6841753.64	47.36	7855068.68	51.98	15063929.45	48.26
事业单位	4128600.14	28.58	5064949.80	33.52	9560968.69	30.63
其他单位	2900912.39	20.08	1743214.10	11.53	5388807.81	17.26
行政机关	576504.54	3.99	449171.22	2.97	1198848.86	3.84
合计	14447770.71	100.00	15112403.80	100.00	31212554.81	100.00

（四）不同时期建成的游泳类场地分布

不同时期建成的游泳类场地中，现有的建成年份为 2004—2013 年的游泳类场地数量最多，有 9773 个，占游泳类场地总数的 68.15%；其次是现有的 1978—2003 年期间建成的游泳类场地，有 4457 个，占游泳类场地总数的 31.08%；1949—1977 年期间建成的为 98 个，占游泳类场地总数的 0.68%；现有的 1948 年及以前建成的游泳类场地数量最少，为 13 个，占 0.09%。（表 4 - 95）

表 4 - 95 不同时期建成的游泳类场地数量分布

不同时期	场地	
	数量/个	占比/%
2004—2013 年	9773	68.15
1978—2003 年	4457	31.08
1949—1977 年	98	0.68
1948 年及以前	13	0.09
合计	14341	100.00

与不同时期建成的游泳类场地数量排名一致，现有的建成年份为 2004—2013 年的游泳类场地面积最大，为 9428708.60 平方米，占游泳类场地总面积的 65.26%；

其次为现有的 1978—2003 年期间建成的游泳类场地，为 4840395.24 平方米，占游泳类场地总面积的 33.50%；现有的 1949—1977 年期间建成的有 162548.87 平方米，占游泳类场地总面积的 1.13%；现有的 1948 年及以前建成的游泳类场地面积最小，为 16118.00 平方米，占 0.11%。（表 4-96）

表 4-96　不同时期游泳类场地面积分布

不同时期	场地		建筑		用地	
	面积/平方米	占比/%	面积/平方米	占比/%	面积/平方米	占比/%
2004—2013 年	9428708.60	65.26	10759246.54	71.19	21591696.97	69.18
1978—2003 年	4840395.24	33.50	4219119.43	27.92	9198250.76	29.47
1949—1977 年	162548.87	1.13	118520.23	0.78	342987.28	1.10
1948 年及以前	16118.00	0.11	15517.60	0.10	79619.80	0.26
合计	14447770.71	100.00	15112403.80	100.00	31212554.81	100.00

（五）游泳类场地投资金额情况

游泳类场地投资金额总计 7117220 万元，占全国体育场地投资金额的 6.40%。财政拨款为 3784160 万元，占 5.97%（其中体育彩票公益金为 125816 万元，占全国体育场地体彩公益金总额的 3.28%）；单位自筹为 2698649 万元，占全国体育场地单位自筹总额的 7.05%；其他资金来源为 578755 万元，占全国体育场地同类投资总额的 9.06%；社会捐赠为 55656 万元，占全国体育场地社会捐赠总额的 1.70%。平均每个游泳类场地投资金额为 496.28 万元。（表 4-97）

表 4-97　游泳类场地投资金额及其在全国体育场地中的占比

资金来源	游泳类场地投资金额/万元	全国体育场地投资金额/万元	占比/%
财政拨款	3784160	63352062	5.97
其中:体彩公益金	125816	3836195	3.28
单位自筹	2698649	38263803	7.05
其他	578755	6385734	9.06
社会捐赠	55656	3278868	1.70
合计	7117220	111280467	6.40

游泳类场地各投资资金来源中，财政拨款最多，占游泳类场地全部投资金额的53.17%（其中体彩公益金占1.77%）；其次为单位自筹，占游泳类场地总投资的37.92%；其他资金来源占8.13%；社会捐赠资金来源最少，占0.78%。（表4-98）

表4-98　游泳类场地投资资金来源、金额及各来源占比

游泳类场地资金来源	投资	
	金额/万元	占比/%
财政拨款	3784160	53.17
其中:体彩公益金	125816	1.77
单位自筹	2698649	37.92
其他	578755	8.13
社会捐赠	55656	0.78
合计	7117220	100.00

十一、冰雪运动项目场地建设与布局

冰雪运动项目场地包括室内冰球场（含短道速滑和花样滑冰）、室内速滑场、室内冰壶场、室外人工冰球场（含短道速滑和花样滑冰）、室外人工速滑场、室外人工冰壶场、室内滑雪场、室外人工滑雪场等。

全国共有冰雪运动项目场地483个，占全国体育场地数量的0.03%。其中室外人工滑雪场数量为298个，占全国体育场地总数的0.02%；室外人工速滑场60个，室内速滑场44个，室内冰球场（含短道速滑和花样滑冰）42个，室外人工冰球场（含短道速滑和花样滑冰）21个，室内滑雪场8个，室内冰壶场5个，室外人工冰壶场为5个，占比均太小忽略不计。（表4-99）

表4-99　冰雪运动项目场地数量及在全国体育场地中的占比

冰雪运动项目场地	场地数量/个	占全国体育场地数量比例/%
室外人工滑雪场	298	0.02
室外人工速滑场	60	12.4
室内速滑场	44	9.1
室内冰球场(含短道速滑和花样滑冰)	42	8.7
室外人工冰球场(含短道速滑和花样滑冰)	21	4.4
室内滑雪场	8	1.7
室内冰壶场	5	1.0
室外人工冰壶场	5	1.0
合计	483	0.03

冰雪运动项目场地面积为29634750.71平方米，占全国体育场地总面积的1.52%。其中，室外人工滑雪场的场地面积为28983587.60平方米，占全国体育场地总面积的1.49%；室外人工速滑场场地面积为345187.18平方米，占全国体育场地总面积的0.02%；室内速滑场为94340.33平方米，室内冰球场（含短道速滑和花样滑冰）为83470.00平方米，室外人工冰球场（含短道速滑和花样滑冰）为64345.00平方米，室内滑雪场为56941.00平方米，室内冰壶场为4826.00平方米，室外人工冰壶场为2053.60平方米，占比均太小忽略不计。（表4-100）。

表4-100　冰雪运动项目场地面积及在全国体育场地中的占比

冰雪运动项目场地	场地		建筑		用地	
	面积/平方米	占比/%	面积/平方米	占比/%	面积/平方米	占比/%
室外人工滑雪场	28983587.60	1.49	3326177.96	1.38	266465781.97	6.78
室外人工速滑场	345187.18	0.02	11247.00	0.00	497700.35	0.01
室内速滑场	94340.33	0.00	363567.35	0.15	226561.81	0.01
室内冰球场(含短道速滑和花样滑冰)	83470.00	0.00	139105.06	0.06	8337355.18	0.21
室外人工冰球场(含短道速滑和花样滑冰)	64345.00	0.00	1500.00	0.00	99833.90	0.00
室内滑雪场	56941.00	0.00	115683.63	0.05	182541.20	0.00
室内冰壶场	4826.00	0.00	7068.00	0.00	9526.71	0.00
室外人工冰壶场	2053.60	0.00			2576.00	0.00
合计	29634750.71	1.51	3964349.00	1.65	275821877.12	7.02

（一）各省区市冰雪运动项目场地分布

冰雪运动项目场地数量排名前 10 位的省区市分别是黑龙江省、吉林省、辽宁省、河北省、北京市、新疆维吾尔自治区、内蒙古自治区、山东省、广东省、山西省。前 10 位省区市合计拥有冰雪运动项目场地数量 357 个，占冰雪运动项目场地总数的 73.91%。（表 4 – 101）

表 4 – 101　各省区市冰雪运动项目场地数量与面积

省区市	场地		用地		建筑		场地	
	数量/个	占比/%	面积/平方米	占比/%	面积/平方米	占比/%	面积/平方米	占比/%
北京市	29	6.00	3652263.47	1.32	157848.90	3.98	2087914.00	7.05
天津市	12	2.48	733500.00	0.27	24520.00	0.62	688300.00	2.32
河北省	36	7.45	109515159.00	39.71	695080.00	17.53	4587222.00	15.48
山西省	18	3.73	1719044.40	0.62	47007.50	1.19	615606.00	2.08
内蒙古自治区	25	5.18	1972058.67	0.71	56992.00	1.44	1744058.77	5.89
辽宁省	44	9.11	13770217.42	4.99	96958.40	2.45	1996056.80	6.74
吉林省	45	9.32	56693370.00	20.55	142613.70	3.60	2553346.00	8.62
黑龙江省	85	17.60	46889487.46	17.00	1680226.96	42.38	3227206.80	10.89
上海市	3	0.62	2417.70	0.00	4630.00	0.12	2800.00	0.01
江苏省	12	2.48	68180.00	0.02	11373.23	0.29	32987.11	0.11
浙江省	8	1.66	200323.67	0.07	36460.67	0.92	115293.20	0.39
安徽省	2	0.41	2656.89	0.00	3756.00	0.09	2943.25	0.01
福建省	1	0.21	2000.00	0.00	1814.00	0.05	1512.00	0.01
江西省	0	0.00	0.00	0.00	0.00	0.00	0.00	0.00
山东省	24	4.97	4238605.00	1.54	71655.00	1.81	2874574.00	9.70
河南省	18	3.73	2954927.00	1.07	101656.00	2.56	2569600.00	8.67
湖北省	7	1.45	311857.98	0.11	130091.88	3.28	166683.00	0.56
湖南省	7	1.45	2654800.00	0.96	28550.00	0.72	207079.00	0.70
广东省	24	4.97	76478.68	0.03	19817.06	0.50	38523.00	0.13
广西壮族自治区	5	1.04	6876.00	0.00	4775.00	0.12	5701.20	0.02

续表

省区市	场地		用地		建筑		场地	
	数量/个	占比/%	面积/平方米	占比/%	面积/平方米	占比/%	面积/平方米	占比/%
海南省	1	0.21	2780.00	0.00	2780.00	0.07	2496.00	0.01
重庆市	9	1.86	303548.00	0.11	7645.00	0.19	193281.00	0.65
四川省	16	3.31	8458974.10	3.07	454810.80	11.47	666390.30	2.25
贵州省	2	0.41	30514.00	0.01	2000.00	0.05	25989.60	0.09
云南省	2	0.41	1936.68	0.00	0.00	0.00	1876.68	0.01
西藏自治区	0	0.00	0.00	0.00	0.00	0.00	0.00	0.00
陕西省	10	2.07	177050.00	0.06	36550.00	0.92	150359.00	0.51
甘肃省	6	1.24	320218.00	0.12	44703.00	1.13	230668.00	0.78
青海省	1	0.21	6324.00	0.00	1000.00	0.03	2500.00	0.01
宁夏回族自治区	1	0.21	200000.00	0.07	860.00	0.02	80000.00	0.27
新疆维吾尔自治区	27	5.59	20437309.00	7.41	94173.90	2.38	4593784.00	15.50
新疆生产建设兵团	3	0.62	419000.00	0.15	4000.00	0.10	170000.00	0.57
合计	483	100.00	275821877.12	100.00	3964349.00	100.00	29634750.71	100.00

冰雪运动项目场地面积排名前10位的省区市是新疆维吾尔自治区、河北省、黑龙江省、山东省、河南省、吉林省、北京市、辽宁省、内蒙古自治区、天津市。前10位省区市合计拥有冰雪运动项目场地面积26922062.37平方米，占冰雪运动项目场地总面积的90.85%。另外，场地数量和场地面积排名前10位的省区市中有8个相同，顺序略有不同。冰雪运动项目在省区市分布体现出该项目的季节气候特性，多为北方城市。（表4-101）

（二）各系统冰雪运动场地项目分布

在483个冰雪运动项目场地中，各系统冰雪运动项目场地数量最多的是其他系统，有391个，占全部冰雪运动项目场地总数的80.95%；其次是体育系统，为58个，占冰雪运动项目场地总数的12.01%；教育系统最少为34个，占冰雪运动项目场地总数的7.04%。在教育系统中，中小学拥有的冰雪运动项目场地数量最多，为21个，占全部冰雪运动项目场地的4.35%；其次是高等院校为12个，占冰雪运动

项目场地总数的 2.48%；其他教育系统单位只有 1 个，占冰雪运动项目场地总数的 0.21%。（表 4 - 102）

表 4 - 102　各系统冰雪运动项目场地数量分布

所在系统	场地	
	数量/个	占比/%
其他系统	391	80.95
体育系统	58	12.01
教育系统	34	7.04
其中:中小学	21	4.35
高等院校	12	2.48
其他教育系统单位	1	0.21
合计	483	100.00

与各系统冰雪运动项目场地数量排名相一致，各系统冰雪运动项目场地面积最大的是其他系统，为 27101077.31 平方米，占冰雪运动项目场地总面积的 91.45%；其次为体育系统，为 2294774.30 平方米，占冰雪运动项目场地总面积的 7.74%；教育系统最小为 238899.10 平方米，占冰雪运动项目场地总面积的 0.81%。在教育系统内部，中小学的冰雪运动项目场地面积最大，为 148450.00 平方米，占冰雪运动项目场地总面积的 0.50%；其次为高等院校，为 57449.10 平方米，占冰雪运动项目场地总面积的 0.19%；其他教育系统单位最小为 33000.00 平方米，占冰雪运动项目场地总面积的 0.11%。（表 4 - 103）

表 4 - 103　各系统冰雪运动项目场地面积分布

所在系统	场地		建筑		用地	
	面积/平方米	占比/%	面积/平方米	占比/%	面积/平方米	占比/%
其他系统	27101077.31	91.45	3471960.16	87.58	253335678.99	91.85
体育系统	2294774.30	7.74	473204.18	11.94	19977950.18	7.24
教育系统	238899.10	0.81	19184.66	0.48	2508247.95	0.91
其中:中小学	148450.00	0.50	19184.66	0.48	2381519.95	0.86
高等院校	57449.10	0.19	0.00	0.00	86728.00	0.03
其他教育系统单位	33000.00	0.11	0.00	0.00	40000.00	0.01
合计	29634750.71	100.00	3964349.00	100.00	275821877.12	100.00

（三）各单位类型冰雪运动项目场地分布

各单位类型冰雪运动项目场地数量最多的是企业，有 316 个，占冰雪运动项目场地总数的 65.42%；其次是事业单位，有 93 个，占冰雪运动项目场地总数的 19.25%；其他单位有 63 个，占冰雪运动项目场地总数的 13.04%；数量最少的是行政机关，有 11 个，占冰雪运动项目场地总数的 2.28%。（表 4 – 104）

表 4 –104　各单位类型冰雪运动项目场地数量分布

单位类型	场地	
	数量/个	占比/%
企业	316	65.42
事业单位	93	19.25
其他单位	63	13.04
行政机关	11	2.28
合计	483	100.00

冰雪运动项目场地面积最大的是企业，为 24843795.31 平方米，占冰雪运动项目场地总面积的 83.83%；其次是其他单位，为 1697889.00 平方米，占冰雪运动项目场地总面积的 5.73%；事业单位为 1690736.40 平方米，占冰雪运动项目场地总面积的 5.71%；最小的是行政机关，为 1402330.00 平方米，占冰雪运动项目场地总面积的 4.73%。（表 4 – 105）

表 4 –105　各单位类型冰雪运动项目场地面积分布

单位类型	场地		建筑		用地	
	面积/平方米	占比/%	面积/平方米	占比/%	面积/平方米	占比/%
企业	24843795.31	83.83	3356950.54	84.68	249432650.04	90.43
其他单位	1697889.00	5.73	113893.00	2.87	17398092.71	6.31
事业单位	1690736.40	5.71	480827.46	12.13	7487284.37	2.71
行政机关	1402330.00	4.73	12678.00	0.32	1503850.00	0.55
合计	29634750.71	100.00	3964349.00	100.00	275821877.12	100.00

（四）不同时期建成的冰雪运动项目场地分布

不同时期建成的冰雪运动项目场地中，现有的建成年份为2004—2013年的冰雪运动项目场地数量最多，为374个，占冰雪运动项目场地总数的77.43%；其次是现有的1978—2003年期间建成的冰雪运动项目场地，有105个，占冰雪运动项目场地总数的21.74%；现有的1949—1977年期间建成的有4个，占冰雪运动项目场地总数的0.83%；现有的1948年及以前建成的冰雪运动项目场地数量为0。（表4-106）

表4-106 不同时期建成的冰雪运动项目场地数量分布

不同时期	场地	
	数量/个	占比/%
2004—2013 年	374	77.43
1978—2003 年	105	21.74
1949—1977 年	4	0.83
1948 年及以前	0	0.00
合计	483	100.00

与不同时期建成的冰雪运动项目场地数量排名一致，现有的建成年份为2004—2013年的冰雪运动项目场地面积最大，为20527832.52平方米，占冰雪运动项目场地总面积的69.27%；其次是现有的1978—2003年期间建成的冰雪运动项目场地，为8801862.19平方米，占冰雪运动项目场地总面积的29.70%；现有的1949—1977年期间建成的为305056.00平方米，占冰雪运动项目场地总面积的1.03%；现有的1948年及以前建成的冰雪运动项目场地面积为0。（表4-107）

表4-107 不同时期建成的冰雪运动项目场地面积分布

不同时期	场地		建筑		用地	
	面积/平方米	占比/%	面积/平方米	占比/%	面积/平方米	占比/%
2004—2013 年	20527832.52	69.27	2983106.47	75.25	132912328.9	48.19
1978—2003 年	8801862.19	29.70	967242.53	24.40	141776978.2	51.40
1949—1977 年	305056.00	1.03	14000.00	0.35	1132570	0.41
1948 年及以前	0.00	0.00	0.00	0.00	0	0.00
合计	29634750.71	100.00	3964349.00	100.00	275821877.12	100.00

（五）冰雪运动项目场地投资金额情况

冰雪运动项目场地投资金额总计 2120074 万元，占全国体育场地投资总额的 1.91%。单位自筹为 1500549 万元，占全国体育场地单位自筹总额的 3.92%；其他资金来源为 361377 万元，占全国体育场地同类投资总额的 5.66%；财政拨款为 255117 万元，占全国体育场地财政拨款的 0.40%（其中体育彩票公益金为 4233 万元，占全国体育场地体彩公益金总额的 0.11%）；社会捐赠为 3031 万元，占全国体育场地全国捐赠总额的 0.09%。平均每个冰雪运动项目场地投资金额为 4389.39 万元。（表 4-108）

表 4-108 冰雪运动项目场地投资金额及在全国体育场地同类投资中的占比

资金来源	冰雪运动项目场地 投资金额/万元	全国体育场地 投资金额/万元	占比/%
单位自筹	1500549	38263803	3.92
其他	361377	6385734	5.66
财政拨款	255117	63352062	0.40
其中:体彩公益金	4233	3836195	0.11
社会捐赠	3031	3278868	0.09
合计	2120074	111280467	1.91

在冰雪运动项目场地各投资资金来源中，单位自筹最多，占冰雪运动项目场地全部投资金额的 70.78%；其他资金来源占冰雪运动项目场地总投资的 17.05%；其次为财政拨款，占冰雪运动项目场地总投资的 12.03%（其中体彩公益金占 0.20%）；社会捐赠资金来源最少，占 0.14%。（表 4-109）

表 4-109 冰雪运动项目场地投资资金来源、金额及各来源占比

冰雪运动项目场地资金来源	投资	
	金额/万元	占比/%
单位自筹	1500549	70.78
其他	361377	17.05
财政拨款	255117	12.03
其中:体彩公益金	4233	0.20
社会捐赠	3031	0.14
合计	2120074	100.00

十二、全民健身路径建设与布局

全国共有全民健身路径 367398 个，占全国体育场地总数的 22.42%。全民健身路径用地面积为 454372958.75 平方米，占全国体育场地用地总面积的 11.56%；建筑面积为 3345821.92 平方米，占全国体育场地建筑总面积的 1.39%；场地面积为 18054815.28 平方米，占全国体育场地用地总面积的 0.93%。

（一）各省区市全民健身路径分布

全民健身路径场地数量排名前 10 位的省区市为浙江省、山东省、江苏省、山西省、河北省、辽宁省、湖北省、福建省、江西省、广东省。前 10 位省区市合计拥有全民健身路径数量 240060 个，占全国体育场地总数的 65.34%。（表 4 - 110）

表 4 - 110　各省区市全民健身路径数量与面积

省区市	场地		用地		建筑		场地	
	数量/个	占比/%	面积/平方米	占比/%	面积/平方米	占比/%	面积/平方米	占比/%
北京市	8261	2.25	1453066.28	0.32	2185.00	0.07	577125.00	3.20
天津市	5583	1.52	3404523.29	0.75			355550.00	1.97
河北省	25524	6.95	13701290.63	3.02	364802.25	10.90	1162940.00	6.44
山西省	27084	7.37	4283752.26	0.94	1211.96	0.04	1125185.00	6.23
内蒙古自治区	5075	1.38	1560761.45	0.34			305340.00	1.69
辽宁省	16695	4.54	2090945.94	0.46	17819.00	0.53	695455.00	3.85
吉林省	5354	1.46	1679580.88	0.37	104.00	0.00	322845.00	1.79
黑龙江省	8697	2.37	2176130.67	0.48	14491.93	0.43	530250.00	2.94
上海市	13050	3.55	742944.65	0.16	872.66	0.03	628885.00	3.48
江苏省	33519	9.12	269964793.35	59.41	19550.53	0.58	1501560.00	8.32
浙江省	42605	11.60	7567494.84	1.67			2383495.00	13.20
安徽省	7979	2.17	1533289.63	0.34			401475.00	2.22
福建省	14786	4.02	1785517.44	0.39	6616.00	0.20	595495.00	3.30

续表

省区市	场地		用地		建筑		场地	
	数量/个	占比/%	面积/平方米	占比/%	面积/平方米	占比/%	面积/平方米	占比/%
江西省	14563	3.96	1784421.45	0.39			526490.00	2.92
山东省	35174	9.57	101359400.39	22.31	209302.34	6.26	1683580.00	9.32
河南省	12664	3.45	6064502.67	1.33	215.00	0.01	761080.00	4.22
湖北省	15829	4.31	2753854.12	0.61			566325.00	3.14
湖南省	5671	1.54	1214380.70	0.27	2.00	0.00	311790.00	1.73
广东省	14281	3.89	7188006.44	1.58	2100764.52	62.79	885624.48	4.91
广西壮族自治区	4984	1.36	810897.80	0.18	2796.00	0.08	225572.00	1.25
海南省	1225	0.33	379488.32	0.08	15209.10	0.45	63365.00	0.35
重庆市	5947	1.62	1382281.77	0.30	55052.58	1.65	270705.00	1.50
四川省	12598	3.43	2141441.10	0.47			530025.00	2.94
贵州省	1599	0.44	966793.68	0.21	59001.10	1.76	81742.00	0.45
云南省	3063	0.83	807290.97	0.18	138851.27	4.15	154521.80	0.86
西藏自治区	2567	0.70	448752.56	0.10	875.20	0.03	162440.00	0.90
陕西省	9557	2.60	11387214.61	2.51	264666.48	7.91	532105.00	2.95
甘肃省	3963	1.08	772392.03	0.17			223590.00	1.24
青海省	1946	0.53	182802.72	0.04	155.00	0.00	92190.00	0.51
宁夏回族自治区	2339	0.64	1208059.78	0.27	17933.00	0.54	147535.00	0.82
新疆维吾尔自治区	4130	1.12	671217.56	0.15	53345.00	1.59	187645.00	1.04
新疆生产建设兵团	1086	0.30	905668.77	0.20			62890.00	0.35
合计	367398	100.00	454372958.8	100.00	3345821.92	100.00	18054815.28	100.00

全民健身路径面积排名前 10 位的省区市依次是浙江省、山东省、江苏省、河北省、山西省、广东省、河南省、辽宁省、上海市、福建省。前 10 位省区市合计拥有全民健身路径面积 11423299.48 平方米，占全民健身路径总面积的 63.27%。然而，场地数量和场地面积排名前 10 位的省区市中有 8 个相同，顺序略有不同。浙江省、

山东省、江苏省无论是场地数量还是场地面积，均排在前3位。（表4－110）

（二）各系统全民健身路径分布

在367398个全民健身路径场地中，各系统全民健身路径数量最多的是其他系统，为345736个，占全部全民健身路径总数的94.10%；其次是教育系统，为18884个，占全民健身路径总数的5.14%；体育系统为2772个，占全民健身路径总数的0.75%；铁路系统最少，为6个，占比太小忽略不计。在教育系统中，中小学拥有的全民健身路径数量最多，为16803个，占全部全民健身路径的4.57%；其次是高等院校为1031个，占全民健身路径总数的0.28%；中专中技为568个，占全民健身路径总数的0.15%；其他教育系统单位最少，为482个，占全民健身路径总数的0.13%。（表4－111）

表4－111　各系统全民健身路径数量分布

所在系统	场地	
	数量/个	占比/%
其他系统	345736	94.10
教育系统	18884	5.14
其中:中小学	16803	4.57
高等院校	1031	0.28
中专中技	568	0.15
其他教育系统单位	482	0.13
体育系统	2772	0.75
铁路系统	6	0.00
合计	367398	100.00

与各系统全民健身路径场地数量排名相一致，各系统全民健身路径面积最大的是其他系统，为16714945.00平方米，占全民健身路径总面积的92.58%；其次是教育系统，为1055355.28平方米，占全民健身路径总面积的5.85%；体育系统为283900.00平方米，占全民健身路径总面积的1.57%；铁路系统最小为615.00平方米，占比忽略不计。在教育系统中，中小学的全民健身路径面积最大，为

902325.28 平方米，占全民健身路径总面积的 5.00%；其次是高等院校，为 90020.00 平方米，占全民健身路径总面积的 0.50%；中专中技为 34970.00 平方米，占全民健身路径总面积的 0.19%；其他教育系统单位最小为 28040.00 平方米，占全民健身路径总面积的 0.16%。（表 4-112）

表 4-112　各系统全民健身路径面积分布

所在系统	场地		建筑		用地	
	面积/平方米	占比/%	面积/平方米	占比/%	面积/平方米	占比/%
其他系统	16714945.00	92.58	2509299.89	75.00	442483628.53	97.38
教育系统	1055355.28	5.85	180265.13	5.39	6935285.42	1.53
其中:中小学	902325.28	5.00	163592.20	4.89	6202416.77	1.37
高等院校	90020.00	0.50	12695.93	0.38	399009.06	0.09
中专中技	34970.00	0.19	2217.00	0.07	209381.05	0.05
其他教育系统单位	28040.00	0.16	1760.00	0.05	124478.54	0.03
体育系统	283900.00	1.57	656256.90	19.61	4953014.80	1.09
铁路系统	615.00	0.00	0.00	0.00	1030.00	0.00
合计	18054815.28	100.00	3345821.92	100.00	454372958.75	100.00

（三）各单位类型全民健身路径分布

各单位类型全民健身路径数量最多的是其他单位，为291808个，占全民健身路径总数的79.43%；其次是事业单位，为31005个，占全民健身路径总数的8.44%；企业有24431个，占全民健身路径总数的6.65%；数量最少的是行政机关，为20154个，占全民健身路径总数的5.49%。（表4-113）

表 4-113　各单位类型全民健身路径数量分布

单位类型	场地	
	数量/个	占比/%
其他单位	291808	79.43
事业单位	31005	8.44
企业	24431	6.65
行政机关	20154	5.49
合计	367398	100.00

全民健身路径面积最大的是其他单位，为13741576.00平方米，占全民健身路径总面积的76.11%；其次是事业单位，为1928820.28平方米，占全民健身路径总面积的10.68%；企业为1242131.00平方米，占全民健身路径总面积的6.88%；最小的是行政机关，为1142288.00平方米，占全民健身路径总面积的6.33%。（表4-114）

表4-114　各单位类型全民健身路径面积分布

单位类型	场地		建筑		用地	
	面积/平方米	占比/%	面积/平方米	占比/%	面积/平方米	占比/%
其他单位	13741576.00	76.11	1994838.07	59.62	418629109.65	92.13
事业单位	1928820.28	10.68	930398.44	27.81	19231883.26	4.23
企业	1242131.00	6.88	246383.37	7.36	8303942.28	1.83
行政机关	1142288.00	6.33	174202.04	5.21	8208023.56	1.81
合计	18054815.28	100.00	3345821.92	100.00	454372958.75	100.00

（四）不同时期建成的全民健身路径分布

在不同时期建成的全民健身路径中，现有的建成年份为2004—2013年的全民健身路径数量最多，为339710个，占全民健身路径总数的92.46%；其次为现有的1978—2003年建成的全民健身路径，有27448个，占全民健身路径总数的7.47%；现有的1949—1977年建成的为196个，占全民健身路径总数的0.05%；现有的1948年及以前建成的全民健身路径场地数量44条，占0.01%。（表4-115）

表4-115　不同时期建成的全民健身路径数量分布情况

不同时期	场地	
	数量/个	占比/%
2004—2013年	339710	92.46
1978—2003年	27448	7.47
1949—1977年	196	0.05
1948年及以前	44	0.01
合计	367398	100.00

与不同时期建成的全民健身路径场地数量排名一致，现有的建成年份为2004—2013年的全民健身路径面积最大，为16532407.28平方米，占全民健身路径总面积的91.57%；其次是现有的1978—2003年建成的全民健身路径，为1510763.00平方米，占全民健身路径总面积的8.37%；现有的1949—1977年建成的为10050.0平方米，占全民健身路径总面积的0.06%；现有的1948年及以前建成的全民健身路径场地面积为1595.00平方米，占比为0.01%。（表4-116）

表4-116　不同时期建成的全民健身路径面积分布

不同时期	场地		建筑		用地	
	面积/平方米	占比/%	面积/平方米	占比/%	面积/平方米	占比/%
2004—2013年	16532407.28	91.57	2825979.12	84.46	443825060.88	97.68
1978—2003年	1510763.00	8.37	515430.80	15.41	10328687.26	2.27
1949—1977年	10050.00	0.06	4110.00	0.12	207453.61	0.05
1948年及以前	1595.00	0.01	302.00	0.01	11757.00	0.00
合计	18054815.28	100.00	3345821.92	100.00	454372958.75	100.00

（五）全民健身路径投资金额情况

全民健身路径投资金额总计4933375万元，占全国体育场地投资金额的4.43%。财政拨款为3012046万元，占全国体育场地财政拨款总额的4.75%（其中体育彩票公益金为1532247万元，占全国体育场地体彩公益金总额的39.94%）；单位自筹为1341121万元，占全国体育场地单位自筹总额的3.50%；其他资金来源为508844万元，占全国体育场地其他资金总额的7.97%；社会捐赠为71364万元，占全国体育场地同类投资总额的2.18%。平均每个全民健身路径投资金额为13.43万元。（表4-117）

表4-117　全民健身路径投资金额及在全国体育场地同类投资金额中的占比

资金来源	全民健身路径投资金额/万元	全国体育场地投资金额/万元	占比/%
财政拨款	3012046	63352062	4.75
其中：体彩公益金	1532247	3836195	39.94
单位自筹	1341121	38263803	3.50

续表

资金来源	全民健身路径 投资金额/万元	全国体育场地 投资金额/万元	占比/%
其他	508844	6385734	7.97
社会捐赠	71364	3278868	2.18
合计	4933375	111280467	4.43

　　全民健身路径各类投资资金来源中，财政拨款最多，占全民健身路径全部投资金额的61.05%（其中体彩公益金占31.06%）；单位自筹占27.18%；其他资金来源占10.31%；社会捐赠资金来源最少，占1.45%。（表4-118）

表4-118　全民健身路径投资资金来源、金额及各来源占比

全民健身路径资金来源	投资	
	金额/万元	占比/%
财政拨款	3012046	61.05
其中:体彩公益金	1532247	31.06
单位自筹	1341121	27.18
其他	508844	10.31
社会捐赠	71364	1.45
合计	4933375	100.00

十三、城市健身步道建设与布局

　　全国共有城市健身步道12295个，占全国体育场地总数的0.75%。城市健身步道用地面积为345972021.21平方米，占全国体育场地用地总面积的8.80%；建筑面积为3747848.90平方米，占全国体育场地建筑总面积的1.56%；场地面积为59421081.32平方米，占全国体育场地总面积的3.05%。

（一）各省区市城市健身步道分布

　　城市健身步道场地数量排名前10位的省区市分别为江苏省、上海市、广东省、浙

江省、湖南省、山东省、四川省、江西省、重庆市、湖北省。前10位省区市合计拥有城市健身步道场地数量10729个，占全国健身步道总数的87.26%。（表4－119）

表4－119　各省区市城市健身步道数量与面积

省区市	场地		用地		建筑		场地	
	数量/个	占比/%	面积/平方米	占比/%	面积/平方米	占比/%	面积/平方米	占比/%
北京市	138	1.12	1420413.80	0.41	7509.00	0.20	820073.30	1.38
天津市	57	0.46	266819.00	0.08	934.50	0.02	76487.20	0.13
河北省	99	0.81	7143721.00	2.06	110882.00	2.96	863126.70	1.45
山西省	28	0.23	423786.00	0.12	0.00	0.00	232831.00	0.39
内蒙古自治区	37	0.30	381497.52	0.11	0.00	0.00	347968.10	0.59
辽宁省	212	1.72	2986783.04	0.86	820.00	0.02	1841070.90	3.10
吉林省	55	0.45	182042307.00	52.62	1817.00	0.05	597587.10	1.01
黑龙江省	124	1.01	4362555.40	1.26	15076.00	0.40	858520.40	1.44
上海市	3072	24.99	768505.05	0.22	960.40	0.03	690122.05	1.16
江苏省	3632	29.54	43703792.31	12.63	142337.39	3.80	17052487.88	28.70
浙江省	496	4.03	4673152.22	1.35	4420.80	0.12	1072247.95	1.80
安徽省	76	0.62	2195283.20	0.63	18205.60	0.49	1090773.70	1.84
福建省	124	1.01	1262971.00	0.37	4080.00	0.11	905076.50	1.52
江西省	333	2.71	4314155.13	1.25	9472.00	0.25	2334882.19	3.93
山东省	358	2.91	11188084.86	3.23	1002372.50	26.75	3366646.46	5.67
河南省	171	1.39	6643703.50	1.92	155331.00	4.14	1439244.92	2.42
湖北省	219	1.78	7048255.70	2.04	3113.00	0.08	1281063.70	2.16
湖南省	441	3.59	3892504.40	1.13	12868.50	0.34	2296892.20	3.87
广东省	1534	12.48	19013782.69	5.50	1825007.29	48.69	12711682.10	21.39
广西壮族自治区	65	0.53	700887.50	0.20	1458.00	0.04	490826.00	0.83
海南省	16	0.13	514996.24	0.15	303.80	0.01	176312.00	0.30
重庆市	305	2.48	4978488.13	1.44	133646.00	3.57	3130314.50	5.27
四川省	339	2.76	4642728.60	1.34	35408.00	0.94	2652981.54	4.46

续表

省区市	场地		用地		建筑		场地	
	数量/个	占比/%	面积/平方米	占比/%	面积/平方米	占比/%	面积/平方米	占比/%
贵州省	61	0.50	9383738.00	2.71	12098.00	0.32	809987.28	1.36
云南省	76	0.62	493259.89	0.14	138399.52	3.69	258864.10	0.44
西藏	0	0.00	0.00	0.00	0.00	0.00	0.00	0.00
陕西省	111	0.90	19053178.00	5.51	28537.00	0.76	735859.00	1.24
甘肃省	54	0.44	1133576.90	0.33	31691.60	0.85	340622.95	0.57
青海省	2	0.02	463.00	0.00	0.00	0.00	463.00	0.00
宁夏回族自治区	13	0.11	71009.50	0.02	0.00	0.00	36910.60	0.06
新疆维吾尔自治区	47	0.38	1267622.63	0.37	51100.00	1.36	909156.00	1.53
新疆生产建设兵团	0	0.00	0.00	0.00	0.00	0.00	0.00	0.00
合计	12295	100.00	345972021.21	100.00	3747848.90	100.00	59421081.32	100.00

城市健身步道面积排名前10位的省区市为江苏省、广东省、山东省、重庆市、四川省、江西省、湖南省、辽宁省、河南省、湖北省。前10位省区市合计拥有城市健身步道面积48107266.39平方米,占全国健身步道总面积的80.96%。同样,场地数量和场地面积排名前10位的省区市中有8个相同,顺序略有不同。江苏省无论是场地数量还是场地面积,均排在第1位。(表4-119)

(二)各系统城市健身步道分布

在12295个城市健身步道中,各系统城市健身步道数量最多的是其他系统,为11924个,占全部城市健身步道场地数量的96.98%;其次是体育系统,为208个,占健身步道总数的1.69%;教育系统有163个,占健身步道总数的1.33%。在教育系统中,中小学拥有的城市健身步道数量最多,为117个,占全部城市健身步道的0.95%;其次是高等院校有21个,占健身步道总数的0.17%;其他教育系统单位有17个,占健身步道总数的0.14%;中专中技最少,仅有8个,占健身步道总数的0.07%。(表4-120)

表4-120　各系统城市健身步道数量分布

所在系统	场地	
	数量/个	占比/%
其他系统	11924	96.98
体育系统	208	1.69
教育系统	163	1.33
其中:中小学	117	0.95
高等院校	21	0.17
其他教育系统单位	17	0.14
中专中技	8	0.07
合计	12295	100.00

　　与各系统城市健身步道数量排名相一致，各系统城市健身步道面积最大的是其他系统，为56063385.01平方米，占健身步道总面积的94.35%；其次是体育系统，为3087321.50平方米，占健身步道总面积的5.20%；教育系统为270374.81平方米，占健身步道总面积的0.46%。在教育系统中，中小学的城市健身步道面积最大，为103556.61平方米，占健身步道总面积的0.17%；其次是高等院校，为100686.60平方米，占健身步道总面积的0.17%；其他教育系统单位为55050.60平方米，占健身步道总面积的0.09%；中专中技为11081.00平方米，占0.02%。（表4-121）

表4-121　各系统城市健身步道面积分布情况

所在系统	场地		建筑		用地	
	面积/平方米	占比/%	面积/平方米	占比/%	面积/平方米	占比/%
其他系统	56063385.01	94.35	3265335.30	87.13	337683720.77	97.60
体育系统	3087321.50	5.20	472442.60	12.61	7809634.47	2.26
教育系统	270374.81	0.46	10071.00	0.27	478665.97	0.14
其中:中小学	103556.61	0.17	3388.00	0.09	187986.37	0.05
高等院校	100686.60	0.17	673.00	0.02	134756.60	0.04
其他教育系统单位	55050.60	0.09	6010.00	0.16	134514.00	0.04
中专中技	11081.00	0.02	0.00	0.00	21409.00	0.01
合计	59421081.32	100.00	3747848.90	100.00	345972021.21	100.00

（三）各单位类型城市健身步道分布

各单位类型城市健身步道数量最多的是其他单位，为8267个，占健身步道总数的67.24%；其次是事业单位，为1795个，占健身步道总数的14.60%；行政机关有1245个，占健身步道总数的10.13%；企业有988个，占健身步道总数的8.04%。（表4-122）

表4-122 各单位类型城市健身步道数量分布

单位类型	场地	
	数量/个	占比/%
其他单位	8267	67.24
事业单位	1795	14.60
行政机关	1245	10.13
企业	988	8.04
合计	12295	100.00

城市健身步道面积最大的是其他单位，为21102288.47平方米，占健身步道总面积的35.51%；其次是行政机关，为17178720.84平方米，占健身步道总面积的28.91%；事业单位为15379631.16平方米，占健身步道总面积的25.88%；最小的是企业，为5760440.85平方米，占健身步道总面积的9.69%。（表4-123）

表4-123 各单位类型城市健身步道面积分布情况

单位类型	场地		建筑		用地	
	面积/平方米	占比/%	面积/平方米	占比/%	面积/平方米	占比/%
其他单位	21102288.47	35.51	1828445.78	48.79	46435140.23	13.42
行政机关	17178720.84	28.91	526373.30	14.04	42694981.49	12.34
事业单位	15379631.16	25.88	1138105.20	30.37	63343183.56	18.31
企业	5760440.85	9.69	254924.62	6.80	193498715.93	55.93
合计	59421081.32	100.00	3747848.90	100.00	345972021.21	100.00

（四）不同时期建成的城市健身步道分布

在不同时期建成的城市健身步道中，现有的建成年份为2004—2013年的城市健身步道数量最多，有9663个，占健身步道总数的78.59%；其次是现有的1978—2003年期间建成的城市健身步道，为2611个，占健身步道总数的21.24%；现有的1949—1977年期间建成的有18个，占健身步道总数的0.15%；现有的1948年及以前建成的城市健身步道场地数量为3个，占0.02%。（表4–124）

表4–124 不同时期建成的城市健身步道数量分布

不同时期	场地	
	数量/个	占比/%
2004—2013年	9663	78.59
1978—2003年	2611	21.24
1949—1977年	18	0.15
1948年及以前	3	0.02
合计	12295	100.00

与不同时期建成的城市健身步道数量排名一致，现有的建成年份为2004—2013年的城市健身步道面积最大，为53197013.36平方米，占健身步道总面积的89.53%；其次是现有的1978—2003年建成的城市健身步道，为5370935.96平方米，占健身步道总面积的9.04%；现有的1949—1977年建成的为810052.00平方米，占健身步道总面积的1.36%；现有的1948年及以前建成的城市健身步道面积为43080.00平方米，占比为健身步道总面积的0.07%。（表4–125）

表4–125 不同时期建成的城市健身步道面积分布

不同时期	场地		建筑		用地	
	面积/平方米	占比/%	面积/平方米	占比/%	面积/平方米	占比/%
2004—2013年	53197013.36	89.53	3099310.12	82.70	330931038.95	95.65
1978—2003年	5370935.96	9.04	648538.78	17.30	13484813.63	3.90
1949—1977年	810052.00	1.36	0.00	0.00	1198914.63	0.35
1948年及以前	43080.00	0.07	0.00	0.00	357254.00	0.10
合计	59421081.32	100.00	3747848.9	100.00	345972021.21	100.00

（五）城市健身步道投资金额情况

城市健身步道投资金额总计 4888656 万元，占全国体育场地投资金额的4.39%。城市健身步道财政拨款为 4506327 万元，占全国体育场地财政拨款总额的 7.11%（其中体育彩票公益金为 25432 万元，占全国体育场地体彩公益金总额的 0.66%）；单位自筹为 263609 万元，占全国体育场地单位自筹总额的 0.69%；其他资金来源为 100743 万元，占全国体育场地同类投资总额的 1.58%；社会捐赠为 17977 万元，占全国体育场地社会捐赠总额的 0.55%。平均每个城市健身步道投资金额为 397.61 万元。（表 4－126）

表 4－126　城市健身步道投资金额及在全国体育场地同类投资中的占比

资金来源	城市健身步道投资金额/万元	全国体育场地投资金额/万元	占比%
财政拨款	4506327	63352062	7.11
其中:体彩公益金	25432	3836195	0.66
单位自筹	263609	38263803	0.69
其他	100743	6385734	1.58
社会捐赠	17977	3278868	0.55
合计	4888656	111280467	4.39

城市健身步道各项投资资金来源中，财政拨款最多，占城市健身步道全部投资金额的 92.18%（其中体彩公益金占 0.52%）；单位自筹占 5.39%；其他资金来源占 2.06%；社会捐赠资金来源最少，占 0.37%。（表 4－127）

表 4－127　城市健身步道投资资金来源、金额及各来源占比

城市健身步道资金来源	投资	
	金额/万元	占比/%
财政拨款	4506327	92.18
其中：体彩公益金	25432	0.52
单位自筹	263609	5.39
其他	100743	2.06
社会捐赠	17977	0.37
合计	4888656	100

第五章　分隶属的体育场地概要

根据第六次全国体育场地普查中的指标，体育场地所在系统、隶属关系、单位类型和所属区（县）等4项是必须填写的指标。

一、分系统体育场地发展状况

体育场地所在系统，是指体育场地单位所归属的行业系统，分为体育系统、高等院校、中专中技、中小学、其他教育系统单位和其他系统等6个行业系统。通常情况下，我们又将高等院校、中专中技、中小学、其他教育系统单位等归为教育系统。

（一）分系统体育场地总体分布

从各系统体育场地数量看，其他系统内体育场地数量最多，共有953962个，占全国体育场地总数的58.2%；教育系统次之，共有660521个，占全国体育场地总数的40.3%；体育系统最少，共有24322个，仅占1.5%。（表5-1）

表5-1　各系统体育场地数量及占比

所在系统	全国体育场地		室内体育场地		室外体育场地	
	数量/个	占全国比/%	数量/个	占全国比/%	数量/个	占全国比/%
体育系统	24322	1.5	6375	4.1	17947	1.2
教育系统	660521	40.3	26243	17.0	634278	42.7
其中:高等院校	49750	3.0	3832	2.5	45918	3.1
中专中技	18573	1.1	1090	0.7	17483	1.2

续表

所在系统	全国体育场地		室内体育场地		室外体育场地	
	数量/个	占全国比/%	数量/个	占全国比/%	数量/个	占全国比/%
中小学	584865	35.7	19884	12.8	564981	38.1
其他教育系统单位	7333	0.4	1437	0.9	5896	0.4
其他系统	953962	58.2	122133	78.9	831829	56.1
合计	1638805	100.00	154751	100.00	1484054	100.00

在室内体育场地数量中，排名顺序仍然是其他系统第一，教育系统第二，体育系统第三。但是相比总的体育场地数量，各系统室内体育场地数量的占比则存在一定变化。

第一，其他系统的室内场地占全国室内体育场地之比高达78.9%，从总体数量和比例上看，占有绝对多的室内场地。

第二，体育系统室内体育场地虽然仅占室内体育场地总数的4.1%，但在体育系统自身的所有场地中，室内体育场地则占到26.2%。

第三，教育系统的室内体育场地数量仅占自身所在系统室内体育场地的4%，室内场地数量太少，大部分体育场地为室外场地。

特别说明：在教育系统中，体育场地大部分集中在中小学，中小学共有584865个体育场地，占教育系统的88.6%，占所有系统场地的35.7%（表5-1）。第五次全国体育场地普查数据显示，我国教育系统的体育场地所占比重最大，而第六次全国体育场地普查数据表明，我国其他系统内体育场地数量最多，这说明在过去10年中，我国参与体育场地建设的社会力量进一步增多。

（二）不同系统体育场地规模

各系统体育场地规模共分为3个层次：场地面积、建筑面积和用地面积。虽然其他系统内体育场地数量最多，但是从场地面积看，隶属于教育系统的体育场地面积最大（表5-2），这与我国各类学校所拥有的体育场地主要以足球场、篮球场、田径场等场地类型为主有关。

表5-2　各系统体育场地面积及占比

所在系统	场地		建筑		用地	
	面积/平方米	占比/%	面积/平方米	占比/%	面积/平方米	占比/%
体育系统	95436328.99	5.0	40595768.50	16.9	192791988.32	4.9
教育系统	1056176082	54.3	81438276	34	1349630590	34.4
其中:高等院校	82618378.96	4.3	18404213.67	7.7	112139969.33	2.8
中专中技	34941184.30	1.8	3239861.46	1.4	43959342.73	1.2
中小学	928780879.16	47.7	57269113.84	23.8	1179863247.07	30.0
其他教育系统	9835639.59	0.5	2525086.67	1.1	13668030.74	0.4
其他系统	795471717	40.8	95436328.99	49.2	2386917429	60.8
合计	1947084127.99	100.00	217470373.49	100.00	3929340007.32	100.00

从体育场地面积看，排序第一的教育系统为1056176082平方米，占全国体育场地总面积的54.2%，其中在教育系统内部，中小学体育场地面积为928780879.16平方米，占全国体育场地总面积的47.7%，占教育系统体育场地总面积的87.9%；排名第二的是其他系统，场地面积为795471717平方米，占全国体育场地总面积的40.8%；体育系统排在最后，场地面积为95436328.99平方米，仅占全国体育场地总面积的5.0%。

在建筑面积中，其他系统为95436328.99平方米，占全国体育场地建筑总面积的49.2%；教育系统排第二，为81438276平方米，占全国体育场地建筑总面积的33.9%，其中中小学体育场地建筑面积为57269113.84平方米，占教育系统的70.3%，占全国体育场地建筑总面积的23.8%；体育系统40595768.50平方米，占全国体育场地建筑总面积的16.9%。

在用地面积上，其他系统仍是第一，2386917429平方米，占全国体育场地用地总面积的60.8%；教育系统体育场地用地面积1349630590平方米，占全国体育场地用地总面积的34.3%，其中中小学体育场地用地面积为1179863247.07平方米，占全国体育场地用地总面积的30.0%，占教育系统体育场地用地总面积的87.4%；体育系统体育场地用地面积192791988.32平方米，占全国体育场地用地总面积的 4.9%。

在场地面积、建筑面积和用地面积这三种面积统计中，体育系统场地面积和用地面积的占比都较低，但在建筑面积中，占比则高至 16.9%，说明体育系统体育场地的有效使用面积较高。在教育系统中，中小学体育场地的场地、建筑和用地三个面积在教育系统中分别占有 87.9%、70.3% 和 87.4%，在全国体育场地三种面积占的占比也分别高达 47.7%、23.8% 和 30.0%，表明中小学的体育场地各种面积始终是教育系统中占比最高的。

（三）各系统农村与城镇体育场地数量

在农村体育场地中，其他系统有体育场地 433420 个，占农村体育场地总数的 63.8%；教育系统的体育场地 243834 个，占农村体育场地总数的 35.9%（其中中小学体育场地 238454 个，占教育系统的 97.8%）；而体育系统仅有体育场地 2192 个，仅占农村体育场地总数的 0.3%。（表 5 − 3）

表 5 − 3　各系统农村与城镇体育场地数量及占比

所在系统	农村体育场地		城镇体育场地		所在系统体育场地		
	数量/个	占比/%	数量/个	占比/%	全国/个	农村占比/%	城镇占比/%
体育系统	2192	0.3	22130	2.3	24322	9.0	91.0
教育系统	243834	35.9	416687	43.4	660521	37.0	63.0
其中:高等院校	3054	1.3	46696	11.2	49750	6.1	93.9
中专中技	1327	0.5	17246	4.1	18573	7.1	92.9
中小学	238454	97.8	346411	83.2	584865	40.8	59.2
其他教育系统单位	999	0.4	6334	1.5	7333	13.6	86.4
其他系统	433420	63.8	520542	54.3	953962	45.4	54.6
合计	679446	100.00	959359	100.00	1638805	100.00	100.00

城镇体育场地中，其他系统体育场地 520542 个，占城镇体育场地总数的 54.3%；教育系统体育场地有 416687 个，占城镇体育场地总数的 43.4%（其中中小学体育场地 346411 个，占教育系统的 83.2%，占城镇体育场地总数的 36.1%；

高等院校占教育系统的 11.2%，占城镇体育场地总数的 4.9%）；体育系统体育场地 22130 个，占 2.3%。

不同系统的农村和城镇体育场地相比较，差别较大的是：体育系统 91% 的体育场地在城镇，农村仅占 9%。教育系统中高校的农村和城镇体育场地比例为 6.1% 和 93.9%；教育系统中的中专中技农村和城镇体育场地的比例为 7.1% 和 92.9%。其他教育系统农村和城镇系统的比例为 45.4% 和 54.6%，差别不大。

（四）各系统排名前 10 位体育场地数量

1. 体育系统排名前 10 位体育场地

体育系统排名前 10 的场地类型是篮球场、全民健身路径、室外网球场、室外门球场、综合房（馆）、体育馆、体育场、乒乓球场、乒乓球房（馆）、游泳馆。这 10 种体育场地之和占体育系统体育场地总数的 69.3%，其中排名前 4 的场地占了体育系统的 50.4%。篮球场地最多，5596 个，占体育系统场地总数的 23%；其次是全民健身路径和室外网球场，分别占 11.4% 和 10.1%。（表 5-4）

表 5-4　体育系统排名前 10 位体育场地类型、数量及占比

排名	场地类型	场地数量/个	占比/%	累计占比/%
1	篮球场	5596	23.0	23.0
2	全民健身路径	2772	11.4	34.4
3	室外网球场	2448	10.1	44.5
4	室外门球场	1447	5.9	50.4
5	综合房（馆）	959	3.9	54.3
6	体育馆	889	3.7	58.0
7	体育场	824	3.4	61.4
8	乒乓球场	697	2.9	64.3
9	乒乓球房（馆）	668	2.7	67.0
10	游泳馆	558	2.3	69.3

2. 教育系统排名前 10 位体育场地

教育系统中排名前 10 的场地类型是篮球场、小运动场、其他类体育场地、乒乓

球场、排球场、全民健身路径、羽毛球场、田径场、乒乓球房（馆）、室外网球场。教育系统的体育场地基本集中在这 10 种场地，占 94.3%，而篮球场就占了 42.6%。（表 5-5）

表 5-5　教育系统排名前 10 位体育场地类型、数量及占比

排名	场地类型	场地数量/个	占比/%	累计占比/%
1	篮球场	281276	42.6	42.6
2	小运动场	85078	12.9	55.5
3	其他类体育场地	84002	12.7	68.2
4	乒乓球场	74494	11.3	79.5
5	排球场	35886	5.4	84.9
6	全民健身路径	18884	2.9	87.9
7	羽毛球场	17627	2.7	90.5
8	田径场	10077	1.5	92.0
9	乒乓球房（馆）	7607	1.2	93.2
10	室外网球场	7183	1.1	94.3

3. 其他系统排名前 10 位体育场地

其他系统中排名前 10 的场地类型是：全民健身路径、篮球场、乒乓球场、乒乓球房（馆）、棋牌房（室）、健身房（馆）、其他类体育场地、羽毛球场、3 人制篮球场、台球房（馆）。其他系统场地类型基本集中在这 10 种场地，占其他系统体育场地总数的 91.1%，全民健身路径和篮球场分别占 36.2% 和 32.8%，这 2 种体育场地就占了总数的 68.5%。（表 5-6）

表 5-6　其他系统排名前 10 位体育场地类型、数量及占比

排名	场地类型	场地数量/个	占比/%	累计占比/%
1	全民健身路径	345742	36.2	36.2
2	篮球场	308510	32.3	68.5
3	乒乓球场	70439	7.4	75.9
4	乒乓球房（馆）	39957	4.2	80.1

续表

排名	场地类型	场地数量/个	占比/%	累计占比/%
5	棋牌房（室）	25720	2.7	82.8
6	健身房（馆）	18287	1.9	84.7
7	其他类体育场地	17868	1.9	86.6
8	羽毛球场	17255	1.8	88.4
9	3人制篮球场	13469	1.4	89.8
10	台球房（馆）	12321	1.3	91.1

二、不同隶属关系的体育场地分布

全国体育场地的隶属关系，是指各体育场地在行政上的隶属关系，共分为7个类型，分别是中央、省/自治区/直辖市、地区/市/州/盟、县/市/旗、街道/镇/乡、居民/村民居委会、其他。

（一）不同隶属关系的体育场地数量分布

全国各隶属关系体育场地按照数量从高到低排列，依次为以下7个类型场地。（图5-1）

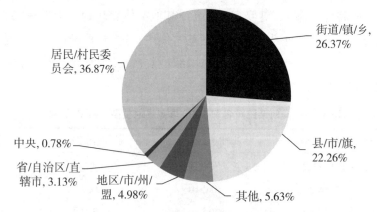

图5-1　全国各隶属关系体育场地数量占比

（1）隶属于居民/村民委员会的体育场地604307个，占体育场地总数的36.87%。

（2）隶属于街道/镇/乡的体育场地 432136 个，占体育场地总数的 26.37%。

（3）隶属于县/市/旗的体育场地 364829 个，占体育场地总数的 22.26%。

（4）隶属于其他关系的体育场地 92292 个，占体育场地总数的 5.63%。

（5）隶属于地区/市/州/盟的体育场地 81587 个，占体育场地总数的 4.98%。

（6）隶属于省/自治区/直辖市的体育场地 51232 个，占体育场地总数的 3.13%。

（7）隶属于中央的体育场地 12422 个，占体育场地总数的 0.78%。

从以上数据可以看出，我国隶属于居民/村民委员会和隶属于街道/镇/乡的体育场地数量最多，表明大部分体育场地位于广大居民生活区周围，便于民众使用和参与各类体育健身运动，这与我国大力推动全民健身运动的宗旨相一致。

（二）不同隶属关系的体育场地规模分布

从不同隶属关系体育场地的规模情况（用地面积、建筑面积、场地面积）看，全国各隶属关系体育场地按照场地面积从高到低排列，依次为以下 7 个类型场地。（图 5-2）

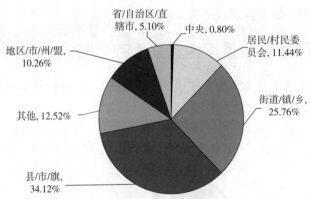

图 5-2 全国各隶属关系体育场地面积占比

（1）隶属于县/市/旗的体育场地面积为 664307506.66 平方米，占体育场地总面积的 34.12%。

（2）隶属于街道/镇/乡的体育场地面积为 501637078.66 平方米，占体育场地总面积的 25.76%。

（3）隶属于其他关系的体育场地面积为 243832915.94 平方米，占体育场地总面积的 12.52%。

（4）隶属于居民/村民委员会的体育场地为222720077.12平方米，占体育场地总面积的11.44%。

（5）隶属于地区/市/州/盟的体育场地面积为199703856.28平方米，占体育场地总面积的10.26%。

（6）隶属于省/自治区/直辖市的体育场地面积为99247880.89平方米，占体育场地总面积的5.10%。

（7）隶属于中央的体育场地面积为15634812.22平方米，占体育场地总面积的0.80%。

虽然从上述数据中可以看出近10年我国隶属于县级及以下的体育场地获得了较大发展，但是，我们同时也可以看出其中还存在着一定的问题。据第六次全国体育场地普查数据显示，县级及以下基层体育场地绝对数量占比较大，达到91.13%，但相应的体育场地面积占比则并不是最大，仅为83.84%。特别是隶属于村民/居民委员会的体育场地，其数量占比达到36.87%，而面积占比却仅占11.44%。这从一定程度上反映出目前我国隶属于基层的体育场地数量虽然较多，实际上体育场地面积普遍偏小，体育场地条件还有待进一步提高。

（三）不同隶属关系室内、室外的体育场地数量

全国各隶属关系体育场地按照室内体育场地数量从高到低排列，依次为以下7个类型场地。（图5-3）

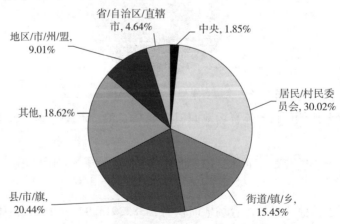

图5-3　全国各隶属关系室内体育场地数量占比

（1）隶属于居民/村民委员会的室内体育场地 46462 个，占室内体育场地总数的 30.02%。

（2）隶属于县/市/旗的室内体育场地 31634 个，占室内体育场地总数的 20.44%。

（3）隶属于其他关系的室内体育场地 28813 个，占室内体育场地总数的 18.62%。

（4）隶属于街道/镇/乡的室内体育场地 23909 个，占室内体育场地总数的 15.45%。

（5）隶属于地区/市/州/盟的室内体育场地 13947 个，占室内体育场地总数的 9.01%。

（6）隶属于省/自治区/直辖市的室内体育场地 7179 个，占室内体育场地总数的 4.64%。

（7）隶属于中央的室内体育场地 2807 个，占室内体育场地总数的 1.85%。

全国各隶属关系体育场地按照室外体育场地数量从高到低排列，依次为以下 7 个类型场地。（图 5－4）

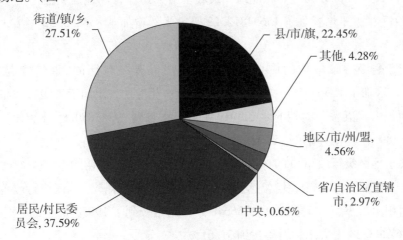

图 5－4　全国各隶属关系室外体育场地数量占比

（1）隶属于居民/村民委员会的室外体育场地 557845 个，占室外体育场地总数的 37.59%。

（2）隶属于街道/镇/乡的室外体育场地 408227 个，占室外体育场地总数的 27.51%。

（3）隶属于县/市/旗的室外体育场地 333195 个，占室外体育场地总数的 22.45%。

（4）隶属于地区/市/州/盟的室外体育场地 67640 个，占室外体育场地总数的 4.56%。

（5）隶属于其他关系的室外体育场地 63479 个，占室外体育场地总数的 4.28%。

（6）隶属于省/自治区/直辖市的室外体育场地 44053 个，占室外体育场地总数的 2.97%。

（7）隶属于中央的室外体育场地 9615 个，占室外体育场地总数的 0.65%。

（四）"五普"与"六普"的比较

1. 各隶属关系体育场地在总数量、总面积方面较"五普"均有较大增长

隶属于中央的体育场地数量由"五普"时期的 9566 个增长到 12422 个，增加了 2856 个，增幅达到 29.86%。相应地，隶属于中央的体育场地面积由"五普"时期的 14778917 平方米增长到了 15634812.22 平方米，增加了 855895.22 平方米，增幅达到 5.79%。

隶属于省级行政单位的体育场地数量由"五普"时期的 38667 个增长到了 51232 个，增加了 12565 个，增幅达到 32.50%。相应地，隶属于省级行政单位的体育场地面积由"五普"时期的 80223019 平方米增长到 99247880.89 平方米，增加了 19024861.89 平方米，增幅达到 23.71%。

隶属于地区级行政单位的体育场地数量由"五普"时期的 74984 个增加到了 81587 个，增加了 6603 个，增幅达到 8.81%。同样地，隶属于地区级行政单位的体育场地面积由"五普"时期的 151736648 平方米增长到了 199703856.28 平方米，增加了 47967208.28 平方米，增幅达到 31.61%。

隶属于县级行政单位的体育场地数量由"五普"时期的 688900 个增长到目前的 1493564 个，增加了 804664 个，增幅达到 116.80%。同样，隶属于县级行政单位的体育场地面积由"五普"时期的 1077756302 平方米增长到目前的 1632497150.38

平方米，增加了554740848.38平方米，增幅达到51.47%①。

县级及以下体育场地数量和面积的增幅均为最大，突出反映了近10年来我国基层体育场地的快速发展，也是国家全民健身计划不断得到推进落实的具体体现。（图5-5）

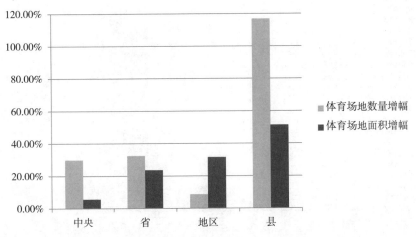

图5-5 2004—2013年各隶属关系体育场地数量和面积增幅

2. 全国体育场地隶属关系的分布更加合理，结构更加优化

总体来看，全国县级以下体育场地的总体规模和增长速度均稳步提高，如隶属于县级及以下的体育场地占比由"五普"的84.83%提高到"六普"的91.13%，提高了6.3%。隶属于县级及以下的体育场地面积占比由"五普"的81.40%提高到"六普"的83.84%，提高了2.44%。其余隶属关系体育场地的数量和面积均较"五普"数据有所下降，如隶属于地市级的体育场地占比由"五普"的9.23%降低到"六普"的4.98%，降低了4.25%；隶属于省级体育场地占比由"五普"的占4.79%降低到"六普"的3.13%，降低了1.66%；隶属于中央的体育场地占比由"五普"的1.2%进一步降低至0.78%，降低了0.42%。在体育场地面积方面，隶属于地市级的体育场地面积占比由"五普"的11.50%降低到"六普"的10.26%，降低了1.24%；隶属于省级体育场地面积占比由"五普"的占6.10%降低到"六

---

① "五普"统计中将隶属关系分为中央、省、市、县四级，无隶属关系的一律按县级填报。为统一比较标准，将六普统计中县级以下包括其他隶属关系的体育场地全部按县级隶属关系计算。以下计算同。

普"的 5.10%，降低了 1.00%；隶属于中央的体育场地面积占比由"五普"的 1.10% 进一步降低至 0.80%，降低了 0.30%（图 5 - 6）。由此可见，地市级体育场地降幅最大，反映出我国体育场地管理和服务重心进一步下移的趋势。

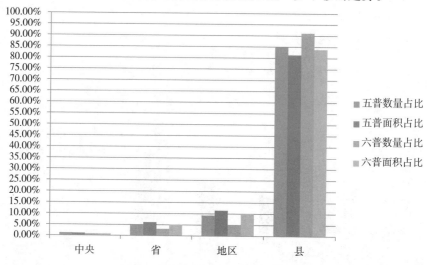

图 5 - 6　2005—2013 年各隶属关系体育场地数量和面积占比

第六次全国体育场地普查统计数据显示，县级及以下基层体育场地绝对数量占比较大，达到 91.13%，但是相应的体育场地面积占比则相对较小，为 83.84%。特别是隶属于村民/居民委员会的体育场地，其数量占比达到 36.87%，而面积占比却仅占 11.44%。这从一定程度上反映出目前我国体育场地数量多、面积小、体育场地条件还有待提高。因此，需要继续加大对县级以下基层体育场地设施的投入力度。在现有基础上，努力扩大基层体育场地的空间面积，着力提升基层体育场地的空间利用水平和科学设计能力，更好地为基层群众的健身活动服务。

三、不同单位类型的体育场地分布

体育场地的单位类型分为 4 类，分别是行政单位、事业单位、企业和其他单位。其中，企业又分为 10 个类别，分别是国有企业、集体企业、股份合作企业、联营企业、有限责任公司、股份有限公司、私营企业、其他内资企业、港澳台商投资企业和外商投资企业。

（一）不同单位类型的体育场地数量

全国各单位类型体育场地按照数量从高到低排列，依次为以下 4 个类型单位。（图 5 - 7）

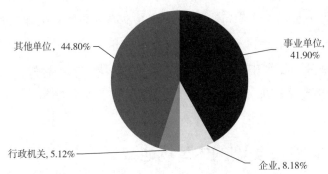

图 5 - 7　全国各单位类型体育场地数量占比

（1）由其他单位管理的体育场地为 734194 个，占 44.80%。

（2）由事业单位管理的体育场地 686602 个，占 41.90%。

（3）由企业管理的体育场地 134091 个，占 8.18%。

（4）由行政机关管理的体育场地 83918 个，占 5.12%。

从统计数据可见，全国 86.70% 的体育场地由其他单位和事业单位管理。

（二）不同单位类型的体育场地面积

从体育场地面积分析，全国各单位类型体育场地按照场地面积从高到低排列，依次为以下 4 个类型单位。（图 5 - 8）

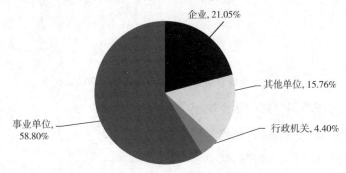

图 5 - 8　全国各单位类型体育场地面积占比

（1）由事业单位管理的体育场地面积为 1144819496.11 平方米，占 58.80%。

（2）由企业管理的体育场地面积为 409807685.11 平方米，占 21.05%。

（3）由其他单位管理的体育场地面积 306763526.06 平方米，占 15.76%。

（4）由行政机关管理的体育场地面积为 85693420.49 平方米，占 4.40%。

通过对比以上数据，我们可以发现属于事业单位的体育场地数量占 41.90%，但是体育场地面积占比达到 58.80%，说明事业单位的单位体育场地面积相对较大。在我国大部分高校、中小学等教育系统单位均属于事业单位，在上面的分析中我们已经得出教育系统体育场地的单位面积较大，在此更进一步证明了这一结论。

（三）不同企业类型的体育场地数量

在企业管理的体育场地中，各类型企业的体育场地按照数量从高到低排列，依次为以下 10 个类型企业。（图 5–9）

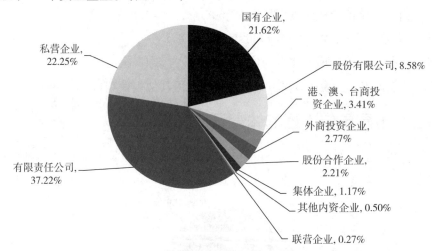

图 5–9　全国各类型企业拥有体育场地数量占比

（1）有限责任公司管理的体育场地 49904 个，占 37.22%。

（2）私营企业管理的体育场地 29834 个，占 22.25%。

（3）国有企业管理的体育场地 28994 个，占 21.62%。

（4）股份有限公司管理的体育场地 11500 个，占 8.58%。

（5）港、澳、台商投资企业管理的体育场地 4574 个，占 3.41%。

（6）外商投资企业管理的体育场地 3717 个，占 2.77%。

（7）股份合作企业管理的体育场地 2964 个，占 2.21%。

（8）集体企业管理的体育场地 1566 个，占 1.17%。

（9）其他内资企业管理的体育场地 673 个，占 0.50%。

（10）联营企业管理的体育场地 365 个，占 0.27%。

（四）不同企业类型的体育场地面积

在企业管理的体育场地中，各类型企业的体育场地按照场地面积从高到低排列，依次为以下 10 个类型企业。（图 5 - 10）

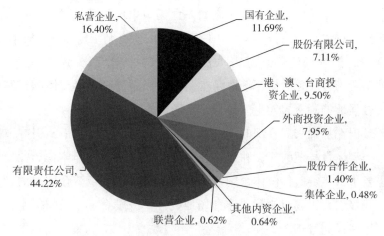

图 5 - 10　全国各类型企业拥有体育场地面积占比

（1）有限责任公司管理的体育场地 181206515.63 平方米，占 44.22%。

（2）私营企业管理的体育场地 67194224.43 平方米，占 16.40%。

（3）国有企业管理的体育场地 47904913.71 平方米，占 11.69%。

（4）港、澳、台商投资企业管理的体育场地 38923080.40 平方米，占 9.50%。

（5）外商投资企业管理的体育场地 32566797.56 平方米，占 7.95%。

（6）股份有限公司管理的体育场地 29118062.71 平方米，占 7.11%。

（7）股份合作企业管理的体育场地 5727018.30 平方米，占 1.40%。

（8）其他内资企业管理的体育场地 2630843.12 平方米，占 0.64%。

（9）联营企业管理的体育场地 2556298.47 平方米，占 0.62%。

（10）集体企业管理的体育场地 1979930.78 平方米，占 0.48%。

全国各单位类型体育场地在数量和面积上均有所增长。

按照"五普"的统计口径，国家和集体所有的体育场地数量为 770434 个，占全国体育场地数量的 94.87%，相应的场地面积为 1011025465 平方米，占比达到 86.60%。到了"六普"，国家和集体所有的体育场地数量增加到 1600007 个，占全国体育场地数量的 97.63%，相应的场地面积增加到 1805769181.77 平方米，占比达到 92.74%。其他单位类型和事业单位体育场地数量和面积均占比较大，反映所有者类型多元化程度尚显不足。

综上所述，从第六次全国体育场地普查统计数据可知，全国 86.70% 的体育场地由其他单位和事业单位管理。多元化的体育场地单位类型虽然有一定发展，但变化的速度缓慢。总体上，单位类型——体育场地的所有制结构还是比较单一。其中，属于私营企业的体育场地数量还从"五普"的 34899 个减少到"六普"的 30507 个，这反映了我国多元化的体育场地所有制结构尚不健全，诸多体制机制和其他现实的因素还较强地抑制着多元主体参与体育场地的建设与发展。

因此，政府在加强宏观管理的同时，需要出台更多的政策措施引导政府以外的力量参与各类型体育场地的建设和运营。根据我国体育事业和体育产业发展面临的新形势，需要进一步突破传统体育场地的所有制结构，改革体育场地的管理体制与运行机制，积极引入市场机制配置体育场地资源，鼓励企业、民间资本等社会力量参与体育场地建设与管理。

四、城乡体育场地分布

全国体育场地城乡分布情况以"六普"甲表"06 统计用区划代码和城乡划分代码"为依据进行统计。

（一）城乡体育场地的数量分布

根据第六次全国体育场地普查统计数据显示，（1）全国城镇体育场地数量达到 959359 个，占比 58.54%；（2）农村体育场地数量达到 679446 个，占比 41.46%；

（3）全国城镇体育场地数量比农村体育场地数量多279913个。（图5-11）

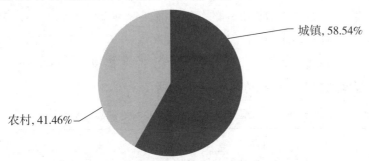

城镇,58.54%

农村,41.46%

图5-11　全国城乡体育场地数量分布占比

（二）城乡体育场地的规模分布

根据全国第六次体育场地普查统计数据显示，（1）全国城镇体育场地面积总量达到1335224216平方米，占比68.58%；（2）农村体育场地面积总量达到611859912平方米，占比31.42%；（3）全国城镇体育场地面积比乡村体育场地面积多723364304平方米。（图5-12）

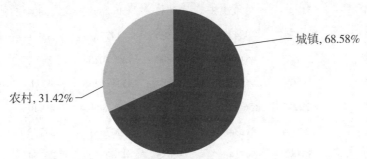

城镇,68.58%

农村,31.42%

图5-12　全国城乡体育场地面积占比

（三）城乡体育场地在全国各省区市的分布

全国各省区市城镇和乡村平均体育场地数量分别达到29980个和21233个，城镇和乡村平均体育场地面积分别达到41725756.75平方米和19120622.25平方米。各省区市中，城镇体育场地数量排名前10位的分别是广东省107843个、江苏省95333个、浙江省70176个、山东省53273个、湖北省50457个、河南省40910个、四川省39422个、广西壮族自治区36446个、辽宁省36037个、江西省35992个。

农村体育场地数量排名前10位的分别是浙江省54768个、山东省47892个、山西省42550个、河南省41760个、广东省38876个、广西壮族自治区37736个、云南省36218个、河北省33582个、江西省30523个、福建省29906个。全国各省区市城乡体育场地的数量、面积情况如表5-7所示。

表5-7　全国各省区市城乡体育场地数量、面积

省区市	合计		城镇		乡村	
	场地个数/个	场地面积/平方米	场地个数/个	场地面积/平方米	场地个数/个	场地面积/平方米
合计	1638805	1947084128	959359	1335224216	679446	611859912
北京市	20083	47691632	14277	31415868	5806	16275764
天津市	16233	31186973	10421	26607965	5812	4579008
河北省	64770	102280329	31188	70139003	33582	32141326
山西省	63715	46988999	21165	25460149	42550	21528850
内蒙古自治区	25367	41607096	19497	27553773	5870	14053323
辽宁省	51901	78993198	36037	59426980	15864	19566218
吉林省	21176	40843353	12586	23472532	8590	17370821
黑龙江省	27777	45140728	18800	28240138	8977	16900590
上海市	38505	41556935	33784	33118335	4721	8438600
江苏省	122247	156902596	95333	134256324	26914	22646273
浙江省	124944	81234678	70176	59076819	54768	22157859
安徽省	53189	69314612	32435	47608892	20754	21705719
福建省	62736	59847193	32830	36736089	29906	23111104
江西省	66515	64141118	35992	44391026	30523	19750092
山东省	101165	172853047	53273	109427536	47892	63425511
河南省	82670	89080564	40910	52544448	41760	36536116
湖北省	79347	74736961	50457	52879377	28890	21857584
湖南省	57565	72903012	34984	49317308	22581	23585704

续表

省区市	合计		城镇		乡村	
	场地个数/个	场地面积/平方米	场地个数/个	场地面积/平方米	场地个数/个	场地面积/平方米
广东省	146719	214426407	107843	164050980	38876	50375427
广西壮族自治区	74182	55761810	36446	34755367	37736	21006443
海南省	12202	29986910	7113	18422611	5089	11564298
重庆市	40648	40612746	27173	31624240	13475	8988506
四川省	67735	66747699	39422	47658577	28313	19089122
贵州省	32162	27117000	14064	14587692	18098	12529308
云南省	59640	57722463	23422	31167713	36218	26554750
西藏自治区	6064	4313983	1799	2422122	4265	1891861
陕西省	40103	40377755	21644	28366511	18459	12011244
甘肃省	30282	28917443	12046	15096975	18236	13820468
青海省	7978	9290345	3966	5907687	4012	3382658
宁夏回族自治区	11547	13529287	6904	7802517	4643	5726770
新疆维吾尔自治区	26207	37067765	11300	18548127	14907	18519638
新疆生产建设兵团	3431	3909490	2072	3140532	1359	768959

　　自中华人民共和国成立以来，我国就一直存在着城乡差别。为了进一步计算我国体育场地城乡分布的现状，本研究分析了我国城乡人均体育场地分布情况。截至2013年底，我国城镇人均场地个数与人均场地面积均大于农村，说明我国农村的体育场地建设步伐仍然落后于城镇。（表5-8）

表5-8　我国城乡人均体育场地分布情况

全部		城镇		农村	
每万人场地个数/个	人均场地面积/平方米	每万人场地个数/个	人均场地面积/平方米	每万人场地个数/个	人均场地面积/平方米
12.04	1.46	13.12	1.83	10.79	0.97

　　体育场地是满足我国城乡居民参与体育活动、享有体育文化、增强体质健康水平的重要物质基础与条件保障。由于长期以来城乡之间各方面的发展差距，造成了城乡群众体育资源间也存在着不平衡的现象。因此，为了加强和推动城乡群众体育的有序和可持续发展，城乡群众体育资源必须向着公平配置的方向发展。

就"六普"与"五普"比较而言，全国城镇和乡村体育场地数量占比、体育场地面积占比等，都有了一定的优化。考虑到现阶段我国城镇化进程的规模和速度，农村的体育场地保持了较为良好的发展态势，这与国家层面重视农村体育事业的发展，采取多种措施和手段保障农村体育场地建设的投入有着密切关系。但是，农村体育场地数量和面积总量相对不足，全国范围内的城乡体育场地增长速度不平衡依然存在。

第六章 我国体育场地品质概貌

本章以各类型体育场地的品质指标为研究对象，涉及体育场、体育馆、足球类、篮球类、排球类、乒乓球羽毛球和网球类、游泳项目等 7 大类主要体育场地类型。

一、体育场场地品质

（一）体育场场地面层状况

据第六次全国体育场地普查报告，截至 2013 年 12 月 31 日 24 时，我国体育场场地总数为 5692 个。其中，体育场地面面层分为跑道面层和中心场地面层两类。据统计，我国目前体育场跑道面层以塑胶面层为主，已经占所有体育场场地面层的 84.31%，总数为 4799 个。排在第 2 位的是以煤渣为主要成分的跑道，占比为 9.24%，总数为 526 个。而其他场地材质的面层体育跑道占比为 5.94%，总数为 338 个。值得注意的是，除其他外，查询结果中体育场跑道面层中还包括合成材料、沥青、人造草、水泥、天然草、土质，体育场个数分别为 3 个、1 个、5 个、8 个、1 个、11 个，占全国所有体育场个数的比例分别为 0.05%、0.02%、0.09%、0.14%、0.02% 和 0.19%。

此外，体育场地中心场地面层材质比较普遍的是人造草，数目为 3137 个，占比达到 55.11%。可以说几乎一半以上的体育场中心场地面层为人造草，可以看出人造草场地具有非常大的优点，而且毫无疑问将会被越来越普遍地采用。国际足球界各权威机构及体育部门对人造草场地的推荐和青睐，对推动人造草场地在炎热地带、高寒地区以及一些经济条件不适宜种植天然草的国家和地区的普及运用提供了有利的条件。其次，中心场地面层有 34.57% 的体育场种植了天然草，可以发现，虽然天然草在施工、保养、维护、资金支出等方面需要耗费较大的人力、财力和物力资源，但是，为了保证中心场地的美观以及举办高规格体育赛事，我国许多体育场还是采用了自然草，总的数量为 1968 个。土质和其他材质的中心场地面层的体育场数量分别为 310 个和 277 个（其中空白个数为 36 个），说明我国目前体育场的中心面层还有很大的质量提升空间，如何改善这类体育场的场地面层质量是未来一个时期我国体育场地建设工作的主要任务。

（二）体育场场地灯光设备状况

2013 年没有灯光设备的体育场达到 3657 个，占到体育场总数的 64.25%，无法满足我国居民夜间参与体育锻炼的需求。有灯光设备的体育场全国不到 2000 个，具体数目为 1999 个，占比为 35.12%；没有填写的体育场有 36 个，占比为 0.63%。

（三）体育场场地大屏幕显示状况

据统计，2013 年我国没有大屏幕显示设备的体育场达到 5001 个，占到体育场总数的 87.86%。由于大屏幕显示设备是举办重要体育竞赛时不可缺少的设施，所以从一定程度上来说，大屏幕显示设备的缺乏成为制约我国大部分地区举办国际大型体育赛事的一个重要障碍。

全国有大屏幕显示的体育场仅为 655 个，占到全国体育场总数的 11.51%。这些体育场地多集中在北京、上海、广州等一线城市，说明这些城市举办大型体育赛事的经历成为主要影响因素。此外，没有填写的体育场有 36 个，占比为 0.63%。

二、体育馆场地品质

（一）体育馆场地面层状况

据第六次全国体育场地普查报告，我国目前体育馆总数为 3034 个。体育馆场地面层主要分为木地板、合成材料、水泥以及其他 4 种类型。据统计，现阶段我国体育馆场地面层以木地板为主，占所有体育馆场地面层的 70.76%，总数为 2147 个；排在第 2 位的是合成材料面层，占比为 18.85%，总数为 572 个；水泥材质的体育馆总数为 166 个，占比 5.47%；而其他材质面层的体育馆占比为 4.91%，总数为

149 个。

可见，我国体育馆大部分都实现了木质地板面层配置，但是占比还不是特别高，还有很大的提升空间。而且，我国还存有 166 个体育馆场地面层为水泥材质，严重阻碍了体育馆整体品质的提升。

（二）体育馆场地灯光设备状况

据第六次全国体育场地普查数据，表格中缺乏对于体育馆场地灯光设备的具体数字。考虑到灯光设备为体育馆修建的基本标准之一，可以肯定的是我国体育馆的灯光设备情况比较良好。但是需要进一步探讨的问题是：当一个体育馆的灯光设备成为标配的时候，灯光设备的质量、创意、造型或成为观众和居民进入体育馆观看比赛或参与体育锻炼的主要衡量标准。建议未来普查数据时，能够增加此类数据指标。

（三）我国体育馆场地大屏幕显示状况

截至 2013 年 12 月 31 日，全国拥有 1721 个配备有大屏幕显示的体育馆，占体育馆总数的 56.72%；没有配备大屏幕显示的体育馆有 1299 个，占体育馆总数的 42.81%；没有填写的体育馆数量为 14 个，仅占比例 0.46%。由此可知，我国体育馆大屏幕显示设备情况不容乐观，还有将近一半的体育馆没有配备大屏显示系统，这不仅影响了实时向观众发布比赛进程、结果等体育赛事信息，而且也降低了体育馆现场气氛的营造。随着现代大屏显示系统的不断发展，我国体育馆管理部门或赛事组委会，不仅应该把提升大屏显示设备的数量作为主要任务，而且也必须重视大屏显示的质量，除了广泛的 LED 显示屏以外，还可以加大对体育馆离子显示屏、各种投影仪的配备。

三、足球类场地品质

（一）足球类场地灯光设备状况

我国目前一共拥有 10600 块足球场地（不包括武警和铁路系统的场地），其中拥有灯光设备的足球场总数为 2554 块，占足球场总数的 24.1%，即我国所有足球场地中，4 块足球场地中才有 1 块场地配备有灯光设备。有 8006 块足球场地没有配备灯光设备，这在某种程度说明我国足球场地不但总量不足，而且利用效率也不高。夜间能够吸纳老百姓踢球或者在夜间举办大型足球比赛的场地较少。

（二）足球类场地风雨棚配备状况

2013 年我国足球场地中足球场、室外七人制足球场、室外五人制足球场，部分场地搭建了风雨棚。据统计，在所有 10600 块（室内五人制足球场为 40 块）足球场地中，建有风雨棚的足球场地仅为 413 块，仅仅占整个足球场地总数的 3.9%。具体来分析，我国室外足球场地分为标准足球场、室外七人制足球场、室外五人制足球场 3 类，其中标准足球场建有风雨棚的数量为 180 块，仅占足球场地总数的 1.7%；室外七人制足球场中建有风雨棚设备的情况最不容乐观，总数为 78 块，占足球场地总数的 0.74%；而室外五人制足球场建有风雨棚的数量为 155 块，占足球场地总数的 1.47%。相比之下，标准足球场的风雨棚建设情况相对好一点，但是在绝对数量上还是处于比较低的水平。

随着《中国足球改革发展总体方案》的出台，以及时代的发展和城区市民健身参与的日益活跃，足球作为世界第一大体育项目，未来参加足球运动的群众将会越来越多，现有的足球场地配备风雨棚的情况，将难以满足人民群众开展足球运动的需求，因此，有必要对现有足球场地做一些改造，以便能够全天候满足市民开展足球运动的需要。

（三）足球类场地面层状况

据第六次全国体育场地普查数据显示，按照足球场地面层种类数量占全国足球场地单位总数的比例排列，排名前五位的场地面层种类分别为人造草（3450 块，占比 32.67%）、天然草（2984 块，占比为 28.26%）、土质（2578 块，占比 24.41%）、水泥（583 块，占比 5.52%）、合成材料（490 块，占比 4.64%）。其余面层种类按比例高低依次为：其他（436 块，占比 4.13%）、冰质（28 块，占比 0.27%），排名最后的是沥青材质的足球场地，数量为 11 块，占比为 0.10%。

此外，此次普查数据还有 40 块室内五人制足球场地，其中合成材料的足球场地为 15 片，其他类型的场地面层有 20 片，而木地板、水泥场地的数量均为 2 片，人造草为 1 片。

四、篮球类场地品质

（一）篮球类场地灯光设备状况

现有各类体育场地中，篮球场地数量最多，总数为 615543 块。其中拥有灯光设备的篮球场总数为 104595 块，占篮球场地总数的 16.99%；与足球场地的灯光设备数量相比具有优势，但是占场地总数的比例比足球场地还要低。依然有 510948 块篮球场场地没有配备灯光设备，占篮球场地总数的比例高达 83.01%。

造成此种现象的主要原因是，我国大部分篮球场地位于各类学校之中，而学校晚间或者夜间并没有教学任务，所以，是否配备灯光设备无关紧要。从扩大学校体育场地对社会开放的角度看，可以对篮球场地进行简易的灯光设备装备，提高篮球场地的使用效率和对外开放率。

（二）篮球类场地风雨棚配备状况

现阶段，我国篮球类场地中，室外篮球标准场地和室外三人制篮球场均有修建风雨棚。据统计，在全国 615543 块篮球类场地中，建有风雨棚的篮球场地有 5053 块，仅仅占整个篮球类场地总数的 0.82%。具体来看，我国现有室外标准篮球场建有风雨棚的数量为 4951 块，占篮球类场地总数的 0.80%；室外三人制篮球场建有风雨棚的最少，总共有 102 块，占篮球类场地总数的 0.02%。相比之下，标准篮球场的风雨棚搭建情况相对好一点，但是在绝对数量上还是处于比较低的水平。

（三）篮球类场地面层状况

据第六次全国体育场地普查数据显示，按照篮球类场地面层种类分，数量占全国篮球类场地总数的比例排名依次为水泥地面（502990 块，占比 81.71%）、合成材料地面（57474 块，占比 9.34%）、其他面层（52588 块，占比 8.54%），而木地板仅有 2491 块，占比最低，为 0.4%。

通过数据分析，由于水泥地面造价成本低、修建速度最快、渗水效果也不错，维护程序简单，所以现阶段我国篮球场地大多数都采用水泥材质修建。而木质地板虽然可以起到保护运动员的作用，但是，由于天气、场地维护、造价成本等因素，大多数篮球场地管理者都不愿意选择木质地板作为室外篮球场地面层材质。

五、排球类场地品质

现有各类体育场地中，全国排球场地总数为42012个，其中室内排球场共408个。现阶段我国排球类场地品质状况见表6-1。

表6-1　2013年底全国排球类场地品质状况

排球场地品质状况			排球场地数量/个	所占比例/%
灯光设备（室外）		有	5190	12.47
		无	36414	87.53
风雨棚（室外）	排球场	有	348	0.84
		无	37578	90.32
		空白	3095	7.44
	沙滩排球场	有	14	0.03
		无	569	1.37
场地面层（含室内室外）		木地板	149	0.35
		合成材料	9447	22.49
		水泥	23759	56.55
		其他	8657	20.61

通过表6-1的数据可以看出，现阶段我国排球场地灯光设备建设情况，也处于比较低的水平。风雨棚建设情况则更加亟待改善，尤其是沙滩排球场，风雨棚建设占比不到0.03%，全国建有风雨棚的沙滩排球场仅14块，可以说是屈指可数。同篮球类场地面层一样，我国排球类场地的材质主要以水泥材质为主，但是占比并没有篮球场那么高，合成材料的场地数量为9447块，接近10000块排球场地，这与排球项目运动特征有着密切的联系。

六、乒乓球、羽毛球、网球类场地品质

(一) 乒乓球、羽毛球、网球类场地灯光设备状况

目前，我国乒乓球、羽毛球、网球类场地中灯光设备情况最好的当属网球场地，网球场地总数有 19682 个，而配有灯光设备的网球场地就多达 12012 个，占比达到 61.03%，这与网球运动项目的特征、网球爱好者的运动时间有着密不可分的关系。羽毛球场地与乒乓球场地的灯光球场绝对数量要多于网球场地，但是在占比情况中并没有网球场地高。羽毛球球场在 2013 年度总数为 35225 个，配有灯光的球场数量为 6267 个，占比为 17.79%。而乒乓球在 3 类小球项目中，全国体育场地数量最多，总共有 145630 个，而具有灯光设备的乒乓球场地数量为 12029 个，占比仅为 8.26%。具体情况参见表 6-2。

表 6-2 2013 年底全国乒乓球、羽毛球、网球类场地灯光设备状况

灯光设备品质状况		场地数量/个	所占比例/%
网球场地	有	12012	61.03
	无	7670	38.97
羽毛球场地	有	6267	17.79
	无	28958	82.21
乒乓球场地	有	12029	8.26
	无	133601	91.74

(二) 乒乓球、羽毛球、网球类场地风雨棚状况

据第六次全国体育场地普查数据显示，我国现阶段室外乒乓球、网球、羽毛球的风雨棚覆盖率均比较低，占比高的依然是网球场地，达到网球场地总数的 8.56%，羽毛球场地与乒乓球场地的风雨棚覆盖率相同，都是各类场地总数的 2.32%。

此外，此次数据搜集中，有一部分数据填写者在该类数据填写过程中，选择了

空白。网球场地填写空白率为 9.19%；羽毛球场地为 13.17%，比例最高；而乒乓球场地填写空白率为 11.94%。造成这一现象的原因可能是前期普查数据培训工作不到位，或者是在数据搜集过程中受访人填写不认真。（表6－3）

表6－3　2013年底全国乒乓球、羽毛球、网球类场地风雨棚设备状况

风雨棚品质状况		场地数量/个	所占比例/%
网球场地	有	1684	8.56
	无	16189	82.25
	空白	1809	9.19
羽毛球场地	有	817	2.32
	无	29769	84.51
	空白	4639	13.17
乒乓球场地	有	3384	2.32
	无	124863	85.74
	空白	17383	11.94

（三）乒乓球、羽毛球、网球类场地面层状况

我国小球类场地的面层状况，是在统计乒乓球、羽毛球、网球的所有场地数量之后得出的。与风雨棚和灯光设备的统计数据有区别的是，该类体育场地不仅包括乒乓球、羽毛球、网球的室外场地，还包括乒乓球房、羽毛球房、网球房等室内场地。统计结果如表6－4所示。

表6－4　2013年底全国乒乓球、羽毛球、网球类场地面层状况

场地面层品质状况		场地数量/个	所占比例/%
网球场地	木地板	52	0.26
	合成材料	13304	65.25
	水泥	3755	18.42
	其他	3279	16.08

续表

场地面层品质状况		场地数量/个	所占比例/%
羽毛球场地	木地板	1504	3.53
	合成材料	9920	23.31
	水泥	26545	62.38
	其他	4583	10.77
乒乓球场地	木地板	1749	0.90
	合成材料	12635	6.52
	水泥	145728	75.17
	其他	33750	17.41

可以看出，我国在2013年底前，小球类体育场地的面层差异明显。全国现阶段网球场地以合成材料为主，超过总数的65%；其次为水泥场地，其他类型的面层占比达到16.08%。羽毛球场地和乒乓球场地则主要以水泥面层为主，占比分别为各类场地总数的62.38%和75.17%。

网球场地采用合成材料主要是由于场地面层弹性好、耐磨、防滑、整体性强、色彩多样且美观，而且容易维护保养，运动不受气候等条件的影响，弹跳自如，运动员脚感较好、有利于提高运动成绩，也大大减少了运动中受伤程度，尤其有利于青少年网球运动员的生长发育。

七、游泳类场地品质

（一）游泳类场地灯光设备及大屏幕显示状况

截至2013年12月31日24时，我国室外游泳场地数量为9095个，有灯光设备的5826个，占比达到64.06%；而没有灯光设备的场地数量为3296个，占比为35.94%。

可以发现，除去网球场地，我国现阶段游泳场地的灯光设备配置率比其他类型场地的配置率都要高。这可能由于室外游泳场地的开放时段多集中在夏季，为了避免高温天气阳光直射，大部分游泳场地将开放时段安排在夜间，加之为保护游泳爱好者的人身安全，所以，游泳场地露天池内的灯光电器和各项设备成为必需品。

我国现阶段游泳场地数量为 14341 个，室内游泳场地有 5243 个，占所有游泳场地的 36.6%。在全部游泳场地中，配有大屏幕显示设备的游泳场地为 8642 个，占比为 60.26%；空白的游泳场地为 5105 个，占比为 35.60%；而明确没有大屏幕显示设备的体育场地数量为 594 个，仅占比 4.14%。填写空白的游泳场地占比较高，直接影响了现阶段我们对国内游泳场地大屏幕显示设备真实状况的掌握和了解。但是仍可以相信，游泳项目由于成绩记录、观赏效果等原因，配备大屏幕显示设备的需求要比其他项目高，从现有的数据来看，游泳场地品质提升还有很大的空间。

（二）游泳类场地配置跳台、跳板状况

我国现代竞技跳水分为跳板跳水和跳台跳水。在游泳场地中，专门配有跳台的游泳场地数量为 266 个，专门配有跳板设备的游泳场地数量为 213 个。可以看出，不论是跳台还是跳板总数，相较于我国游泳场地的数量来看，配置水平还是非常低的。可以肯定的是，虽然我国现阶段跳水项目在世界大赛中的成绩非常骄人，但是跳水项目在群众中的普及程度并不高，这直接降低了游泳场地配备跳台、跳板的积极性和需求。另外，跳水项目是难度较高、安全风险较大的运动项目，所以很多游泳场地的运营者并不愿意安装该类设备。在为数不多配有跳台和跳板设备的游泳场地中，一般都是以接待专业运动队的运动员训练为主要目的。

具体来看，按照国际跳水竞赛标准，跳板距离水面高度为 1 米和 3 米。跳台离水面的高度有 5 米、7.5 米和 10 米 3 种。但是此次普查数据统计中，我们发现在跳台设置情况中，还有一种是离水面 1 米的跳台，这主要是考虑到了群众在参与跳水运动时的人身安全和满足群众嬉戏健身的需求。具体数量及占比参见表 6-5。

表 6-5　2013 年底全国游泳类场地品质状况

场地品质状况	类型	场地数量/个	所占比例/%
跳台（室内室外）	10 米	67	29.65
	7.5 米	45	19.91
	5 米	53	23.45
	3 米	63	27.88
	1 米	38	16.81
跳板（室内室外）	3 米	98	46.01
	1 米	115	53.99

第七章　我国体育场地投资概数

截至 2013 年 12 月 31 日 24 时，我国体育场地总投资额为 11128.05 亿元，其中，第五次体育场地普查后（2004 年 1 月 1 日）至第六次体育场地普查截止日期（2013 年 12 月 31 日）之间，我国建设的体育场地投资额为 8372.69 亿元，比第五次体育场地普查时的总投资（金额约为 2675.36 亿元）增长了 213%。我国体育场地投资主要来源有财政拨款（含体育彩票公益金）、单位自筹、社会捐赠及其他来源等四类，其中财政拨款累计 6335.21 亿元，占体育场地总投资额的 56.93%，超过一半；单位自筹累计 3826.38 亿元，占体育场地总投资额的 34.39%；社会捐赠累计 327.89 亿元，仅占体育场地总投资额的 2.95%；其他部分累计 638.57 亿元，占体育场地总投资额的 5.74%。可以看出，政府财政拨款仍是过去 10 年我国体育场地建设投资的主要来源。（图 7 - 1）

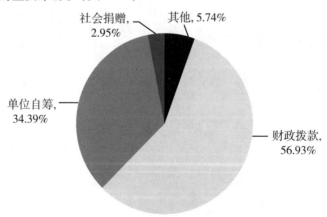

图 7 - 1　我国体育场地投资构成

一、不同经济地区体育场地投资状况

在我国四大经济地区体育场地投资金额中，财政拨款占各经济地区体育场地总投资金额的比重均超过50%。财政拨款比重最高的是西部地区，占本地区总投资金额的63.9%，其次是东北地区，占本地区总投资金额的60.7%，中部地区财政拨款占57.7%，对财政拨款依赖最小的是东部地区，财政拨款占该地区总投资金额的52.3%。

我国四大经济地区以体育彩票公益金形式对体育场地的投资额从绝对数值来看存在一定差异。从体育彩票公益金占投资总额的比例来看，东中部地区的投资比重较高，西部和东北地区偏低。四大经济地区的社会捐赠所占比重存在明显的差异，社会捐赠投资占体育场地投资额比重最高的是东部地区，为4.47%，其次是西部地区占1.4%，中部地区占1.0%，而东北地区最低，仅占0.6%。四大经济地区都存在其他来源对体育场地的投资额，其中占比最高的是东部地区，最低的是西部地区。（表7-1）

表7-1　我国各经济地区体育场地投资金额构成

地区	投资总额		财政拨款				单位自筹		社会捐赠		其他来源	
			财政拨款		其中：体彩公益金							
	金额/万元	占比/%	金额/万元	占比/%	金额/万元	占比/%	金额/万元	占比/%	金额/万元	占比/%	金额/万元	占比/%
东部	60565830	100	31705044	52.3	2701689	4.5	22017921	36.4	2705417	4.47	4137448	6.8
中部	12053595	100	6958515	57.7	420108	3.5	4269581	35.4	114668	1.0	710831	5.9
西部	28292988	100	18082735	63.9	512474	1.8	8800025	31.1	398216	1.4	1012012	3.6
东北	10368054	100	6605768	63.7	201924	2.0	3176276	30.6	60567	0.6	525443	5.1

尽管我国体育场地投融资体制改革已有多年，体育场地投资主体已呈现多样元化的趋势，融资渠道也开始趋向多元化。但是，在我国体育事业传统的举国体制影响下，体育场地投融资体制改革相比其他领域还比较滞后，社会资本参与体育场地建设也还存在着一定的政策壁垒和制度障碍，这也就造成了我国体育场地投资主体

过于单一，政府财政拨款仍然是体育场地建设资金的主要来源。因此，政府应制定相应政策，鼓励社会资本进入体育场地建设领域，进一步拓宽体育场地建设投融资渠道，推广和运用政府和社会资本合作等多种模式，吸引社会资本参与体育场地建设。

二、各系统体育场地投资金额分析

我国体育场地投资总额中，其他系统体育场地的投资额最多，为52435380万元，占体育场地总投资额的47.1%；其次是教育系统，投资额为37872525万元，占体育场地总投资额的34.1%；体育系统体育场地投资额为20972562万元，占体育场地总投资额的18.8%。（图7－2）

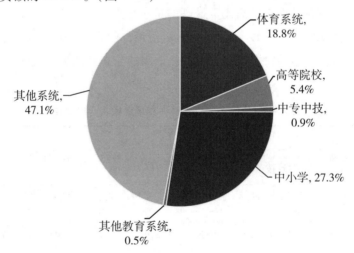

图7－2　我国各系统体育场地投资额占比

教育系统体育场地中，中小学体育场地投资额为30335501万元，占我国教育系统体育场地总投资额的80.10%；高等院校体育场地投资额为6002914万元，占我国教育系统体育场地总投资额的15.85%；中专中技体育场地投资额为950794万元，占我国教育系统体育场地总投资额的2.51%；其他教育系统体育场地投资额为583316万元，占我国教育系统体育场地总投资额的1.54%。

在我国体育场地中，体育系统和教育系统体育场地投资主要依赖于财政拨款，财政拨款占投资额比重分别为 86.5.0% 和 66.7%；而其他系统主要依赖于单位自筹，单位自筹占投资额比重为 51.8%。教育系统中，中专中技、中小学、其他教育系统单位对财政拨款的依赖程度高于高等院校。（表 7-2）

表 7-2　我国各系统体育场地投资额构成情况

所在系统	投资总额		财政拨款				单位自筹		社会捐赠		其他来源	
			财政拨款		其中：体彩公益金							
	金额/万元	占比/%	金额/万元	占比/%	金额/万元	占比/%	金额/万元	占比/%	金额/万元	占比/%	金额/万元	占比/%
体育系统	20972562	100	18785180	86.5	748488	3.5	1396217	6.4	177256	0.8	613909	2.8
教育系统	37872525	100	25871970	66.7	933660	2.4	8587366	22.1	1955109	5.0	1458080	3.8
其中:高等院校	6002914	100	3045550	50.4	44753	0.7	2744318	45.4	49463	0.8	163583	2.7
中专中技	950794	100	684211	70.4	21361	2.2	242538	25.0	9887	1.0	14158	1.5
中小学	30335501	100	21722957	69.7	855244	2.7	5482774	17.6	1883399	6.0	1246371	4.0
其他教育系统单位	583316	100	419252	70.4	12302	2.1	117736	19.8	12360	2.1	33968	5.7
其他系统	52435380	100	18694912	34.3	2154047	4.0	28280220	51.8	1146503	2.1	4313745	7.9

三、各分布类型体育场地投资金额分析

我国位于校园的体育场地投资额最多，为 40588731 万元，占我国体育场地投资总额的 36.5%；其次是位于其他的体育场地，投资额为 21789171 万元，占我国体育场地投资总额的 19.6%；位于居住小区/街道的体育场地投资额为 14331830 万元，占我国体育场地投资总额的 12.9%；位于乡镇/村的体育场地投资额为 12781077 万元，占我国体育场地投资总额的 11.5%；位于公园的体育场地投资金额为 7438857 万元，占我国体育场地投资总额的 6.7%；位于机关企事业单位楼院的体育场地投资额为 6217165 万元，占我国体育场地投资总额的 5.6%；位于广场的体育场地投资额为 5184654 万元，占我国体育场地投资总额的 4.7%；位于宾馆商场饭店的体育场地投资额为 2098606 万元，占我国体育场地投资总额的 1.9%；位于工矿的体育场地投资额为 829516 万元，占我国体育场地投

资总额的 0.7%；位于军营的体育场地投资额为 20860 万元，占比太小忽略不计。（图 7 - 3）

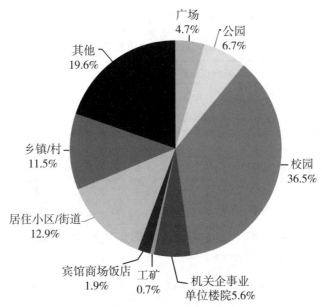

图 7 - 3 我国各分布类型体育场地投资占比

在我国体育场地中，位于广场、军营、公园、机关企事业单位楼院、校园的体育场地投资主要依赖于财政拨款。分布在以上 5 个地区的体育场地，财政拨款投资额占该分布类型体育场地总投资额的比重分别为 83.3%、76.1%、76.0%、68.7% 和 68.5%。我国位于工矿、宾馆商场饭店的体育场地投资主要依靠单位自筹，投资额占所有投资额比重分别为 94.1%、75.8%。居住小区/街道的体育彩票公益金投资额占该类体育场地投资总额的比重与其他分布类型相比较高。乡镇/村的体育场地投资额具有多元化特点，56.2% 投资额来自单位自筹，31.4% 投资额来自政府拨款，6.7% 投资额来自其他来源。（表 7 - 3）

表7-3 我国各分布类型体育场地投资额构成情况

分布类型	投资总额		财政拨款				单位自筹		社会捐赠		其他来源	
			财政拨款		其中：体彩公益金							
	金额/万元	占比/%	金额/万元	占比/%	金额/万元	占比/%	金额/万元	占比/%	金额/万元	占比/%	金额/万元	占比/%
广场	5184654	100	4317355	83.3	140685	2.7	574599	11.1	59376	1.1	233324	4.5
公园	7438857	100	5653347	76.0	133376	1.8	1638091	22.0	51839	0.7	95580	1.3
校园	40588731	100	27787433	68.5	1053424	2.6	8663363	21.3	1952501	4.8	2185434	5.4
工矿	829516	100	40343	4.9	1731	0.2	780780	94.1	2518	0.3	5875	0.7
机关企事业单位楼院	6217165	100	4268167	68.7	201806	3.2	1740019	28.0	36724	0.6	172255	2.8
宾馆商场饭店	2098606	100	116506	5.6	1210	0.1	1590728	75.8	3007	0.1	388365	18.5
居住小区/街道	14331830	100	7023430	49.0	1417323	9.9	5716438	39.9	362642	2.5	1229320	8.6
乡镇/村	12781077	100	4011400	31.4	618821	4.8	7185293	56.2	728414	5.7	855970	6.7
军营	20860	100	15880	76.1	226	1.1	3807	18.3	30	0.1	1143	5.5
其他	21789171	100	10118201	46.4	267593	1.2	10370685	47.6	81817	0.4	1218468	5.6

四、隶属于企业登记注册类型的投资情况

我国隶属于企业登记注册类型的体育场地总投资金额为27608388万元，排在前3位的企业登记注册类型分别是有限责任公司、国有企业和私营企业，投资份额分别占企业总投资的40.58%、21.81%和18.68%，这3类占到了企业登记注册类型总投资的81.1%。

我国企业登记注册类型中其他内资企业、联营企业和集体企业的投入较低，这3类投资额总计仅占企业总投资额的1.2%。

股份有限公司、港澳台投资企业、外商投资企业分别占企业总投资类型投资额的7.45%、5.28%和4.24%。（表7-4）

表7-4　隶属于企业登记注册类型的投资金额及占比

企业类型	投资金额/万元	占比/%	排名
国有企业	6022737	21.81	2
集体企业	136812	0.50	8
股份合作企业	225666	0.82	7
联营企业	98278	0.36	9
有限责任公司	11203970	40.58	1
股份有限公司	2056207	7.45	4
私营企业	5156522	18.68	3
其他内资企业	80702	0.29	10
港澳台商投资企业	1456445	5.28	5
外商投资企业	1171049	4.24	6
总计	27608388	100.00	

各个登记注册类型的公司对体育场地类型的偏好具有一定的趋同性，但也存在着差异。总体来看，各个登记注册类型的企业几乎都热衷于高尔夫球场、室外人工滑雪场的投入。尤其是港澳台投资公司、外商企业和有限责任公司仅对高尔夫球场的投资就占到了69.3%，42.0%和41.8%。国有企业注重对体育馆、游泳馆、体育场、综合房（馆）的投入。

登记注册类型为有限责任公司的企业投资的体育场地类型排在前10位的依次为高尔夫球场，投资额为4683282.00万元，占总投资额的41.8%；体育馆投资额为974672.00万元，占总投资额的8.7%；游泳馆投资额为856702.00万元，占总投资额的7.6%；体育场投资额为738977.00，占总投资的6.6%；室外人工滑雪场投资额为589550.00万元，占总投资的5.3%。（图7-4）

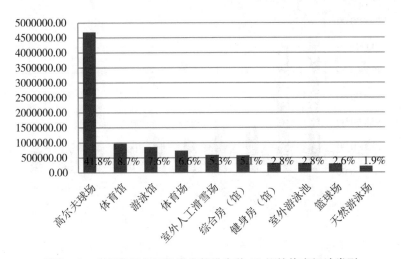

图7-4 有限责任公司投资金额排在前10位的体育场地类型

登记注册类型为国有企业的公司比较注重投资体育场、体育馆、游泳馆、综合房（馆）等体育场地，这几类场地（18.9%、17.3%、10.5%、9.7%）占到了国有企业投入的56.4%。（图7-5）

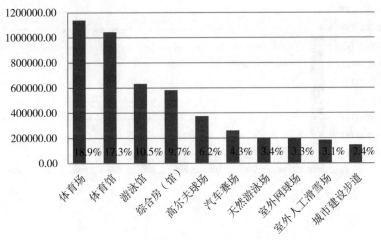

图7-5 国有企业对各类体育场地的投资情况

登记注册类型为私营企业的公司比较侧重于投入篮球场、高尔夫球场、游泳馆、综合房（馆）等体育场地类型，这几类体育场地（21.5%、19.3%、7.4%、7.3%）占到了其投资额的55.5%。（图7-6）

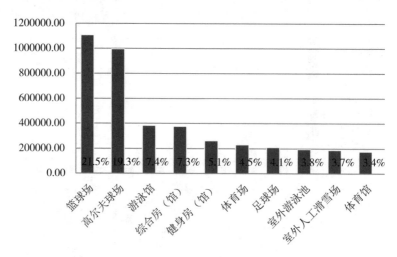

图 7 - 6　私营企业对各类体育场地的投资

登记注册类型为股份有限公司的企业比较青睐于高尔夫球场、室外人工滑雪场、篮球场和游泳馆，这几类体育场地（37.6%、7.3%、6.8%、6.3%）占到了其投资额的58.0%。（图7 - 7）

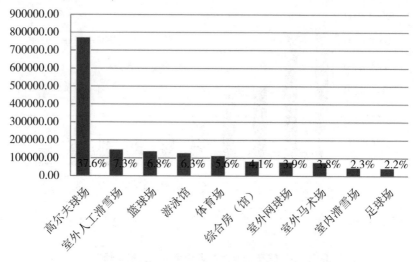

图 7 - 7　股份有限公司对各类体育场地的投资情况

登记注册类型为港澳台商投资公司的企业也比较青睐于高尔夫球场、游泳馆，还热衷于室外马术场投资，这几类体育场地（69.3%、4.6%、8.7%）占到了其投资额的82.6%。（图7 - 8）

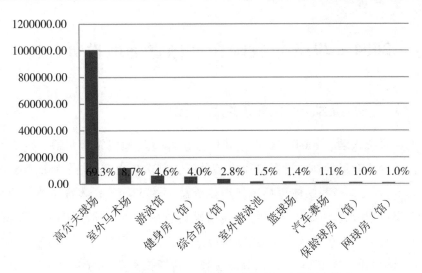

图7-8 港澳台商投资公司对各类体育场地的投资情况

登记注册类型为外商投资公司的企业比较青睐于高尔夫球场、室外人工滑雪场、篮球场和游泳馆，这几类体育场地（42.0%、24.0%、15.9%、4.2%）占到了其投资额的86.1%。（图7-9）

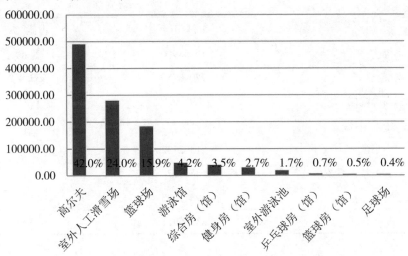

图7-9 外商投资企业对各类体育场地的投资情况

五、2004—2013 年我国新增体育场地投资分析

（一）各系统新增体育场地投资额

从所在系统来看，2004—2013 年其他系统体育场地投资额最高，为 39877205 万元，占我国体育场地新增投资总额的 47.6%；其次是教育系统，体育场地投资额为 27090750 万元，占我国体育场地新增投资总额的 32.4%；体育系统体育场地投资额 16758966 万元，占我国体育场地新增投资总额的 20.0%。在教育系统的体育场地新增投资中，中小学体育场地投资额最高，为 21502732 万元，占教育系统体育场地新增投资额的 79.4%；其次是高等院校，新增投资金额为 4361364 万元，占教育系统体育场地新增投资的 16.1%；中专中技和其他教育系统单位投资金额相对较少，仅占教育系统新增投资总金额的 2.8% 和 1.7%。（表 7-5）

表 7-5 2004—2013 年我国各系统新增体育场地投资额

所在系统	投资额	
	金额/万元	占比/%
体育系统	16758966	20.0
教育系统	27090750	32.4
其中：高等院校	4361364	16.1
中专中技	755677	2.8
中小学	21502732	79.4
其他教育系统单位	470977	1.7
其他系统	39877205	47.6
合计	83726921	100.00

（二）各隶属关系新增体育场地投资额

从隶属关系来看，2004—2013 年新增体育场地投资额排名前 3 位的隶属关系为县/市/旗、街道/镇/乡、地区/市/州/盟。排名前 3 位隶属关系新增体育场地投资额

54388335 万元，占我国体育场地新增投资总额的 65.0%。（图 7 - 10）

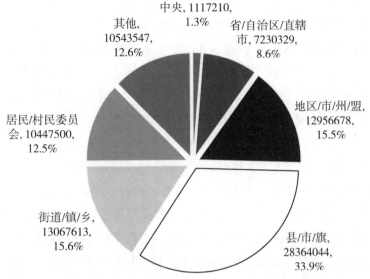

图 7 - 10 2004—2013 年我国各隶属关系新增体育场地投资额及占比

（三）各单位类型新增体育场地投资额

从单位类型来看，2004—2013 年事业单位新增体育场地投资额最大，为 39763662 万元，占所有类型单位新增体育场地投资额的 47.5%。（图 7 - 11）

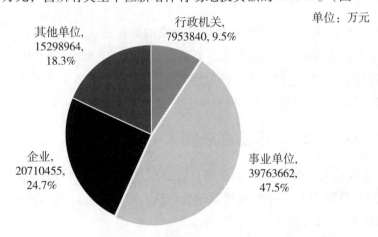

图 7 - 11 2004—2013 年我国各单位类型新增体育场地投资额及占比

（四）各分布类型新增体育场地投资额

从分布类型来看，2004—2013 年新增体育场地投资额排名前 3 位的分布类型为校园、其他、居住小区/街道。排名前 3 位的分布类型新增体育场地投资额 56831617 万元，占我国体育场地新增投资总额的 67.9%（图 7 - 12）。其中。我国位于校园的体育场地投资额最多，为 29036167 万元，占我国体育场地投资总额的 34.7%；其次是位于其他的体育场地，投资额为 17032557 万元，占我国体育场地投资总额的 20.3%；位于居住小区/街道的体育场地投资额为 10762893 万元，占我国体育场地投资总额的 12.9%；位于乡镇/村的体育场地投资额为 9415239 万元，占我国体育场地投资总额的 11.2%；位于公园的体育场地投资金额为 6569227 万元，占我国体育场地投资总额的 7.8%；位于机关企事业单位楼院的体育场地投资额为 4698000 万元，占我国体育场地投资总额的 5.6%；位于广场的体育场地投资额为 4059342 万元，占我国体育场地投资总额的 4.8%；位于宾馆商场饭店的体育场地投资额为 1536791 万元，占我国体育场地投资总额的 1.8%；位于工矿的体育场地投资额为 597684 万元，占我国体育场地投资总额的 0.7%；位于军营的体育场地投资额为 19021 万元。

六、2004—2013 年我国体育场地投资成分分析

2004—2013 年 10 年来，体育场地投资建设的数量占比、面积占比和投资总额占比均在 2008 年奥运年呈现高增长率，其后增长率降低。财政拨款和单位自筹 2 种投资类型 10 年来一直是递增状态，而社会捐赠投资只在 2006 年出现高速增长，之后进入缓慢增长状态，而且在全部投资所占的比例仍然很低。

（一）2004—2013 年投资总额

总体上呈波动上升趋势，2013 年的投资总额最多，达到 13586256 万元；2004 年最少，为 4303156 万元。2006 年增长速度最快，增长率达到 58.29%；2007 年下降最快，增长率为 - 25.88%。（图 7 - 12）

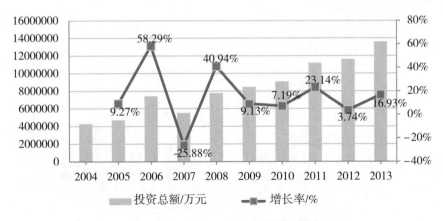

图7-12 2004—2013年投资总额与年增长率

（二）财政拨款总额

同样，在总体上呈上升趋势。2013年的财政拨款总额最多，达到9714076万元，2004年最少，为2340689万元。2006年、2009年、2011年和2013年增长较快，增长率分别为39.2%、42.49%、42.42%和32.51%；2007年下降最快，增长率为-10.19%。（图7-13）

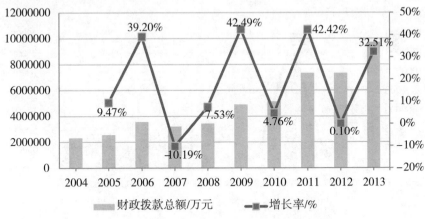

图7-13 2004—2013年财政拨款总额与年增长率

（三）单位自筹投资金额

2004—2013年10年间，2008年的单位自筹投资金额最多，达到3781309万元；

2004 年最少，为 1518726 万元。2008 年增长速度最快，增长率达到 78. 13%；2009 年下降较快，增长率为 -30. 48%。（图 7 - 14）

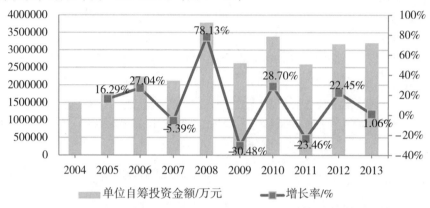

图 7 - 14　2004—2013 年单位自筹投资金额与年增长率

（四）社会捐赠投资金额

2006 年的社会捐赠投资金额最多，达到 1226721 万元；2007 年最少，为 33863 万元。2006 年增长速度最快，增长率达到 2730. 92%；2007 年下降最快，增长率为 -97. 24%。（图 7 - 15）

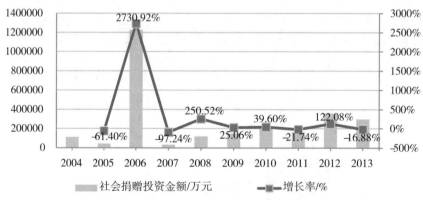

图 7 - 15　2004—2013 年社会捐赠投资金额与年增长率

（五）投资金额占比

全国 2004—2013 年财政拨款和单位自筹的投资金额占比均比社会捐赠和其他投资

多，2004—2007 年，财政拨款的变化趋势跟单位自筹相同，2008—2013 年变化趋势则相反。单位自筹的占比在 2008 年最大，占 49%；而财政拨款占比最小，占 44%。单位自筹的占比在 2013 年最小，占 24%；而财政拨款占比最大，占 71%。（图 7-16）

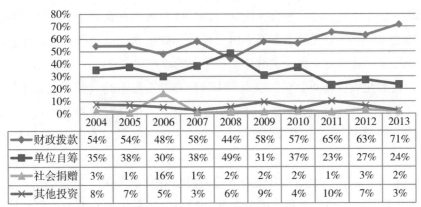

	2004	2005	2006	2007	2008	2009	2010	2011	2012	2013
财政拨款	54%	54%	48%	58%	44%	58%	57%	65%	63%	71%
单位自筹	35%	38%	30%	38%	49%	31%	37%	23%	27%	24%
社会捐赠	3%	1%	16%	1%	2%	2%	2%	1%	3%	2%
其他投资	8%	7%	5%	3%	6%	9%	4%	10%	7%	3%

图 7-16 全国 2004—2013 年体育场地投资金额占比

综上所述，我国体育场地投融资模式主要有政府投资、政府补助、社会融资、民间资本、招商引资和体育彩票等多种投融资模式，实现了投资主体和融资渠道的多元化、投资方式的多样化，促进了体育场地设施的不断改善。各地区、各系统、各类型、各隶属关系的体育场地投资额均有较大幅度的增加。隶属于企业登记注册类型的体育场地排在前 3 位的分别为有限责任公司、国有企业和私营企业，有限责任公司的投资比重超过了国有企业和私营企业的投资总和。这表明我国体育场地的投资，非公有制经济的比重在不断增加。同时，我国体育场地投融资还存在以下一些问题。

（1）区域发展不平衡。通过对中、东、西和东北地区不同经济发展区域的对比发现，在数量上，我国经济比较发达的东部地区体育场地数量，特别是在体育场地建设投资和占地面积、建筑面积上高于西部和东北地区；在发展速度上，比较突出的一个现象就是近年来高尔夫球场、室外人工滑雪场等高投入、占地面积大的体育场地快速增长。在同一省市内，城镇体育场地无论在数量上、还是在质量上都明显高于乡村。在各分布类型体育场地中，位于居住小区/街道的体育场地投资不到校园的 1/3，位于乡镇/村和公园里的体育场地投资则更少。

（2）结构性不平衡。我国城镇和乡村的体育场地投资失衡，乡村体育场地投入过低，各类型的体育场地投资中对足球场地的投入过少，不利于"校园足球"计划的顺利实施。另外，现有体育场地中，其他系统体育场地的投资额最多，为52435380万元，占47.1%；其次是教育系统，投资额为37872525万元，占34.0%。而我国缺少对各场地资源的整合和优化，部分体育场地在运营中出现入不敷出。校园体育场地如何向社会开放尚未摸索出比较成熟的模式，社区体育设施还不能有效满足大众的体育健身需求，全民健身工程带来的维护问题已经成为难题。

（3）社会化投资比重较低。根据国家统计局制定发布的《关于统计上划分经济成分的规定》，公有经济包括国有经济和集体经济，非公有经济包括私有经济、港澳台经济、外商经济。截至 2013 年 12 月 31 日，我国体育场地总投资金额为117037967万元，其中政府投资为65353367万元，占55.8%；单位自筹为41992821万元，占35.9%；社会捐赠和其他合计仅占投资总额的8.3%。虽然比"五普"时社会投资比例升高了将近3倍，但是大部分的公共体育场地和大型比赛用体育场馆都是以政府财政投资为主体，其他社会融资、民间资本投资、外商投资的还为数不多，我国体育场地建设发展的社会化、产业化和市场化水平还有待提高。

针对目前我国体育场地投资中政府直接投资比例较大、民间投资速度相对滞后、比例相对较低等问题，为进一步加快社会资本进入体育领域的步伐，最大限度地发挥社会资本的作用，增加非公有经济在体育场地投资中的比重，本研究提出如下4点建议。

（1）融入市场机制，改革体育场地投融资体制。长期以来，我国体育场馆的融资模式都是以单位自筹和政府财政拨款相结合，场馆的建设规模、投资金额都由政府决定，并由政府直接建设，没有进行市场化运营，难以自负盈亏，制约了我国体育场地建设与发展的速度。引入市场机制，使体育场地打破以往单一的融资模式，吸引社会资本投资，不过度依赖政府的市场化运作方式势在必行。例如，可以借鉴近几年奥运会场馆的 BOT 模式或 PPP 模式，商业信用融资、资产债券化融资等多种融资渠道，充分依托社会资本投资，由政府或所属机构对项目的建设和运营提供一种特许权协议作为项目融资的基础，由项目的投资者和经营者安排融资、开发、建设，并在有限的时间内经营项目获取商业利润，最后，根据协议将该项目转让回给相应的政府机构，充分发挥体育场馆的社会效益和经济效益。

（2）出台相关政策，吸引社会资本投资。为了规避风险，促进体育场地的可持续发展，必须出台相关吸引社会资本投资体育场地的相关政策，在体育场地批复、设计、融资、运营、管理、维护等各个环节都有明确的法律法规作为保障，充分发挥政府的引导和服务功能，推动政府角色转换，在体育场地建设和运营中突出服务、监督、引导的作用。积极培育良好的市场竞争环境，在政策上给予支持或扶植，设计合理的合作共赢可操作的合作开发建设体育场地的方案，倾其全力，吸引社会力量投资体育场地开发建设。

（3）充分利用现有场地资源，加大县域体育场地的投资力度。在我国体育场地建设中，要科学配置和合理规划各类场馆，避免重复建设；尽可能综合利用现有场地，提高各类体育场地的使用率，减少大型体育场馆数量以及资金投入。在全民健身上升为国家战略的历史时期，从我国行政机关的设置来看，我国实行的是"中央、省、市、县、乡"五级政府行政管理体制，而县级政府作为中央政府对地方进行有效管理不可或缺的层级，习近平同志深刻地指出："国家的政令、法令无不通过县得到具体贯彻落实。因此，从整体与局部的关系看，县一级工作好坏，关系国家的兴衰安危。"在深化政府行政改革、优化政府运行机制的基础上，要全面提升县域体育场地的建设和服务能力，缩小城乡差距，加大县域体育场地投资的力度。

（4）加大体育场馆无形资产开发融资，积极拓展其他融资渠道。在我国体育场地建设过程中，有捐赠、体育彩票公益金投入和其他投资方式，其中，捐赠和体育彩票公益金已在我国体育场地建设中得到了广泛应用。而且，体育彩票公益金现已成为全民健身路径建设的主要资金来源。基于体育彩票公益金取之于民、用之于民的理念，在体育彩票公益金中设立体育场地建设专项基金，加大体育彩票投资建设体育场地的力度，充分利用体育场馆所含无形资产的商业价值，进行无形资产的融资（冠名权融资、经营权有偿转让以及广告发布权出让），开辟体育场地建设投融资的新思路。

第八章 我国体育场地运营概括
(2013 年度)

体育场地是发展体育事业、提供公共体育服务的重要物质基础，对于完善城市功能、推动全民健身、服务和改善民生具有重要作用。体育场地应在保障运动队训练、体育赛事活动、全民健身服务等相关任务的前提下，按照市场化原则运营，以实现体育场地资源的保值增值。体育场地的运营不仅要反映其公益属性和公共体育服务功能，而且对于体育场地长远稳定地发展也将起到积极的影响作用。本章主要针对第六次全国体育场地普查中 2013 年度我国体育场地总体运营数据进行分析，呈现我国体育场地总的运营状况。

一、我国体育场地单位分布

截至 2013 年 12 月 31 日 24 时，我国共有体育场地单位数 703523 个。根据此次普查数据中全国体育场地数量 1638805 个计算 ①，我国目前平均每个体育场地单位拥有 2.33 个体育场地，每个体育场地单位拥有体育场地面积达到 2768 平方米。

（一）各省区市体育场地单位数量

将全国各省区市，按照所拥有的体育场地单位数量由高到低排列，排名前 10 位的省区市依次为以下 10 个省区市。(图 8 - 1)

（1）广东省 50376 个，占全国体育场地单位总数的 7.16%。

（2）山东省 48963 个，占全国体育场地单位总数的 6.96%。

———————————

① 这一体育场地总数不包括火车头协会和武警系统。

（3）浙江省 40790 个，占全国体育场地单位总数的 5.80%。

（4）河北省 39488 个，占全国体育场地单位总数的 5.61%。

（5）山西省 37697 个，占全国体育场地单位总数的 5.36%。

（6）河南省 37226 个，占全国体育场地单位总数的 5.29%。

（7）江苏省 35386 个，占全国体育场地单位总数的 5.03%。

（8）湖北省 33742 个，占全国体育场地单位总数的 4.80%。

（9）四川省 32806 个，占全国体育场地单位总数的 4.66%。

（10）广西壮族自治区 31499 个，占全国体育场地单位总数的 4.48%。

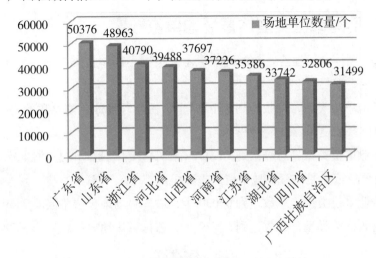

图 8-1　全国体育场地单位数量排名前 10 的省区市

而排名靠后的 10 个省区市分别为以下 10 个省区市。

（1）新疆维吾尔自治区 11792 个，占全国体育场地单位总数的 1.68%。

（2）吉林省 9795 个，占全国体育场地单位总数的 1.39%。

（3）内蒙古自治区 9504 个，占全国体育场地单位总数的 1.35%。

（4）北京市 9403 个，占全国体育场地单位总数的 1.34%。

（5）天津市 7150 个，占全国体育场地单位总数的 1.02%。

（6）海南省 5312 个，占全国体育场地单位总数的 0.76%。

（7）宁夏回族自治区 4919 个，占全国体育场地单位总数的 0.70%。

（8）青海省 3924 个，占全国体育场地单位总数的 0.56%。

（9）西藏自治区 3365 个，占全国体育场地单位总数的 0.48%。

（10）新疆生产建设兵团 1332 个，占全国体育场地单位总数的 0.19%。

从上述统计数据可以发现，体育场地单位数量较多的地区大多位于我国东部、中部地区。再从全国范围比较来看，体育场地单位数量较少的地区大多数分布在西部少数民族地区，分别为新疆维吾尔自治区、内蒙古自治区、宁夏回族自治区、西藏自治区以及青海省。值得注意的是：北京市和天津市体育场地单位数量在全国处于靠后位置，可能是由于直辖市本身的行政性质，即本身辖区内单位数量和规模较小所导致的。

（二）不同单位类型体育场地单位数量

第六次全国体育场地普查数据统计显示，全国不同单位类型的体育场地单位依次为以下 4 个类型。（图 8-2）

（1）其他单位类型，总数达到 351007 个，占体育场地单位总数的 49.89%，几乎占到所有体育场地单位数量的一半。

（2）事业单位类型，总数达到 249357 个，占体育场地单位总数的 35.44%，可以看出事业单位依然是体育场地单位的重要组成部分。

（3）企业单位类型，总数达到 66030 个，占体育场地单位总数的 9.39%。

（4）行政机关类型，总数达到 37129 个，占体育场地单位总数的 5.28%。

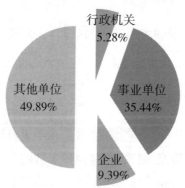

图 8-2　全国各类型体育场地单位占比

（三）各隶属关系体育场地单位数量

第六次全国体育场地普查数据统计显示，全国各隶属关系体育场地单位数量由高到低排列，依次为以下 7 个类型。（图 8 - 3）

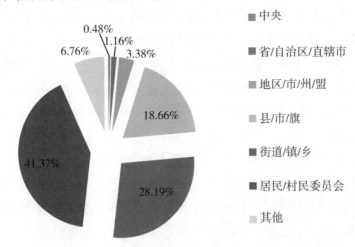

图 8 - 3 全国各隶属关系体育场地单位占比

（1）隶属于居民/村民委员会的单位最多，有 291021 个，占体育场地单位总数的 41.37%。

（2）隶属于街道/镇/乡的单位有 198318 个，占体育场地单位总数的 28.19%。

（3）隶属于县/市/旗的单位数共 131302 个，占体育场地单位总数的 18.66%。

（4）隶属于其他关系的单位数 47575 个，占体育场地单位总数的 6.76%。

（5）隶属于地区/市/州/盟的单位数 23763 个，占体育场地单位总数的 3.38%。

（6）隶属于省/自治区/直辖市的单位数 8187 个，占体育场地单位总数的 1.16%。

（7）隶属于中央的单位数 3357 个，占体育场地单位总数的 0.48%。

可见，我国体育场地单位数量大部分属于地方政府，而隶属于中央政府的体育场地单位数量还不到总体数量的 1%。

（四）分企业登记注册类型体育场地单位数量

第六次全国体育场地普查数据统计时，按照全国企业登记注册类型进行分析，与我国体育场地单位总量 703523 个相比，目前登记注册的体育场地单位仅有 66030 个，注册率只占总数的 9.39%，表明我国体育场地单位绝大部分属于公共部门辖管，社会和企业参与程度不高。

进一步对登记注册的体育场地单位结构分析，全国体育场地单位按企业登记注册类型划分，主要有国有企业、集体企业、股份合作企业、联营企业、有限责任公司、股份有限公司、私营企业、其他内资企业、港澳台商投资企业、外商投资企业等 10 种类型。其中，有限责任公司、私营企业、国有企业以及股份有限公司等 4 种类型的企业数量，占到全国所有登记注册企业体育场地单位总量的 90%，比例分别为 37.03%（24453 个）、26.62%（17576 个）、18.05%（11921 个）和 8.27%（5460 个）。其他企业登记注册类型中，港澳台商投资企业、外商投资企业、股份合作企业和集体企业的占比较小，分别为 3.37%（2228 个）、2.84%（1877 个）、1.99%（1311 个）和 1.14%（756 个）。最后，内资企业登记注册的 283 个，占总数的 0.43%；联营企业登记注册的体育场地单位数量最少，只有 165 个，占比为 0.25%。（图 8-4）

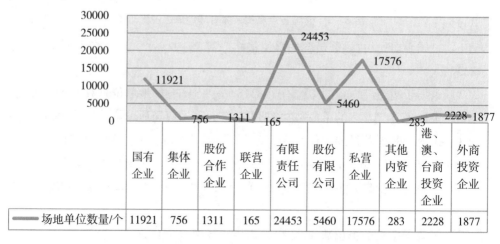

	国有企业	集体企业	股份合作企业	联营企业	有限责任公司	股份有限公司	私营企业	其他内资企业	港、澳、台商投资企业	外商投资企业
场地单位数量/个	11921	756	1311	165	24453	5460	17576	283	2228	1877

图 8-4 全国企业登记注册类型体育场地单位数量

二、我国体育场地的运营模式

体育场地的运营模式反映出体育场地在保障社会效益前提下，更好地发挥其经济功能，创造更大经济效益的情况。在第六次全国体育场地普查指标中，对运营模式提供了 3 种类型：自主运营、合作运营和委托运营。

（一）不同运营模式结构

根据第六次全国体育场地普查数据统计，2013 年度我国自主运营的体育场地数量为 1617974 个，占体育场地总数的 98.73%；其次是委托运营的体育场地 14060 个，占体育场地总数的 0.86%；合作运营的体育场地数量最少，仅有 6771 个，占体育场地总数的 0.41%。（图 8－5）

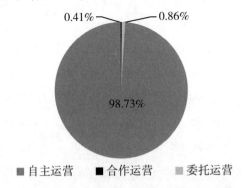

图 8－5　2013 年体育场地运营模式占比

可以看出，目前我国体育场地的运营模式还比较单一，以自主运营模式为主，而选择委托运营或合作运营模式的体育场地还非常少，仅是自主运营模式的补充。

我国绝大部分体育场地，特别是大型体育场馆较多地采用行政事业单位自主运营模式，这与目前我国体育场地的属性有关。体育场地作为各级体育主管部门下属的一级事业单位，实行全额财政拨款或差额拨款，在体育主管部门的领导下，体育场地管理人员自主运营，独立核算。这种运营模式使体育场馆具有较强的公益性，但是管理人员“等、靠、要”的依赖思想还比较严重。同时，受管理体制的束缚，导致体育场馆自主经营权缺失，使体育场地部门在与其他企业机构进行合作运营时，对体育场地资源的深度开发与场地的市场化运营受到较大程度的制约，难以实现运营方式与服务内容的多元化。近几年虽然传统的体育场地管理体制经过不断改革，权力逐步下放，一些体育场地逐步享有了一定的经营自主权，但经营自主权受限仍是目前体育场地市场化运营的主要体制性障碍。

（二）不同场地单位的体育场地运营模式

通过对各体育场地单位体育场地运营模式的结构分析，发现所有单位类型的体育场地均以自主运营为主要的运营模式。在各单位类型中，事业单位自主运营模式下的体育场地数量最多，而在委托经营模式下，企业单位与事业单位拥有的体育场地数量不分伯仲，分别为 3403 个、3462 个。（表 8−1）

表 8−1　各体育场地单位体育场地运营模式

	单位类型	行政机关	事业单位	企业	其他单位
自主运营	场地数量/个	82271	680405	129277	726021
	建筑面积/平方米	10980696.46	119943853.72	50816672.13	39330066.56
	场地面积/平方米	77326368.79	1129321243.02	372032321.28	295825598.70
合作运营	场地数量/个	344	2794	1352	2281
	建筑面积/平方米	494838.68	2180996.15	4290500.51	669204.83
	场地面积/平方米	6702583.90	8970496.00	20032039.63	6247812.09
委托运营	场地数量/个	1303	3403	3462	5892
	建筑面积/平方米	554500.42	3500232.75	5658861.61	1939605.34
	场地面积/平方米	1664467.80	6527757.09	17743324.20	4690115.27

（三）不同类型体育场地的运营模式

在各类型体育场地中，篮球场、全民健身路径、乒乓球场是自主运营模式下最多的 3 种体育场地类型。（表 8−2）

表 8−2　自主运营模式下各类型体育场地前 10 名

场地类型	自主运营/个	场地类型	自主运营/个
篮球场	591978	乒乓球房（馆）	47513
全民健身路径	362475	排球场	40762
乒乓球场	144930	羽毛球场	34892
其他类体育场地	101682	棋牌房（室）	25743
小运动场	88707	健身房（馆）	20766

而在合作运营和委托运营模式下，前 3 名发生了细微的变化，即篮球场、全民健身路径依然是数量最多的两类体育场地，但是排在第三的是室外游泳池，数量分别为 376 个、1273 个，说明目前我国室外游泳池多采用合作运营模式和委托代理模式进行运营管理。（表 8－3、表 8－4）

表 8－3　合作运营模式下各类型体育场地排名前 10 名

场地类型	合作运营/个	场地类型	合作运营/个
篮球场	1320	健身房（馆）	308
全民健身路径	987	综合房（馆）	260
室外游泳池	376	小运动场	253
室外网球场	362	乒乓球房（馆）	245
其他类体育场地	358	乒乓球场	226

表 8－4　委托运营模式下各类型体育场地排名前 10 名

场地类型	委托运营/个	场地类型	委托运营/个
全民健身路径	3936	乒乓球房（馆）	474
篮球场	2084	乒乓球场	474
室外游泳池	1273	游泳馆	443
室外网球场	947	健身房（馆）	442
棋牌房（室）	486	综合房（馆）	379

（四）大型体育场馆运营模式选择

以第六次全国体育场地普查数据为基础，重点剖析我国 1093 个大型体育场馆的运营情况。通过分析得出，1093 个大型体育场馆中，采用自主运营模式的有 984 个，所占比例为 90.03%；采用委托运营模式的体育场馆有 67 个，所占比例为 6.13%；采用合作运营模式的场馆有 42 个，所占比例为 3.84%。（表 8－5）

表8-5　大型体育场馆采用不同运营模式数量与比例　　　　$n=1093$

运营模式	数量/个	占场馆总数比例/%
合作经营	42	3.84
委托经营	67	6.13
自主经营	984	90.03

综上所述，无论从总体的视角，还是从大型体育场地的角度，自主运营模式都是现阶段我国绝大多数体育场地采用的运营模式，委托运营模式的采用量要略多于合作运营模式。

（五）不同地区大型体育场馆运营模式选择

从不同地区来看，经济发达地区对于合作运营和委托运营模式的接受度和认可度要相对较高。东部和中部地区大型体育场地采用自主运营模式的比例为88%左右，而西部地区和东北地区分别为92.48%和96.59%，超过全国总平均90.03%的水平。东部地区和中部地区采取合作运营和委托运营模式的体育场地数量占比均超过全国平均占比，特别在合作运营模式上，西部地区和东北地区与东部地区和中部地区差距较大。（表8-6）

表8-6　不同地区大型体育场馆运营模式占比　　　　$n=1093$

地区	合作经营/%	委托经营/%	自主经营/%
东部	4.41	7.42	88.17
中部	5.22	6.72	88.06
西部	2.61	4.90	92.48
东北	1.14	2.27	96.59

近年来，我国一些大型体育场馆采用企业化经营模式，建立了具有独立法人资格的现代企业制度来经营体育场馆，实行现代企业管理制度和财务制度，取得了良好的效果。因此，对我国事业单位的体育场地进行企业化改革是未来的发展趋势。在我国体育场地运营模式改革过程中，应选择多样化的运营模式，深入挖掘合作运营模式与委托运营模式的潜力。

三、我国体育场地的从业人员

截至 2013 年 12 月 31 日 24 时，我国体育场地从业人员总人数达到 1682099 人，根据全国目前拥有体育场地数量 1638805 个来计算，平均每个体育场地从业人数 1.026 人。

（一）规模体育场地从业人员

全国规模体育场地的从业人数为 70206 人，占到总从业人员人数的 4.17%。其中，全国体育场从业人员人数为 18898 人，体育馆从业人员人数为 18622 人，游泳馆从业人员人数为 32350 人，跳水馆从业人员人数为 336 人。此外，我国 1093 个大型体育场地从业总人数为 17513 人，体育场、体育馆、游泳馆、跳水馆的从业人数分别为 5233 人、9862 人、2335 人和 83 人。另统计，目前全国体育运动学校体育场地的从业人员人数为 17769 人，仅占到总从业人数的 1.1%，其中广东省的学校体育场地从业人员人数最多，达到 3862 人；而最少的新疆生产建设兵团的学校体育场地从业人员人数仅有 9 人。

目前我国体育场地的从业人员多为体育系统内部人员，基本上以体育局的干部、退役的运动员为主，另有少量的体育场地和设备维护的专业技术人员。体育场地管理人员普遍文化层次不高，高学历的管理人员和专业技术人员更是不足，而从事简单劳动的人员又过剩，管理人员的整体素质有待提高。

体育场地从业人员特别是专业的体育场地经营管理人才是提高体育场地经营管理水平的重要因素，是体育场地管理者所拥有的无形资产，对体育场地的经营管理起着至关重要的作用。只有高素质的经营管理人员，才能够从根本上提高全国经营性体育场地的经营管理水平，开发出具有市场需求的体育服务产品。从我国体育场地从业人员的数据可以看出，我国体育场地从业人员总体处于不足的状况。随着我国体育场地的不断发展和扩大，未来体育场地从业人员的需求缺口还是较大的。因此，应尽快完善体育场地从业人才培养机制，建立完善的专业体育从业人才培养体系，为未来体育场地发展储备高素质的经营管理人才。

（二）各省区市体育场地从业人员

2013 年度，全国各省区市和新疆生产建设兵团（不包含火车头、武警系统及港澳台地区），体育场地从业人员数量排在前 10 名的省区市分别为广东省、河南省、浙江省、山东省、江苏省、四川省、广西壮族自治区、河北省、山西省和湖北省。（图8－6）

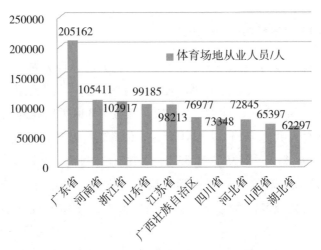

图8－6　排名前10的各省区市体育场地从业人员

排在后 10 名的省区市分别为福建省、吉林省、甘肃省、新疆维吾尔自治区、内蒙古自治区、海南省、天津市、宁夏回族自治区、青海省、西藏自治区、新疆生产建设兵团。

可以看出，从业人员的数量规模具有明显的地区差异性。东部、中部地区的省份由于体育场地数量本身较多，所以，需要体育场地从业人员的数量自然也就较多，总体上都处于中等水平。但是，观察排在后 8 位的省份中，除天津市和海南省以外，其他省区市都位于西部地区，说明这些区域的体育场地从业人员管理方面处于落后地位，需要政府出台相应政策予以扶持。

按照单个体育场地从业人员数量由高到低排列，依次为北京市、黑龙江省、吉林省、海南省、广东省、上海市、河南省、陕西省、贵州省和四川省。（图 8－7）

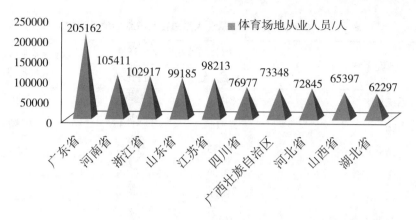

图 8 - 7　排名前 10 的各省区市单个体育场地从业人员

在这些省区市中，除广东省、河南省是由于单个体育场地数量大而形成的从业人员总数庞大外，其余省份都是在有限的体育场地数量和一定规模的前提下，配备了相对较多的专职从业人员从事体育场地的维护和管理。

但是，如果从单个体育场地从业人员数量的绝对规模来看，除北京市以外，其余省区市每块体育场地从业人员的平均人数均没有达到 2 人，说明我国体育场地从业人员数量整体还存在供给不足的问题。

（三）各系统体育场地从业人员

按照全国各系统体育场地从业人员总量来看，其他系统体育场地从业人员最多，有 1071164 人，占体育场地从业人员总数的 63.68%；教育系统体育场地从业人员为 529184 人，占体育场地从业人员总数的 31.46%；体育系统场地从业人员为 81751 人，占体育场地从业人员总数的 4.86%。其中，在教育系统内部，体育场地从业人数最多的单位是中小学，人数为 475439 人，占体育场地从业人员总数的 28.26%；高等院校的体育场地从业人员人数为 30773 人，占体育场地从业人员总数的 1.83%；中专中技的体育场地从业人员人数有 13289 人，占体育场地从业人员总数的 0.79%；其他教育系统单位体育场地从业人员人数最少，仅有 9683 人，占体育场地从业人员总数的 0.58%。（表 8 - 7）

表8-7 各系统体育场地从业人员总量及单个场地平均数量

所在系统	体育场地从业人员总量		单个场地平均从业人员数量/人
	数量/人	占比/%	
体育系统	81751	4.86	3.36
教育系统	529184	31.46	0.80
其中：高等院校	30773	1.83	0.62
中专中技	13289	0.79	0.72
中小学	475439	28.26	0.81
其他教育系统单位	9683	0.58	1.32
其他系统	1071164	63.68	1.12
合计	1682099	100.0	1.03

按照各系统单个体育场地平均从业人员数量来看，体育系统最多，单个场地从业人员3.36人；其次是其他系统，单个场地从业人员1.12人；教育系统单个场地从业人员数量最少，仅为0.8人。

由此可见，教育系统是我国现阶段体育场地从业人员人数空间提升的主要领域，加强对教育系统体育场地从业人员的培训以及增加专门体育场地管理人员，成为现阶段体育场地从业人员队伍建设的当务之急。此外，体育系统虽然从业人数不多，但是单个体育场地的从业人员数量要远远高于全国平均水平，几乎达到3倍，说明体育系统的体育场地从业人员具有充足的就业岗位，而教育系统与其他系统的单个体育场地平均从业人员人数少，反映了当前体育场地数量和从业人口需求之间的供需矛盾，需要进一步采取有力措施防止这一矛盾扩大。

（四）各场地单位类型体育场地从业人员数量

全国体育场地的各种类型单位中，按照各类型单位体育场地从业人员总量来看：行政机关的体育场地从业人员总量最少，人数为82819人，仅占到体育场地从业人员总数的4.9%；其他单位的体育场地从业人员数量最多，为628616人，占体育场地从业人员总数的37.4%；事业单位与其他单位的从业人数相当，总数达到608830人，占体育场地从业人员总数的36.2%；企业类型的体育场地从业人员361834人，占体育场地从业人员总数的 21.5%。

仅从人数总量分布来分析，我国各类型单位的体育场地从业人员分布集中在事业、其他单位，而行政机关从业人数较少。（表 8-8）

表 8-8　全国各单位类型体育场地从业人员总量及单个场地平均从业人员数量

单位类型	体育场地从业人员总量		单个场地平均从业 人员数量/人
	数量/人	占比/%	
行政机关	82819	4.92	0.99
事业单位	608830	36.19	0.89
企业	361834	21.51	2.70
其他单位	628616	37.37	0.86
合计	1682099	100.0	1.03

按照单个场地平均从业人员数量从高到低排列，依次为企业类型（2.7人）、行政机关（0.99人）、事业单位（0.89人）、其他单位（0.86人）。由此可知，从单个体育场地承载的从业人员来看，除企业类型管理的体育场地从业人员平均人数多于 1 人，其他类型管理的体育场地从业人员均不到 1 人，说明我国 2013 年度各单位类型管理下的体育场地从业人员严重匮乏，需要继续培育专门管理人员。

（五）各种类型体育场地从业人员

全国 83 类体育场地中，按照体育场地从业人员数量由高到低排列，排在前 10 位的体育场地类型为以下 10 个类型场地。

（1）篮球场，从业人员有 426639 人，占从业人员总数的 25.4%。

（2）全民健身路径，从业人员 301003 人，占从业人员总数的 17.9%。

（3）小运动场，从业人员 116123 人，占从业人员总数的 6.9%。

（4）乒乓球场，从业人员 104359 人，占从业人员总数的 6.2%。

（5）其他类型体育场地，从业人员 90169 人，占从业人员总数的 5.4%。

（6）高尔夫球场，从业人员 65534 人，占从业人员总数的 3.9%。

（7）健身房（馆），从业人员 55968 人，占从业人员总数的 3.3%。

（8）游泳馆，从业人员 50826 人，占从业人员总数的 3.0%。

（9）乒乓球房（馆），从业人员 50094 人，占从业人员总数的 2.98%。

（10）综合房（馆），从业人员 50084 人，占从业人员总数的 2.97%。

排名前 10 位的场地类型从业人员数量共计 1310799 人，占所有类型体育场地从业人员的 77.9%。

通过上述数据可以看出，目前我国各种类型体育场地从业人数数量最多的是篮球场，说明篮球场的管理是目前我国各类型体育场地人员管理方面比较完善的。这个结果也从侧面反映出，篮球场地在我国各类体育场地使用中是最为频繁、需要人员管理和维护最为迫切的体育场地类型。同样，全民健身路径、乒乓球场、游泳馆、健身房等体育场地的从业人员数量占据前列，也在一定程度上代表了这些类型体育场地在我国大众体育健身活动中受欢迎的程度。

高尔夫球场的从业人员虽然数量众多，但这是由高尔夫球场在运营管理方面的特性所决定的。由于高尔夫球场地占地面积广阔，需要草坪养护人员也较多，包括场地草坪的修剪、施肥、灌溉等一系列养护人员，而且高尔夫球场还需要类似球童、陪练、教练、场地服务等人员。

四、我国体育场地的对外开放

通过对第六次全国体育场地普查数据的分析，我们发现 2013 年度我国体育场地的对外开放率处于中等水平，还有很大的提升空间。目前，我国全天开放的体育场地数量为 845363 个，占全部体育场地的 51.58%；部分时段开放的体育场地数量为 234049 个，占全部体育场地的 14.28%；不开放的体育场地数量为 559393 个，占全部体育场地的 34.13%。全天开放与部分时段开放的体育场地数量之和为 1079412 个，整体开放率为 65.86%[1]。

（一）各省区市体育场地对外开放情况

统计全国各省区市，就不对外开放体育场地数量所占比例来看，排在前 10 位的省区市分别是广西壮族自治区、宁夏回族自治区、吉林省、甘肃省、新疆维吾尔自

---

[1] 对外开放率等于部分对外开放与全天开放的体育场地数量之和除以总数。

治区、青海省、贵州省、内蒙古自治区、云南省、西藏自治区。（图 8 – 8）

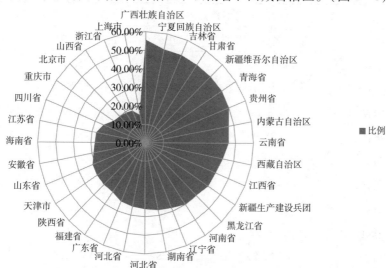

图 8 – 8　全国各省区市不对外开放体育场地数量占比情况

从全国体育场地对外开放的总体情况看，东南沿海省份和直辖市的对外开放情况普遍要好于中部地区，而中部地区又要好于西部经济相对落后的地区。（表 8 – 9）

表 8 – 9　各省区市体育场地对外开放数量及占比

省区市	部分时段开放		全天开放	
	占本省区市比/%	数量/个	占本省区市比/%	数量/个
广东省	17. 56	25765	47. 90	70274
广西壮族自治区	9. 48	7035	34. 73	25766
江苏省	19. 70	24077	52. 67	64391
河南省	17. 26	14270	43. 25	35753
山东省	8. 98	9088	59. 95	60644
江西省	16. 09	10702	41. 92	27882
湖北省	13. 82	10966	51. 21	40631
云南省	4. 73	2823	48. 94	29189
浙江省	14. 13	17650	66. 83	83505
河北省	5. 22	3383	59. 25	38379

省区市	部分时段开放		全天开放	
	占本省区市比/%	数量/个	占本省区市比/%	数量/个
湖南省	17.33	9975	45.70	26309
福建省	11.41	7160	56.57	35490
辽宁省	8.73	4532	53.53	27783
四川省	25.96	17587	48.65	32954
贵州省	20.76	6678	28.69	9228
安徽省	37.61	20004	33.14	17627
甘肃省	13.77	4169	35.12	10634
新疆维吾尔自治区	3.91	1026	45.16	11836
陕西省	10.29	4128	57.81	23182
山西省	5.14	3274	75.07	47834
内蒙古自治区	10.75	2726	42.18	10700
黑龙江省	10.34	2871	50.06	13905
吉林省	9.85	2085	38.54	8161
重庆市	18.74	7616	60.19	24467
宁夏回族自治区	7.66	885	40.46	4672
上海市	18.55	7144	66.02	25420
天津市	5.86	951	62.52	10149
北京市	14.45	2902	65.17	13088
青海省	2.88	230	46.37	3699
海南省	14.39	1756	57.74	7045
西藏自治区	5.94	360	50.31	3051
新疆生产建设兵团	8.04	276	49.99	1715

（二）体育场地对外开放天数

全国在2013年度对外开放的体育场地中，可以将开放天数划分为1～90天、

91 ~ 180 天、181 ~ 270 天、271 天以上 4 个区间。

全国各省区市对外开放的体育场地中，年均开放天数的体育场地数量分布情况差异比较明显。主要体现在两个方面：一是地区差异，即东部地区、中部地区、西部地区体育场地开放天数差异明显，表现为东部地区省份好于中部地区省份，中部地区省份好于西部地区省份。二是各省区市内的差异，即在同一个省或者省与省之间，4 个开放时段（1 ~ 90 天/年、91 ~ 180 天/年、181 ~ 270 天/年、271 天/年以上）也存在较大不同。

比较典型的像上海市，体育场地对外开放情况在全国属于领先水平，但是体育场地年均开放天数在 1 ~ 90 天的这一指标仅为 19.83%，是全国最少的。也就是说，上海的体育场地虽然对外开放情况比较好，但是开放天数主要集中 181 ~ 270 天/年，这表明还需要进一步加强体育场地全面开放的力度。（表 8 - 10）

表 8 - 10　各省区市对外开放体育场地的开放天数

省区市	1 ~ 90 天/年/个		91 ~ 180 天/年/个		181 ~ 270 天/年/个		271 天/年以上/个	
	数量/个	占比/%	数量/个	占比/%	数量/个	占比/%	数量/个	占比/%
北京市	13781	68.62	1144	5.70	665	6.42	400	1.50
天津市	9186	56.59	1473	9.07	255	3.31	186	1.99
河北省	36893	56.96	3180	4.91	1360	1.57	329	1.15
山西省	47851	75.10	1513	2.37	1558	2.10	186	0.51
内蒙古自治区	10039	39.58	2183	8.61	1076	2.45	128	0.29
辽宁省	27958	53.87	2499	4.81	1594	4.24	264	0.50
吉林省	7602	35.90	1469	6.94	1037	3.07	138	0.51
黑龙江省	13408	48.27	1373	4.94	1667	4.90	328	0.65
上海市	7634	19.83	21890	56.85	2392	6.00	648	1.18
江苏省	66544	54.43	8598	7.03	11181	6.21	2145	1.68
浙江省	88451	70.79	5218	4.18	6025	9.15	1461	1.75
安徽省	19453	36.57	5774	10.86	10364	4.82	2040	1.17
福建省	38223	60.93	1669	2.66	2168	19.49	590	3.84
江西省	25411	38.20	6567	9.87	4988	3.46	1618	0.94
山东省	54128	53.50	7608	7.52	6693	7.50	1303	2.43
河南省	32613	39.45	6757	8.17	8895	6.62	1758	1.29

省区市	1～90天/年/个		91～180天/年/个		181～270天/年/个		271天/年以上/个	
	数量/个	占比/%	数量/个	占比/%	数量/个	占比/%	数量/个	占比/%
湖北省	38720	48.80	7404	9.33	4510	10.76	963	2.13
湖南省	25829	44.87	6028	10.47	3610	5.68	817	1.21
广东省	78449	53.47	6926	4.72	8309	6.27	2355	1.42
广西壮族自治区	23830	32.12	3609	4.87	4009	5.66	1353	1.61
海南省	6930	56.79	1238	10.15	440	5.40	193	1.82
重庆市	25333	62.32	2844	7.00	2811	3.61	1095	1.58
四川省	31110	45.93	5761	8.51	11154	6.92	2516	2.69
贵州省	10598	32.95	1932	6.01	2954	16.47	422	3.71
云南省	28380	47.59	2295	3.85	1073	9.18	264	1.31
西藏自治区	2959	48.80	152	2.51	252	1.80	48	0.44
陕西省	22545	56.22	2887	7.20	1511	4.16	367	0.79
甘肃省	10558	34.87	2343	7.74	1388	3.77	514	0.92
青海省	3413	42.78	376	4.71	129	4.58	11	1.70
宁夏回族自治区	4587	39.72	295	2.55	607	1.62	68	0.14
新疆维吾尔自治区	10702	40.84	1765	6.73	353	5.26	42	0.59
新疆生产建设兵团	1131	32.96	700	20.40	138	1.35	22	0.16

（三）各系统体育场地对外开放情况

全国各系统体育场地中，虽然体育系统的体育场地数量在各个系统中最少，仅有24322个，但是体育系统对外开放情况还是比较好的，数量为20524个，对外开放率（部分对外开放与全天开放之和）达到84.38%。而教育系统在全国各系统体育场地中的对外开放情况不容乐观，在所有660521个体育场地中，开放率为仅为31.67%。其他系统体育场地对外开放情况最好，开放率高达89.07%。其他系统体育场地对外开放率最高的原因，主要得益于社区体育场地和大型高尔夫球场隶属于其他系统，所以，在计算对外开放情况时，可能拉高了这一比例。因为社区体育场地和大型高尔夫球场基本都是100%对外开放或者对外运营。（表8-11）

表8-11　各系统体育场地对外开放情况的场地数量及占比

所在系统	所有场地数量/个	不开放		部分时段开放		全天开放		开放率占比/%
		数量/个	占比/%	数量/个	占比/%	数量/个	占比/%	
体育系统	24322	3798	15.62	4868	20.01	15656	64.37	84.38
教育系统	660521	451314	68.33	153072	23.17	56135	8.50	31.67
其中：高等院校	49750	27393	55.06	10294	20.69	12063	24.25	44.94
中专中技	18573	12979	69.88	4198	22.60	1396	7.52	30.12
中小学	584865	406459	69.50	136918	23.41	41488	7.09	30.50
其他教育系统单位	7333	4483	61.13	1662	22.66	1188	16.20	38.87
其他系统	953962	104236	10.93	76154	7.98	773572	81.09	89.07

按照全国各系统对外开放体育场地年均开放天数271天以上排列，其他系统的体育场地数量遥遥领先，达到724612个，占该系统体育场地总数的76%；其次是体育系统的体育场地，达到17099个，占该系统体育场地总数的70.3%；最后是教育系统，只有82533个，占该系统体育场地总数的12.5%。

我们通过对此次数据分析还发现，对外开放体育场地年均开放天数与体育场地数量呈现正比例关系，即体育场地的数量越多，开放时间越多天数的也越多。但是也存在例外情况，在其他系统的体育场地中，对外开放天数为181～270天/年的体育场地数量要比对外开放天数为271天/年的体育场地数量多。（表8-12）

表8-12　各系统对外开放体育场地的开放天数分布状况

所在系统	1～90天/（年/个）	91～180天/（年/个）	181～270天/（年/个）	271天/（年以上/个）
体育系统	507	1224	1694	17099
教育系统	14899	66952	44818	82538
其中:高等院校	498	2195	3611	16053
中专中技	472	1836	1133	2153
中小学	13773	62281	39533	62819
其他教育系统单位	156	640	541	1513
其他系统	9166	36990	78958	724612

教育系统中各类学校体育场地的开放率不高，是制约我国体育场地提高开放率的一个重要因素。虽然教育系统的体育场地需要保证正常的体育教学和课外体育活动或训练，但是，目前的开放率处于较低的水平，还有很大的潜力可挖。因此，提高各类学校体育场地的开放率，是缓解我国目前体育场地设施供给与需求矛盾的有效手段。教育系统的体育场地要加强宏观管理，课余时间向学生开放，并采取有力措施加强安全保障，加快推进体育场地向社会公众开放。

随着我国体育事业的快速发展和大众对体育场地设施需求的不断增加，体育场地的对外开放问题将越来越受到重视。政府要积极推动各级各类公共体育设施免费或低收费开放，加快推进企事业单位的体育场地向社会开放。

（四）各种类型体育场地对外开放情况

按照全国各类型对外开放体育场地数量从高到低排列，排名前10位的类型分别为篮球场（367325）、全民健身路径（346506）、乒乓球场（91018）、其他类体育场地（35403）、乒乓球房（馆）（29035）、小运动场（26864）、棋牌房（室）（24306）、羽毛球场（19038）、排球场（15188）、健身房（馆）（14221）。（图8-9）

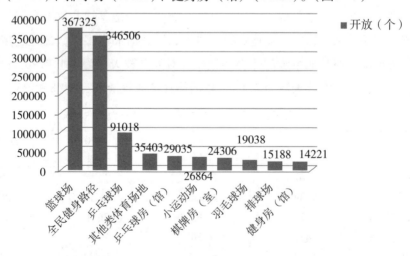

图8-9　全国对外开放场地数量排名前10位的各类型场地

可以发现，在排名前10的体育场地类型中，除了全民健身路径、棋牌房以及健身房，其余都是球类项目，并且这些球类项目都是我国目前群众喜闻乐见、普及程度较高的体育项目，如篮球、乒乓球、羽毛球、排球等。这说明群众参与该类体育项目的需求与体育场地的开放数量存在某种必然的联系。

按照各类型体育场地对外开放场地的数量占该类型体育场地之比从高到低排列，超过 90% 的场地类型有 13 类，包括登山步道（100%）、户外营地（100%）、室内滑雪场（100%）、室内曲棍球场（100%）、城市健身步道（99.93%）、天然游泳场（98.27%）、室外人工滑雪场（96.98%）、室内轮滑场（96.58%）、卡丁车赛车场（95.74%）、室内冰球场（含短道速滑和花样滑冰）（95.24%）、全民健身路径（94.31%）、棋牌房（室）（92.14%）、室内速滑场（90.91%）等。

可以发现，有 4 类体育场地的对外开放率达到了 100%，其中登山步道和户外营地，由于本身场地类型性质有利于向群众开放，且开放时段以全天开放为主。而室内滑雪场和室内曲棍球场的开放率达到 100%，则是由于我国本身该类型的体育场地数量较少，如室内滑雪场，此次普查数据显示全国只有 8 家，均为全天对外开放模式。而室内曲棍球场全国只有 1 家，为部分时段开放。

在所有体育场地类型中，对外开放率最低的 10 种场地类型分别为室外曲棍球场（36.92%）、室外射击场（36.54%）、田径场（35.28%）、其他类体育场地（34.62%）、田径房（馆）（32.75）、小运动场（30.16%）、射击房（馆）（16.76%）、举重房（馆）（15.64%）、板球场（14.29%）、自行车赛车馆（12.50%）。（表 8－13）

表 8－13　全国对外开放场地数量占比排名末 10 位的各类型场地

场地类型	合计数量/个	不开放/个	部分时段开放/个	全天开放/个	比例/%
室外曲棍球场	65	41	15	9	36.92
室外射击场	156	99	26	31	36.54
田径场	10995	7116	2516	1363	35.28
其他类体育场地	102268	66865	17756	17647	34.62
田径房(馆)	171	115	44	12	32.75
小运动场	89084	62220	19922	6942	30.16
射击房(馆)	346	288	34	24	16.76
举重房(馆)	275	232	33	10	15.64
板球场	7	6	1	0	14.29
自行车赛车馆	8	7	0	1	12.50

数据表明，排名最后10类的对外开放数量占比均不超过40%。通过观察这些项目类型，我们发现，此类体育场地对外开放率较低是有一定原因的。由于竞赛项目或者群众基础较薄弱项目的体育场地，如举重、射击、板球等体育场项目群众参与度低，导致运营该类体育场地的管理者，为了降低运营成本而选择不对外开放。

五、我国体育场地收入支出情况

2013年度体育场地的运营收支情况总体表现为入不敷出。2013年，我国所有体育场地实现收入6452017.5万元，实现支出6616778.8万元，净收入为 - 164761.30万元。单个体育场地平均年收入为3.94万元，平均年支出为4.04万元，平均每块体育场地的净收入为 - 0.1万元。

（一）各场地单位类型体育场地收入支出情况

全国各种类型管理单位的体育场地中，企业管理的体育场地在年收入、年支出和净收益3个指标中均名列第一。2013年度，全国各类型管理单位体育场地按照实现收入由高到低排列依次为以下4个类型管理单位。（表8 - 14）

（1）企业管理的体育场地实现收入2890815.3万元，占总收入的44.80%。

（2）事业单位管理的体育场地实现收入2008981.0万元，占总收入的31.14%。

（3）其他单位管理的体育场地实现收入1354816.3万元，占总收入的21.0%。

（4）行政机关管理的体育场地实现收入197404.9万元，占总收入的3.06%。

2013年度，全国各类型管理单位体育场地按照盈利能力由高到低排列依次为以下4个类型管理单位。（表8 - 14）

（1）企业单位管理的体育场地实现净收益170589.4万元，也是各类型场地管理单位中唯一盈利的单位类型。

（2）事业单位管理的体育场地亏损769.9万元。

（3）行政机关管理的体育场地亏损60851.7万元。

（4）其他单位管理的体育场地亏损最为严重，总共亏损273729.1万元。

表8－14　2013年度各类型管理单位体育场地实现收入、支出、单个场地收支情况

单位类型	实现收入		实现支出		单个场地平均年收入/万元	单个场地平均年支出/万元	单个场地平均净收益/万元
	收入/万元	占比/%	支出/万元	占比/%			
行政机关	197404.9	3.06	258256.6	3.90	2.35	3.08	-0.73
事业单位	2008981.0	31.14	2009750.9	30.37	2.93	2.93	0.00
企业	2890815.3	44.80	2720225.9	41.11	21.56	20.29	1.27
其他单位	1354816.3	21.00	1628545.4	24.61	1.85	2.22	-0.37

（二）各系统体育场地收入支出情况

在全国各个系统体育场地收入支出的数据中，可以发现体育系统体育场地经营情况好于教育系统和其他系统体育场地，并且是实现了收入大于支出。教育系统内部体育场地收支状况差异明显，中小学和高等院校体育场地的支出要远远高于收入，而中专中技和其他教育系统单位体育场地收支状况也不容乐观，但相对要好于中小学和高等院校的体育场地。

2013年度，我国所有体育场地实现收入6452017.5万元。其中，体育系统实现收入849646.4万元，占总收入的13.17%；教育系统实现收入1369491.4万元，占总收入的21.23%；其他系统实现收入4232879.7万元，占总收入的65.61%。

2013年，全国各系统体育场地共支出6616778.8万元。其中：体育系统支出808350.0万元，占总支出的12.22%；教育系统支出1452378.8万元，占总支出的21.95%；其他系统支出4356050万元，占总支出的65.83%。（表8－15）

表8－15　2013年度各系统体育场地实现收入、支出及占比情况

所在系统	实现收入		实现支出		实现净收支/万元
	收入/万元	占比/%	支出/万元	占比/%	
体育系统	849646.4	13.17	808350.0	12.22	41266.40
教育系统	1369491.4	21.23	1452378.8	21.95	-82887.40

续表

所在系统	实现收入		实现支出		实现净收支/
	收入/万元	占比/%	支出/万元	占比/%	万元
其中:高等院校	103945.9	1.61	130717.4	1.98	-26771.50
中专中技	25745.2	0.40	26921.0	0.41	-1175.80
中小学	1181871.1	18.32	1235831.9	18.68	-53960.80
其他教育系统单位	57929.2	0.90	58908.5	0.89	-979.30
其他系统	4232879.7	65.61	4356050.0	65.83	-123170.30
合计	6452017.5	100.00	6616778.8	100.00	-164761.3

（三）各隶属关系体育场地收入支出情况

按照体育场地单位各隶属关系划分标准来看，2013 年度我国中央、省/自治区/直辖市、地区/市/州/盟、县/市/旗、街道/镇/乡、居民/村民委员会及其他隶属关系的体育场地总收入为 6452017.5 万元。其中，其他隶属关系、街道/镇/乡、县/市/旗、居民/村民委员会排在前 4 位，总收入分别为 1819601.5 万元、1394700.3 万元、1158903.1 万元和 931522.2 万元。

2013 年度我国各隶属单位的体育场地总支出为 6616778.8 万元。其中隶属于其他一级的体育场地支出最多，为 1699068.1 万元；街道/镇/乡一级的体育场地支出为 1570619.1 万元；县/市/旗一级的体育场地支出是 1150277.3 万元；隶属于居民/村民委员会一级的体育场地总支出为 1070081.7 万元。（表 8-16）

表 8-16　2013 年度各隶属关系体育场地实现收入、支出及占比

不同隶属关系	实现收入		实现支出		实现净收支/
	收入/万元	占比/%	支出/万元	占比/%	万元
中央	93157.5	1.44	88326.8	1.33	4830.7
省/自治区/直辖市	363192.8	5.63	355796.1	5.38	7396.7
地区/市/州/盟	690940.0	10.71	682609.6	10.32	8330.4
县/市/旗	1158903.1	17.96	1150277.3	17.38	8625.8

续表

不同隶属关系	实现收入		实现支出		实现净收支/万元
	收入/万元	占比/%	支出/万元	占比/%	
街道/镇/乡	1394700.3	21.62	1570619.1	23.74	-175918.8
居民/村民委员会	931522.2	14.44	1070081.7	16.17	-138559.5
其他	1819601.5	28.20	1699068.1	25.68	120533.4
合计	6452017.4	100.00	6616778.7	100.00	-164761.3

数据表明，2013年度我国各隶属关系的体育场地收支状况总体上虽然表现为入不敷出，但是并不能代表各个层级隶属关系的体育场地收支状况都是一样。从上表我们发现，除去其他隶属关系的体育场地运营状况呈现收入大于支出的情况外，体育场地的收支状况与隶属关系层级高低有着密切关系，即我国隶属关系层级最低的居民/村民委员会以及街道/镇/乡等，都是支出大于收入，呈现亏损现象，而隶属于层级比较高的体育场地运营情况都是盈利状态。未来我国体育场地运营状况的主要问题之一就是如何提高基层体育场地的盈利能力，并为基层体育场地运营提供良好的政策支持。

（四）各种类型体育场地收入支出情况

由于体育项目市场特征不同，2013年度我国83类体育场地各自总收入和总支出差异明显。

按照全国各类型体育场地2013年度实现收入由高到低排列，排名前10位的场地类型是高尔夫球场地收入859680.6万元、篮球场地收入700341.6万元、室外游泳场地收入553786.8万元、综合房（馆）收入505208.3万元、游泳馆收入406206.2万元、小运动场收入332286.4万元、健身房（馆）收入292055.2万元、全民健身路径收入273304.4万元、其他类体育场地收入218857.1万元、体育场收入213412.0万元。（图8-10）

排名前10位体育场地类型2013年度共实现收入4355138.6万元，占所有类型体育场地收入的67.5%。

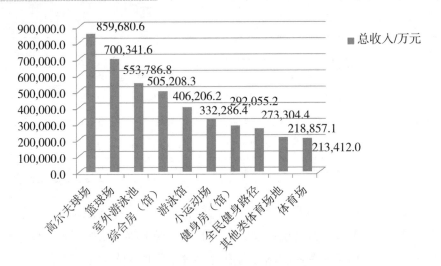

图8-10　各类型体育场地运营收入前10名

2013 年度，全国 83 类体育场地中，48 类体育场地收入大于支出；2 类体育场地（室内曲棍球场、室外人工冰壶场）2013 年收入与支出相等，净收益为 0 万元；其他 33 类体育场地 2013 年收入小于支出，处于亏损状态。

按照全国各类型体育场地 2013 年净收支由高到低排列，排名前 10 位的场地类型是小运动场 70202 万元、室外游泳池 60446 万元、游泳馆 54898.9 万元、室内轮滑场 49709.8 万元、羽毛球房（馆）47947.8 万元、综合房（馆）39528.6 万元、室外跳水池 28381.4 万元、水上运动场 27687.4 万元、台球房（馆）27098.1 万元、登山步道 16270.7 万元。

可以发现，这些体育场地均是场地维护成本较低，日常运营成本也较低，关键是受大众欢迎和喜欢的运动项目场地，参与人数众多，如游泳池和游泳馆，消费人群众多，而登山步道则为一次性投入，盈利具有可持续性。

亏损最为严重的 10 类体育场地类型是全民健身路径 -208202.2 万元、篮球场 -170479 万元、田径场 -80342.7 万元、体育馆 -57521 万元、户外营地 -44468.8 万元、城市健身步道 -21242.3 万元、健身房（馆）-17306.5 万元、乒乓球场 -14258.7 万元、足球场 -12269.1 万元、室内速滑场 -8508.2 万元。

通过上述数据分析，我国目前亏损较为严重的体育场地类型均为大众参与健身的体育场所，且无偿或者低收费向社会公众开放，因此，这些类型体育场地利用率较高。但是，这些体育场地不仅是建造场地的一次性投入较高，而且日常维修、养护和修建的成本也很高。这些类型的体育场地作为基本公共体育服务的组成部分，均需要政府公共财政的投入。如何转变政府职能，保障这些体育场地的正常运营，处理好公益性与市场化运营的关系，是未来需要探索和解决的问题。

（五）各省区市大型体育场馆收入支出情况

该部分主要从全国各省区市的大型体育场馆收入支出情况进行分析。首先，各省区市的大型体育场馆收入支出情况，地区差异显著，东部地区要好于中部地区、而中部地区又是要好于西部地区。人口密度大的地区，要好于人口密度较小的地区，经济水平高的地区好于经济水平相对落后的地区。

2013 年度，全国各省区市和新疆生产建设兵团的 1093 个大型体育场馆实现收入 138045 万元，按照收入从高到低排序依次为以下前 10 名。

（1）广东省，55297 万元，占总收入的 40.06%。

（2）上海市，14036 万元，占总收入的 10.17%。

（3）辽宁省，13185 万元，占总收入的 9.55%。

（4）北京市，8534 万元，占总收入的 6.18%。

（5）江苏省，7787 万元，占总收入的 5.64%。

（6）河北省，4359 万元，占总收入的 3.16%。

（7）四川省，4127 万元，占总收入的 2.99%。

（8）山东省，4021 万元，占总收入的 2.91%。

（9）黑龙江省，3663 万元，占总收入的 2.65%。

（10）陕西省，3557 万元，占总收入的 2.58%。

可以发现，仅广东一个省的大型体育场馆收入就占到了全国的 40% 以上，说明我国大型体育场馆收入渠道单一，地域比较集中，大多位于上海、广东、北京等一线省区市域。（图 8 - 11）

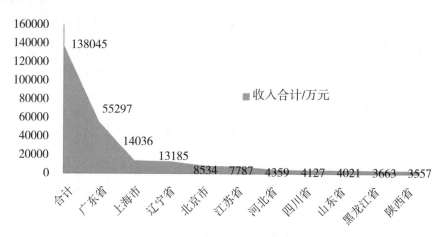

图8-11　全国排名前10的各省区市大型体育场馆运营收入情况

2013年度，全国各省区市和新疆生产建设兵团的大型体育场馆总支出163724万元，按照总支出数额从高到低排序依次为以下前10名。

（1）广东省，84756万元，占总支出的51.77%。

（2）上海市，13578万元，占总支出的8.29%。

（3）辽宁省，13015万元，占总支出的7.95%。

（4）江苏省，7355万元，占总支出的4.49%。

（5）北京市，6967万元，占总支出的4.26%。

（6）河北省，5051万元，占总支出的3.09%。

（7）四川省，3968万元，占总支出的2.42%。

（8）山东省，3784万元，占总支出的2.31%。

（9）陕西省，3554万元，占总支出的2.17%。

（10）黑龙江省，3478万元，占总支出的2.12%。

可以发现，全国大型体育场馆的总支出与总收入的数额排在前10位的省区市完全一致，仅有排在第4位、第5位的江苏省和北京市以及排在第9位、第10位的陕西省和黑龙江省的位置发生了变化，说明我国大型体育场馆的运营成本比较高，收入能力也比较有限。

从全国各省区市和新疆生产建设兵团的大型体育场馆净收益情况来看（表8-17），可以发现以下几个特征。

第一，我国各省区市和新疆生产建设兵团的大型体育场馆总体净收益均处于盈利状况，有 22 个省区市的收入大于支出，其中北京市和上海市的净收益水平最高，盈利能力最强。这与北京、上海主要的几个体育场馆接纳人数、举办活动次数、居民消费能力、体育场馆冠名等有密切关系。

第二，全国有 6 个省区市处于收支平衡的状态，分别是新疆维吾尔自治区、宁夏回族自治区、青海省、甘肃省、西藏自治区以及新疆生产建设兵团。可以看出，这 6 个省区市的大型体育场馆收入和支出完全一致，说明这些地区的大型体育场馆运营模式相对单一、组织活动次数不多，大众的体育消费能力不足。

第三，全国还有 4 个省的大型体育场馆处于亏损状态，分别是海南省、山西省、河北省以及广东省。广东省大型体育场馆的亏损状态最为严重，2013 年度一年亏损达到 29459 万元。

大型体育场馆作为综合性的体育场地，其收入来源应该是多方面的，包括旅游收入、场地租赁收入、赛事门票收入、赞助收入、特许权收入、冠名权收入、广告收入、转播权收入、商品销售收入等。而在我国，特别是行政事业单位大型体育场馆，主要依靠财政拨款或依托场馆的门面房、附属用房及体育场地的出租获得收益，很少开展其他方面的经营，这就造成了我国大型体育场馆的整体盈利水平不佳。

表 8-17　2013 年度各省区市大型体育场馆实现收支情况

省区市	总收入		总支出		净收益/万元
	收入/万元	占比/%	支出/万元	占比/%	
北京市	8534	6.18	6967	4.26	1567
天津市	253	0.18	248	0.15	5
河北省	4359	3.16	5091	3.11	-732
山西省	860	0.62	873	0.53	-13
内蒙古自治区	474	0.34	463	0.28	11
辽宁省	13185	9.55	13015	7.95	170
吉林省	1934	1.40	1833	1.12	101
黑龙江省	3663	2.65	3478	2.12	185
上海市	14036	10.17	13578	8.29	458

续表

省区市	总收入		总支出		净收益/
	收入/万元	占比/%	支出/万元	占比/%	万元
江苏省	7787	5.64	7355	4.49	432
浙江省	3031	2.20	2868	1.75	163
安徽省	1190	0.86	975	0.60	215
福建省	1720	1.25	1686	1.03	34
江西省	1976	1.43	1729	1.06	247
山东省	4021	2.91	3784	2.31	237
河南省	1688	1.22	1609	0.98	79
湖北省	1529	1.11	1247	0.76	282
湖南省	1149	0.83	1087	0.66	62
广东省	55297	40.06	84756	51.77	−29459
广西壮族自治区	1248	0.90	1223	0.75	25
海南省	203	0.15	209	0.13	−6
重庆市	1323	0.96	1252	0.76	71
四川省	4127	2.99	3968	2.42	159
贵州省	246	0.18	244	0.15	2
云南省	159	0.11	133	0.08	26
西藏自治区	27	0.02	27	0.02	0
陕西省	3557	2.58	3554	2.17	3
甘肃省	87	0.06	87	0.05	0
青海省	87	0.06	87	0.05	0
宁夏回族自治区	99	0.07	99	0.06	0
新疆维吾尔自治区	196	0.14	196	0.12	0
新疆生产建设兵团	4	0.003	4	0.003	0

（六）经营性体育场地收入支出情况

截至 2013 年 12 月 31 日 24 时，全国共有经营性体育场地 18491 个，总收入 252.98 亿元，总支出 220.22 亿元，实现盈利 32.76 亿元，平均每个体育场地盈利 17.71 万元，远高于所有体育场地的平均盈利水平。

根据全国经营性体育场地所涵盖 65 类场地类型的收入数据来看，收入较多的分别是高尔夫球场、室外游泳池、游泳馆、综合房（馆）、健身房（馆）5 类。然而其平均收益除高尔夫球场外，其余 4 类均未达到全国平均水平。尽管高尔夫球场以场均 1481.36 万元的收益排在所有场地总类的第一位，但 2013 年度整体上还是亏损 1.05 亿元。

全国数量最多的经营性健身房，2013 年度实现总收入 24.68 亿元，平均每个健身房的经营收入为 65.56 万元，但依旧整体亏损 1.51 亿元。根据我们与部分地区体育场地主管领导的座谈以及对部分体育场地的实地调查，全国经营性体育场地中收支基本持平与收支不相抵的场馆数量大致相同，部分体育场地略有盈余，其中大型经营性体育场馆中仍有部分场馆需要政府补贴才能维持正常的运转，这与成立企业类型体育场地初衷相背离，经营性体育场地的经营能力亟待提高。

为了提高我国体育场地整体盈利能力，政府必须加大对现行体育场地管理和经营体制的改革，积极推广各地体育场地经营管理的先进经验，在保证体育场地公益性的基础上，逐步引入市场化运营机制，建立符合市场经济规律的现代企业运营制度，提高体育场地的经营管理水平，从而提高我国体育场地的整体经营收入，逐步实现各类型体育场地的自我发展。

六、我国体育场地单位接待运动队训练情况

这部分主要是从体育场地接待运动队的类型、累计接待运动员人次和累计接待运动员天数等 3 个方面分析我国体育场地 2013 年度接待运动队训练的情况。

（一）体育场地单位接待运动队情况

2013 年度我国从未接待过运动队的体育场地单位数量为 679571 个（不包含火

车头协会和武警系统），占到体育场地单位总数 703523 个的 96.6%，可以看出绝大部分体育场地并未接待过运动队。全国接待过运动队的体育场地单位中，接待业余运动队类型的体育场地单位占据了主要部分，数量高达 21752 个。虽然这一数据在全国体育场地单位数量中的比例并不高，但是可以反映出现阶段我国体育场地单位接待运动队的喜好偏向和实际情况。此外，还有 2200 个体育场地单位接待过国家队、省/自治区/直辖市专业运动队和职业俱乐部运动队，占全国体育场地单位总数的 3.4 %。（图 8 - 12）

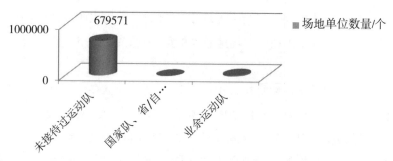

图 8 - 12　全国体育场地单位接待运动队情况

（二）体育场地单位接待运动队天数

2013 年度 23952 个接待过运动队的场地单位中，接待运动队 10 天以下的有 4500 个单位，占 18.79%；接待运动队 11～20 天的有 2190 个单位，占 9.14%；接待运动队 21～30 天的有 1779 个单位，占 7.43%；接待运动队 31～50 天的有 2404 个单位，占 10.04%；接待运动队 50～100 天的有 2918 个单位，占 12.18%；接待运动队 101～200 天的有 3459 个单位，占 14.44%；6702 个单位接待运动队 201 天以上，占 27.98%。（图 8 - 13）

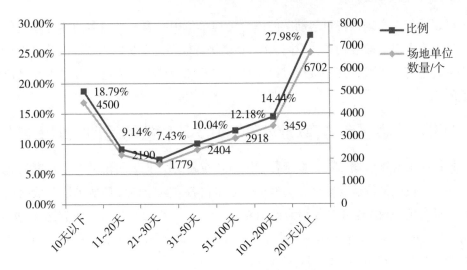

图 8 – 13　体育场地单位接待运动队天数

（三）体育场地单位累计接待运动员人数

2013 年度全国接待过运动队的体育场地单位为 23952 个，其中接待运动员 10 人以下的有 1201 个单位；接待运动员 11～30 人的有 2976 个单位；接待运动员 31～50 人的有 2386 个单位；接待运动员 51～100 人的有 5221 个单位；有 12168 个单位接待运动员 101 人以上。（图 8 – 14）

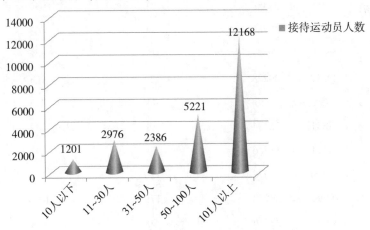

图 8 – 14　接待运动员人次的体育场地单位

　　可以看出，全国接待过运动队的体育场地单位中，有一半稍多的体育场地单位接待过 101 人以上的运动员，说明 2013 年度接待较多运动员的体育场地单位占总数的比例并不高。当然，凡是接待过运动员的体育场地单位，无论人数多少都是值得肯定的。

（四）各省区市体育场地单位 2013 年度接待运动队训练情况

　　根据此次普查数据显示，全国各省区市和新疆生产建设兵团在 2013 年度均接待过运动队，按照接待运动队体育场地单位数量占各省区市体育场地单位总数的比例排列，排名前 10 的省区市分别为湖南省 9.89%、重庆市 9.34%、海南省 8.98%、广东省 7.29%、贵州省 6.09%、湖北省 5.68%、四川省 4.51%、陕西省 4.22%、云南省 4.12%。（表 8 – 18）

表 8 – 18　各省区市体育场地单位接待运动队类型

省区市	合计	体育场地单位数量/个			接待运动队体育场地单位数量占比/%
		未接待过运动队	国家队、省/自治区/直辖市专业运动队、职业俱乐部运动队	业余运动队	
北京市	9403	9029	68	306	3.98
天津市	7150	6976	49	125	2.43
河北省	39488	38456	73	959	2.61
山西省	37697	37180	54	463	1.37
内蒙古自治区	9504	9148	48	308	3.75
辽宁省	20512	20228	116	168	1.38
吉林省	9795	9526	44	225	2.75
黑龙江省	12841	12494	58	289	2.70
上海市	19111	18726	84	301	2.01
江苏省	35386	34974	120	292	1.16
浙江省	40790	39572	179	1039	2.99
安徽省	24030	23776	50	204	1.06
福建省	23193	22745	64	384	1.93

续表

省区市	合计	体育场地单位数量/个			接待运动队体育场地单位数量占比/%
		未接待过运动队	国家队、省/自治区/直辖市专业运动队、职业俱乐部运动队	业余运动队	
江西省	28541	28153	61	327	1.36
山东省	48963	48233	126	604	1.49
河南省	37226	35743	76	1407	3.98
湖北省	33742	31827	117	1798	5.68
湖南省	27168	24481	101	2586	9.89
广东省	50376	46703	257	3416	7.29
广西壮族自治区	31499	31336	31	132	0.52
海南省	5312	4835	20	457	8.98
重庆市	14855	13467	62	1326	9.34
四川省	32806	31328	109	1369	4.51
贵州省	15529	14583	33	913	6.09
云南省	29516	28301	69	1146	4.12
西藏自治区	3365	3332	5	28	0.98
陕西省	19211	18401	57	753	4.22
甘肃省	14547	14266	35	246	1.93
青海省	3924	3888	7	29	0.92
宁夏回族自治区	4919	4842	6	71	1.57
新疆维吾尔自治区	11792	11724	18	50	0.58
新疆生产建设兵团	1332	1298	3	31	2.55
合计	703523	679571	2200	21752	3.40

各省区市体育场地单位 2013 年度累计接待运动员天数分布见表 8 - 19。

表8-19　各省区市体育场地单位接待运动队天数

省区市	合计	体育场地单位数量/个						
		10 天以下	11～20 天	21～30 天	31～50 天	50～100 天	101～200 天	201 天以上
北京市	374	68	26	25	37	36	44	138
天津市	174	18	11	5	13	16	55	56
河北省	1032	136	57	47	130	116	203	343
山西省	517	131	67	31	50	49	42	147
内蒙古自治区	356	41	23	9	20	45	50	168
辽宁省	284	69	29	27	16	30	37	76
吉林省	269	53	15	25	39	17	28	92
黑龙江省	347	76	28	19	30	47	39	108
上海市	385	44	16	24	31	38	70	162
江苏省	412	109	36	34	25	53	40	115
浙江省	1218	319	145	105	98	128	138	285
安徽省	254	68	20	28	34	35	22	47
福建省	448	99	38	29	43	62	53	124
江西省	388	97	23	38	35	38	56	101
山东省	730	155	66	66	73	108	150	112
河南省	1483	343	156	120	158	200	268	238
湖北省	1915	195	99	83	132	237	363	806
湖南省	2687	417	233	229	402	462	365	579
广东省	3673	866	451	314	421	380	337	904
广西壮族自治区	163	35	6	16	11	19	18	58
海南省	477	114	32	39	52	45	65	130
重庆市	1388	190	113	99	117	174	291	404
四川省	1478	301	127	104	162	199	216	369
贵州省	946	126	82	59	66	102	133	378

续表

省区市	合计	体育场地单位数量/个						
		10 天以下	11 ~ 20 天	21 ~ 30 天	31 ~ 50 天	50 ~ 100 天	101 ~ 200 天	201 天以上
云南省	1215	192	111	99	85	105	139	484
西藏自治区	33	10	5	1	4	2	5	6
陕西省	810	132	101	55	74	108	164	176
甘肃省	281	56	23	29	30	39	39	65
青海省	36	6	8	5		5	3	9
宁夏回族自治区	77	8	33	6	2	6	12	10
新疆维吾尔自治区	68	14	9	7	10	8	10	10
新疆生产建设兵团	34	12	1	2	4	9	4	2
合计	23952	4500	2190	1779	2404	2918	3459	6702

（五）各系统体育场地单位 2013 年度接待运动队训练情况

2013 年度，全国体育系统、教育系统、其他系统体育场地单位均接待过运动队训练。按照接待运动队体育场地单位数量占各自系统内体育场地总数量的比例高低排列，依次为体育系统最高，其次是教育系统，其他系统占比最低。

教育系统中，中小学和高等院校接待过运动队的体育场地单位数量最多（专业队与业余运动队之和），分别为 9310 个和 622 个。可以看出，虽然高等院校接待运动队的体育场地单位数量没有中小学多，但是高等院校接待运动队单位数量占比要比中小学的比例高，分别为 21.29% 和 4.00%。（表 8 - 20）

表 8 - 20 各系统体育场地单位接待运动队类型

系统	合计	体育场地单位数量/个			接待运动队体育场地单位数量占本系统比/%
		未接待过运动队	国家队、省/自治区/直辖市专业运动队、职业俱乐部运动队	业余运动队	
体育系统	5414	3216	886	1312	40.60
教育系统	242414	231983	509	9922	4.3

续表

系统	合计	体育场地单位数量/个			接待运动队体育场地单位数量占本系统比/%
		未接待过运动队	国家队、省/自治区/直辖市专业运动队、职业俱乐部运动队	业余运动队	
其中:高等院校	2921	2299	175	447	21.29
中专中技	3613	3318	15	280	8.16
中小学	232878	223568	285	9025	4.00
其他教育系统单位	3002	2798	34	170	6.80
其他系统	455695	444372	805	10518	2.48
合计	703523	679571	2200	21752	3.40

不同系统对外开放的体育场地单位累计接待运动员天数分布情况见表8-21。

表8-21 各系统体育场地单位累计接待运动员天数

系统	合计	体育场地单位数量/个						
		10天以下	11~20天	21~30天	31~50天	50~100天	101~200天	201天以上
体育系统	2198	218	140	162	225	279	297	877
教育系统	10431	1896	819	663	1015	1356	2011	2671
其中:高等院校	622	95	75	56	81	103	71	141
中专中技	295	69	25	30	25	34	41	71
中小学	9310	1689	698	566	892	1187	1870	2408
其他教育系统单位	204	43	21	11	17	32	29	51
其他系统	11323	2386	1231	954	1164	1283	1151	3154
合计	23952	4500	2190	1779	2404	2918	3459	6702

七、我国体育场地接待健身人次

对于体育场地每周接待健身人次的统计,第六次全国体育场地普查按照划分的

5 个区间进行统计，即每周接待 500 人次以下、每周接待 501～2500 人次、每周接待 2501～5000 人次、每周接待 5001～10000 人次以及每周接待 10000 人次以上。（表 8 - 22）

表 8 - 22　2013 年体育场地平均每周接待健身人次

	合计/个	500 人次以下/周	501～2500 人次/周	2501～5000 人次/周	5001～10000 人次/周	10000 人次以上/周
场地数量/个	1079457	919158	126181	23666	6548	3904
比例/%	100	85.15	11.68	2.19	0.61	0.36

从表 8 - 22 我们可以看出，大部分体育场地每周接待大众健身的人次在 500 人次以下，具体数量有 919158 个；每周接待大众健身人次在 501 人次与 2500 人次之间的有 126181 个；每周接待大众健身人次为 2501～5000 人次的体育场地有 23666 个；每周接待大众健身人次为 5001～10000 人次的体育场地有 6548 个；每周接待大众健身人次在 10000 人次以上的体育场地最少，只有 3904 个。

从这些数据我们可判断，我国体育场地每周接待健身人次有两个特点：一是大部分体育场地接待人次较少；二是每周接待人次的数量与相应的体育场地数量成反比，即随着每周接待人次的数量的增多，相应的体育场地数量对应减少。

从图 8 - 15 我们可以看出，我国体育场地每周接待的健身人次在 500 人次以下的体育场地占比最大，占了所有开放体育场地数量的 85.15%，相应的随着每周接待的健身人次的增多，该类型体育场地的占比相应减少。

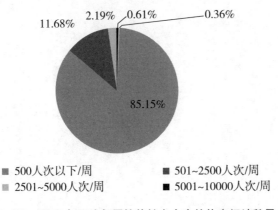

图 8 - 15　2013 年平均每周接待健身人次的体育场地数量占比

　　体育场地的接待能力会影响广大民众健身需求的满意度，也是制约其运营效率的重要因素之一。为了提升体育场地的接待能力，必须加强体育场地的科学化、集约化管理水平，增强复合经营能力，运用现代信息技术手段，整合资源，完善服务信息系统，提高体育场地运营网络化服务和信息化管理水平，促进体育场地接待服务能力的转型升级。

第九章　我国体育场地建设的成就
与不足概述

2004—2014 年 10 年来，在国务院的正确领导下，在国家体育总局和各省、区、市政府以及各级地方政府体育主管部门的共同努力下，积极探索体育场地建设工作的新思路、新方法，紧密围绕提高基本公共体育服务水平，形成覆盖城乡比较健全的全民健身公共服务体系的总体目标，实现了我国体育场地建设的新辉煌。

一、我国体育场地建设的成就

（一）我国体育场地建设面积显著增加

截至 2013 年 12 月 31 日 24 时，我国体育场地总场地面积达到 19.92 亿平方米，总建筑面积为 2.59 亿平方米，总用地面积为 39.82 亿平方米，比 2003 年第五次全国体育场地普查时的 13.24 亿平方米总场地面积、0.75 亿平方米总建筑面积、22.46 亿平方米总用地面积，分别增长了 50.45%、245.33% 和 77.29%。由此说明，2004—2013 年 10 年，我国体育场地建设面积显著增加。

根据第六次全国体育场地普查数据，截至 2013 年底，我国人均体育场地面积为 1.46 平方米，加上健身场地设施 2014 年对人均体育场地面积的贡献（0.08 平方米），以及 2015 年体育总局对农民体育健身工程和全民健身中心建设的转移支付投入，到 2015 年底，我国人均体育场地面积至少达到 1.57 平方米，超额完成了《全民健身计划（2011—2015 年）》提出的"全国各类体育场地达到 120 万个以上""人均体育场地面积达到 1.5 平方米"的目标。

全国各地（市）、县（区）、街道（乡镇）、社区（行政村）已经普遍建有体育场地，配有体育健身设施。截至 2014 年底，地（市）、县（区）50% 以上建有全民健身活动中心；街道、乡镇 50% 以上建有便捷、实用的体育健身设施；城市社区、农村行政村 50% 以上建有便捷、实用的体育健身设施。建有乡镇体育健身工程 16911 个，占全国乡镇数的 40.6%；农民体育健身工程 467996 个，覆盖全国行政村的 74.13%。其中，2011—2014 年，建成全民健身活动中心 3405 个、社区多功能运动场 9447 个、体育公园 2366 个、健身广场 24879 个、户外营地 878 个、室外健身器材 169 万多件。

2004—2013 年 10 年是我国体育场地建设大发展的十年。我国现有体育场地中，在 2004—2013 年（"五普"后至"六普"期间）新增体育场地 1294656 个，新增场地面积 1276653334.54 平方米，新增投资额 83726921 万元。（表 9 - 1）

表 9 - 1   2004—2013 年体育场地建设和投资情况

建设年份	数量/个	用地面积/平方米	建筑面积/平方米	场地面积/平方米	投资额/万元
2004	50137	155435923.09	15172664.49	68171797.70	4303156
2005	65048	144915270.98	11210463.03	87656769.98	4702077
2006	78263	142913400.44	11556209.09	87373210.06	7443095
2007	85551	186085058.22	12876777.96	98218198.76	5516972
2008	138564	211963276.53	16886589.36	136996030.43	7775450
2009	150375	209891588.99	15886114.59	133081024.32	8485431
2010	179926	539737681.39	17969802.96	168836921.83	9095280
2011	153236	277279052.07	16501361.01	147515207.14	11199952
2012	203199	553244756.97	19035210.45	163343449.46	11619252
2013	190357	423937940.07	23997379.23	185460724.86	13586256
合计	1294656	2845403948.75	161092572.17	1276653334.54	83726921

再从不同系统体育场地面积增加的角度来看，2004—2013 年 10 年，在体育场地建设的数量上，其他系统大于教育系统和体育系统，但是体育场地建设的面积占比上，其他系统与教育系统基本相同。（图 9 - 1）

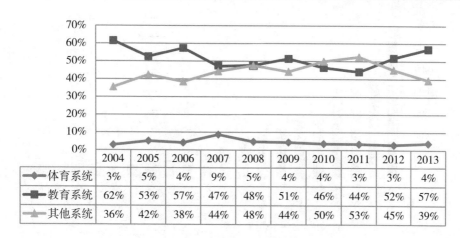

	2004	2005	2006	2007	2008	2009	2010	2011	2012	2013
◆体育系统	3%	5%	4%	9%	5%	4%	4%	3%	3%	4%
■教育系统	62%	53%	57%	47%	48%	51%	46%	44%	52%	57%
▲其他系统	36%	42%	38%	44%	48%	44%	50%	53%	45%	39%

图 9 - 1　各系统 2004—2013 年建成体育场地面积占比

从图 9 - 1 可以看出，教育系统占比相对较大，在 40% ~ 62% 波动，2004 年最大，占 62%，2011 年最小，占 44%。体育系统占比 2007 年最大，为 9%，其他年份在 3% ~ 5% 波动。其他系统占比 2004—2011 年呈波动上升的趋势，2011 年最大，占 53%。

（二）我国体育场地类型结构不断优化

2004—2013 年我国体育场地新增 1294656 个，新增场地面积 1276653334.54 平方米。从下面的分析中可以看出，我国体育场地类型结构不断优化，各类型体育场地均衡发展，城乡体育场地建设数量较为平衡。

1. 新建体育场地类型

从体育场地类型来看，2004—2013 年新增体育场地数量排名前 10 位的分别为篮球场、体育场、体育馆、小运动场、高尔夫球场、综合房（馆）、城市健身步道、全民健身路径、游泳馆、田径场。排名前 10 位的体育场地类型新增投资金额为 65295629 万元，占所有类型新增体育场地投资金额的 75.3%。（图 9 - 2）

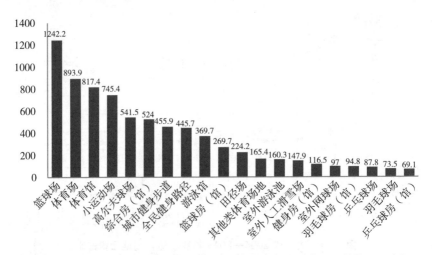

图 9-2　新增体育场地数量排名前 20 位的各种类型场地　（单位：万个）

2. 2004—2013 年各单位类型新增体育场地投资额

2004—2013 年，我国体育场地投资增加额总数为 83726921 万元。从单位类型来看，2004—2013 年新增体育场地投资额排名前 3 位的单位类型为校园、其他、居住小区/街道。排名前 3 位的单位类型新增体育场地投资额 56831617 万元，占投资总额的 67.9%。（图 9-3）

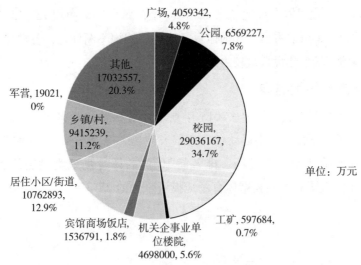

图 9-3　2004—2013 年我国各单位类型新增体育场地投资额及占比

3. 体育场地隶属关系的分布更加合理

总体来看，全国县级以下体育场地的总体规模和增长速度均稳步提高，其余隶属关系体育场地的数量和面积均较"五普"数据有所下降，其中地市级体育场地降幅最大，反映出我国体育场地管理和服务的重心进一步下移的趋势。

从全国体育场地数量方面来看，可以分为以下 4 个类型。（图 9 - 4）

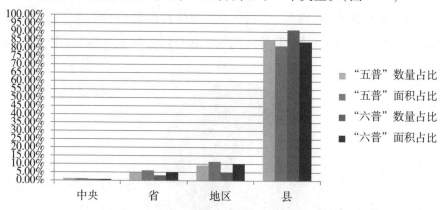

图 9 - 4　2004—2013 年各隶属关系体育场地数量和面积占比

（1）隶属于县级及以下的体育场地占全国体育场地总数之比由"五普"的 84.83% 提高到"六普"的 91.13%，提高了 6.3%。

（2）隶属于地市级的体育场地占全国体育场地总数之比由"五普"的 9.23% 降低到"六普"的 4.98%，降低了 4.25%。

（3）隶属于省级体育场地占全国体育场地总数之比由"五普"的占 4.79% 降低到"六普"的 3.13%，降低了 1.66%。

（4）隶属于中央的体育场地占全国体育场地总数之比"五普"的 1.2% 进一步降低至 0.78%，降低了 0.42%。

再从全国体育场地面积增加方面看，可以分为以下 4 个类型。（图 9 - 4）

（1）隶属于县级及以下的体育场地面积占全国体育场地总数之比由"五普"的 81.40% 提高到"六普"的 83.84%，提高了 2.44%。

（2）隶属于地市级的体育场地面积占全国体育场地总数之比由"五普"的 11.50% 降低到"六普"的 10.26%，降低了 1.24%。

（3）隶属于省级体育场地面积占全国体育场地总数之比由"五普"的占

6.10%降低到"六普"的5.10%，降低了1.00%。

（4）隶属于中央的体育场地面积占全国体育场地总数之比由"五普"的1.10%进一步降低至0.80%，降低了0.30%。

4. 城乡体育场地数量分布差距缩小

据第六次全国体育场地普查统计数据，全国城镇体育场地数量达到959359个，占全国体育场地总数的58.54%；农村体育场地数量达到679446个，占全国体育场地总数的41.46%。全国城镇体育场地数量比农村体育场地数量多279913个。（图9-5）

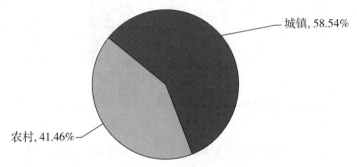

图9-5　全国城乡体育场地数量分布占比

（三）我国体育场地社会投资有所增长

2004—2013年，体育场地投资建设的总金额不断增长。2013年的投资总额最多，达到13586256万元；2004年最少，为4303156万元。2006年增长速度最快，增长率达到58.29%，2007年下降最快，增长率为-25.88%。（图9-6）

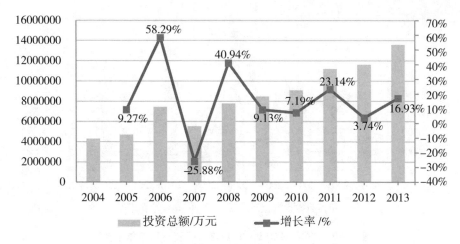

图 9 - 6　2004—2013 年投资总额与年增长率

1. 不同投资方式的比例

在总的投资构成中，财政拨款总额也呈逐年上升趋势。

2013 年的财政拨款总额最多，达到 9714076 万元；2004 年最少，为 2340689 万元。2006 年、2009 年、2011 年和 2013 年增长较快，增长率分别为 39.2%、42.49%、42.42% 和 32.51%；2007 年下降最快，增长率为 - 10.19%。（图 9 - 7）

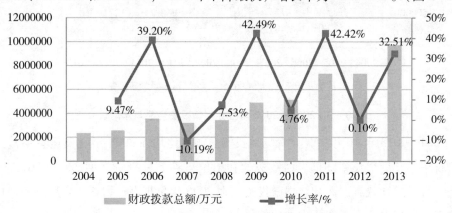

图 9 - 7　2004—2013 年财政拨款总额与年增长率

再从另一种投资方式，即单位自筹投资金额来看，2008 年的单位自筹投资金额最多，达到 3781309 万元；2004 年最少，为 1518726 万元。2008 年增长速度最快，增长率达到 78.13%；2009 年下降较快，增长率为 - 30.48%。（图 9 - 8）

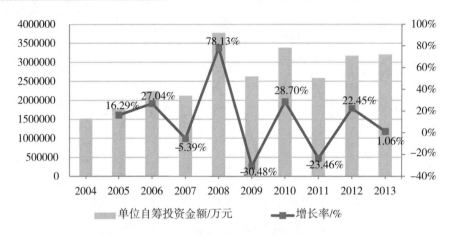

图 9-8　2004—2013 年单位自筹投资金额与年增长率

　　最为重要的变化是社会捐赠投资金额的增加。2006 年的社会捐赠投资金额最多，达到 1226721 万元；2007 年最少，为 33863 万元。2006 年增长速度最快，增长率达到 2730.92%；2007 年下降最快，增长率为 -97.24%。（图 9-9）

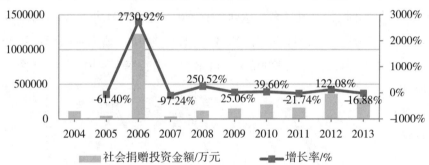

图 9-9　2004—2013 年社会捐赠投资金额与年增长率

　　2004—2013 年 10 年中，体育场地投资总额占比均在 2008 年（奥运会年）呈现高增长率，其后增长率降低。财政拨款和单位自筹 2 种投资类型 2004—2013 年 10 年来一直是递增状态，而社会捐赠投资只在 2006 年出现高速增长，之后进入缓慢增长状态，而且在全部投资所占的比例仍然很低。

2. 各建成年代不同投资方式的变化

　　我国现有体育场地总投资额为 111280467 万元。其中，中华人民共和国成立前（1949 年以前）建设的体育场地投资额为 83442 万元，占总投资的 0.1%；中华人民共和国成立后至改革开放前（1949—1977 年）建设的体育场地投资额为 716477 万元，占总投资的 0.6%；改革开放至第五次体育场地普查期间（1978—2013 年）建设的体育场地投资额为 26753627 万元，占总投资的 24.0%；第五次体育场地普查后至第六次体育场地普查期间（2004—2013 年）建设的体育场地投资额为 83726921 万元，占总投资的 75.2%。（图 9 – 10）

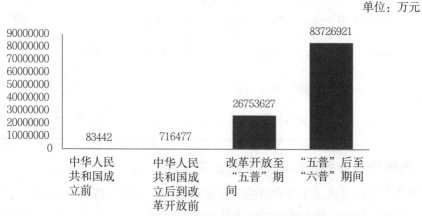

单位：万元

图 9 – 10　我国各建成年代体育场地投资额

我国各建成年代体育场地投资总额成倍增长，中华人民共和国成立前受生产力水平低下和国民经济萧条的影响，全国仅有 83442 万元投资建设体育场地。中华人民共和国成立后体育场地投资进入了持续增长的阶段，改革开放到 2003 年，体育场地投资迅速由 716477 万元增加到了 26753677 万元。尤其是近 10 年对体育场地的投入比前面各年代投入的总和还要多，体育场地建设进入了发展的快车道。（表 9 – 2）

从表 9 – 2 可以看出，对体育场地的投入呈现出多样化的特点，由主要依赖财政拨款向财政拨款、社会捐赠、单位自筹、其他等多渠道来源转变。尤其是社会捐赠和其他来源的投资比重逐渐上升，折射出我国体育场地投资组成中社会资本的比例在不断地提高。

表 9-2　我国各建成年份体育场地投资额构成情况

不同时期	投资总额		财政拨款				单位自筹		社会捐赠		其他	
			财政拨款		其中：体彩公益金							
	金额/万元	占比/%	金额/万元	占比/%	金额/万元	占比/%	金额/万元	占比/%	金额/万元	占比/%	金额/万元	占比/%
1949 年以前	83442	100	68027	81.5	9832	11.8	876	1.0	4707	5.6	4707	5.6
1949—1977 年	716477	100	428068	59.7	270338	37.7	8605	1.2	9466	1.2	9466	1.3
1978—2003 年	26753627	100	13318988	49.9	11574075	43.3	557175	2.1	1303389	4.9	1303389	4.9
2004—2013 年	83726921	100	49536979	59.2	26409558	31.5	2712212	3.2	5068172	6.1	5068172	6.1

3. 隶属于企业登记注册类型的投资情况

我国隶属于企业登记注册类型的体育场地总投资金额为 27608388 万元，排在前 3 位的企业登记注册类型分别为有限责任公司、国有企业和私营企业，投资份额分别占企业登记注册类型体育场地总投资的 40.6%、21.8% 和 18.68%，这 3 类投资占到了企业登记注册类型总投资的 81.1%。

我国企业登记注册类型中其他内资企业、联营企业和集体企业的投入较低，这 3 类投资额总计仅占企业总投资额的 1.2%。股份有限公司、港澳台投资企业、外商投资企业分别占企业总投资类型投资额的 7.5%、5.3% 和 4.2%。（表 9-3）

表 9-3　隶属于企业登记注册类型的投资金额及占比情况

企业类型	投资金额/万元	占比/%	排名
国有企业	6022737	21.81	2
集体企业	136812	0.50	8
股份合作企业	225666	0.82	7
联营企业	98278	0.36	9
有限责任公司	11203970	40.58	1
股份有限公司	2056207	7.45	4
私营企业	5156522	18.68	3

续表

企业类型	投资金额/万元	占比/%	排名
其他内资企业	80702	0.29	10
港澳台商投资企业	1456445	5.28	5
外商投资企业	1171049	4.24	6
总计	27608388	100.00	

实际上，受传统管理体制的制约，能够交给社会投资建设的均是规模较小、投资不大的体育场地，这说明近 10 年中国体育健身运动正广泛开展，体育休闲市场趋于繁荣。但是，政府投资的大型体育场馆何去何从一直是体育体制改革的关键问题之一，如何兼顾公益性和经营性，提高其运营效率成为亟待解决的现实问题。私营企业投资和外商企业投资所占比例停滞不前，宏观体育投资环境还有待改善。

（四）我国体育场地健身功能得以彰显

随着《全民健身条例》的颁布和《全民健身计划》的全面实施，参照《"十二五"公共体育设施建设规划》《"十二五"公共体育设施建设指导手册（试行）》以及《体育事业发展"十二五"规划》，本研究将专门用于全民健身的各类工程所建设的体育场地类型，如全民健身路径工程、雪炭工程、农民体育健身工程、全民健身户外活动基地、全民健身活动中心、青少年户外体育营地等等，与第六次全国体育场地普查中的相应场地进行一一对应，并从第六次体育场地普查的 83 类场地类型中提取了 31 类场地作为全民健身体育场地设施。

截至 2013 年 12 月 31 日 24 时，我国用于全民健身体育场地的 31 类体育场地总数量为 933323 个。其中，全民健身路径 349073 个，占 37.40%；篮球场地（包括篮球场、三人制篮球场以及篮球房〔馆〕）为 326598 个，占 34.99%；乒乓球场地（包括乒乓球场及乒乓球房〔馆〕）111118 个，占 11.91%；棋牌房（室）25964 个，占 2.79%；健身房（馆）18869 个，占 2.02%；羽毛球场地（包括羽毛球场和羽毛球房〔馆〕）22647 个，占 2.78%；室外门球场 13357 个，占 1.43%；网球场地（室外网球场和网球房〔馆〕）12905 个，占 1.38%；城市健身步道 12141 个，占 1.30%。（表 9－4）

表 9 - 4　全民健身体育场地类型和数量

场地类型	场地数量/个	场地类型	场地数量/个
体育场	1091	足球场	1391
田径场	793	五人制足球场	1499
田径房（馆）	45	七人制足球场	701
小运动场	4053	篮球场	311383
综合房（馆）	9982	三人制篮球场	13703
篮球房（馆）	1512	排球场	4984
排球房（馆）	122	沙滩排球场	279
羽毛球房（馆）	5135	室外手球场	10
乒乓球房（馆）	40740	室外网球场	12313
武术房（馆）	577	羽毛球场	17512
健身房（馆）	18869	乒乓球场	70378
棋牌房（室）	25964	室外门球场	13357
台球房（馆）	12622	登山步道	1443
室内五人制足球场	36	城市健身步道	12141
网球房（馆）	592	全民健身路径	349073
户外活动营地	1023		

由此可见，篮球、乒乓球、羽毛球、棋牌室、健身房、健身步道成为当前我国大众健身选择的主要场地类型。

1. 全民健身体育场地数量增长

第六次全国体育场地普查数据显示，全民健身体育场地数量为 933323 个，第五次体育场地普查数据统计为 525411 个。"六普"与"五普"相比较，全民健身体育场地数量增加了 407912 个，增长了 77.64%，年均增长率为 5.91%，我国全民健身体育场地的总量有了明显增加 ①。

2. 全民健身体育场地面积增加

第六次全国体育场地普查数据显示，我国全民健身体育场地的用地面积为1453557891.86 平方米，建筑面积为 88074703.47 平方米，场地面积为 397922924.85 平方米。

就"五普"数据统计汇总可知，我国全民健身体育场地的用地面积为632312102 平方米，建筑面积为 48683662 平方米，场地面积为 324506743 平方米。

"六普"与"五普"数据相比较，全民健身体育场地的用地面积增加了821245789.86 平方米，增长了 129.88%，年均增长率为 8.68%；建筑面积增加了39391014.47 平方米，增长了 80.91%，年均增长率为 6.11%；场地面积增加了73416181.85 平方米，增长了 22.62%，年均增长率为 2.06%。

3. 全民健身体育场地投资力度加大

第六次全国体育场地普查数据显示，我国全民健身体育场地总投资额为41081898万元。其中，财政拨款为 23337556 万元。从"五普"数据统计汇总可知，我国全民健身体育场地总投资额 12436314 万元，其中，财政拨款为 5380548.4 万元。

"六普"与"五普"数据相比较，全民健身体育场地的投资总额增加了28645584 万元，财政投入增长了 333.74%，年均增长率为 12.69%。

4. 全民健身体育场地开放扩大

第六次全国体育场地普查数据显示，全民健身体育场地全天开放的场地个数为430309 个，占全民健身体育场地总数的 92.55%；部分时间段开放的体育场地个数为 13675 个，占全民健身体育场地总数的 2.94%；不开放的体育场地个数为 20943个，占全民健身体育场地总数的 4.51%；全民健身体育场地中对外开放的体育场地占总数的 95.49%。

从"五普"数据统计可知，全天开放的场地个数为 139322 个，占全民健身体育场地总数的 53.08%；部分时间段开放的体育场地个数为 38385 个，占全民健身

①　说明："五普"场地数据统计中，由于与"六普"场地分类的不同，在"五普"数据库中无法得到三人制篮球场、羽毛球场、乒乓球场、五人和七人制足球场的数据，因此，在数据比较中不包括上述 5 类体育场地的"五普"数据。

体育场地总数的 14.62%；不开放的体育场地个数为 84757 个，占全民健身体育场地总数的 32.29%；全民健身体育场地中对外开放的只占总数的 67.70%。"六普"与"五普"数据相比较，我国全民健身体育场地的整体开放率有显著提高，提高了近 30 个百分点。

（五）我国体育场地社会开放逐步扩大

2013 年度我国体育场地的对外开放率处于中等水平。我国全天开放（体育场地数量为 845363 个）、部分时段开放（体育场地数量为 234049 个）的体育场地数量之和为 1079412 个，占到全国体育场地总数的 65.9%，而不开放的体育场地数量依然有 559348 个。

当然，与第五次体育场地普查数据相比，2013 年度我国体育场地的对外开放有了很大的提高。"五普"时有 58.76% 的体育场地不对外开放，14.46% 的体育场地部分对外开放，全天对外开放的体育场地仅有 26.78%。由以上数据比较可以发现，我国体育场地的对外开放情况得到明显改善，不对外开放比例下降了 24.63 个百分点，全天对外开放的比例则上升了 24.8 个百分点。对外开放情况的持续改善，说明我国体育场地的使用效率正在稳步提升，人民群众真正享受到的体育场地设施也在逐渐增多。

1. 各种类型体育场地对外开放情况

按照全国各类型对外开放体育场地数量从高到低排列，排名前 10 位的类型分别为篮球场（367325 个）、全民健身路径（346506 个）、乒乓球场（91018 个）、其他类体育场地（35403 个）、乒乓球房（馆）（29035 个）、小运动场（26864 个）、棋牌房（室）（24306 个）、羽毛球场（19038 个）、排球场（15188 个）、健身房（馆）（14221 个）。可以看出，在排名前 10 位的体育场地类型中，除了全民健身路径、棋牌房以及健身房，其余都是球类项目，并且这些球类项目都是我国群众喜闻乐见、普及程度较高的体育项目，如篮球、乒乓球、羽毛球、排球等。这足以说明群众参与该类体育项目的需求与体育场地的开放数量存在必然的联系。

按照各类型体育场地中对外开放场地的数量占比从高到低排列，超过 90% 的场地类型有 13 类，包括登山步道（100%）、户外营地（100%）、室内滑雪场（100%）、室内曲棍球场（100%）、城市健身步道（99.93%）、天然游泳场（98.27%）、室外人工滑雪场（96.98%）、室内轮滑场（96.58%）、卡丁车赛车场

（95.74%）、室内冰球场（含短道速滑和花样滑冰）（95.24%）、全民健身路径（94.31%）、棋牌房（室）（92.14%）、室内速滑场（90.91%）。在所有体育场地类型中，对外开放率最低的 10 种场地类型分别为：室外曲棍球场（36.92%）、室外射击场（36.54%）、田径场（35.28%）、其他类体育场地（34.62%）、田径房（馆）（32.75）、小运动场（30.16%）、射击房（馆）（16.76%）、举重房（馆）（15.64%）、板球场（14.29%）、自行车赛车馆（12.50%）。

2. 大型体育场地对外开放情况

对我国大型体育场馆 2013 年度的对外开放状况进行单独分析。目前，我国大型体育场馆总数为 1093 个，不对外开放的体育场馆数量为 135 个，占比为 12.35%；部分时段开放的体育场馆为 483 个，占比 44.19%；而全天开放的体育场馆数量为 475 个，占比为 43.46%。（图 9 - 11）

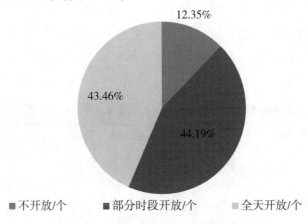

图 9 - 11　我国大型体育场馆开放情况

数据表明，我国 2013 年度大型体育场馆的对外开放率达到 85% 以上，但是全天开放的体育场馆占比依旧处于中等水平，还有待进一步改善。在开放天数中，开放天数在 271 天以上的体育场地个数为 697 个，占到总数的 63.8%。而从开放面积分析的话，目前全国大型体育场馆开放面积达到 6703480 平方米，每个体育场馆的平均面积为 6133.1 平方米。

（六）我国体育场地就业人员有较大增长

截至 2013 年 12 月 31 日 24 时，我国体育场地从业人员总人数达到 1682099 人，根据全国目前拥有体育场地数量 1638805 个来计算，平均每片体育场地从业人数 1.026 人。与第五次全国体育场地普查数据相比，有了非常明显的增加。第五次全国体育场地普查时，71.21% 以上的体育场地无专业的从业人员，小部分有固定从业人员的也多在 10 人以下。

1. 全国各隶属关系体育场地从业人员

全国各隶属关系的体育场地中，按照从业人数由高向低排列，分为以下 7 个类型。

（1）居民/村民委员会，从业人数为 497590 人，占比 29.58%。

（2）街道/镇/乡，从业人数为 407281 人，占比 24.21%。

（3）县/市/旗，从业人数为 344763 人，占比 20.5%。

（4）其他隶属关系从业人数为 241225 人，占比 14.34%。

（5）地区/市/州/盟，从业人数为 120153 人，占比 7.14%。

（6）省/自治区/直辖市，从业人数为 54381 人，占比 3.23%。

（7）最后是隶属于中央一级的从业人员仅有 16706 人，占比 0.99%。（表 9-5）

表 9-5　全国各隶属关系体育场地从业人员总量及单个场地平均从业人员数量

所在系统	体育场地从业人员总量		单个场地平均 从业人员数量/人
	数量/人	占比/%	
中央	16706	0.99	1.34
省/自治区/直辖市	54381	3.23	1.06
地区/市/州/盟	120153	7.14	1.47
县/市/旗	344763	20.50	0.94
街道/镇/乡	407281	24.21	0.94
居民/村民委员会	497590	29.58	0.82
其他	241225	14.34	2.61
合计	1682099	100.00	1.03

从表 9-5 可以发现，体育场地从业人数与隶属关系级别成反比例关系，即隶属关系级别越高，场地从业人员越少，占比越低。体育场地从业人员结构成金字塔形状，塔基人数多，塔尖人数少，说明我国体育场地从业人数结构在隶属关系上，群

众基础好，发展空间巨大。而隶属于中央管理的体育场地从业人员较少，原因可能有两个：一是属于中央管理的体育场地数量相对较少，二是专业性较强的专门的体育场地管理人员匮乏。

2. 全国各体育场地单位类型从业人员

按照各类型管理单位体育场地从业人员总量来看，其他单位的体育场地从业人员数量最多，为628616人，占37%；排在第二位的是事业单位，总人数与其他单位的从业人员人数相当，达到608830人，占总人数比例为36%；企业类型的体育场地从业人员361834人，占比22%。仅从从业人数总量分布来分析，我国各种类型管理单位的体育场地从业人员分布集中在事业、企业单位，而行政机关从业人数较少。

二、我国体育场地建设的不足

体育场地建设不仅与经济社会发展水平相关，因为体育场地建设需要强大的资金投入，经济水平对体育场地发展起着决定性的作用，也与我国城镇化发展水平相关，还与小康社会建设以及人口老龄化有关。现有的体育场地还难以满足人民群众日益增长的体育健身需求，难以匹配小康社会体育事业发展的要求。纵观体育场地10年发展，也是充满了艰辛与困难，因为一些制约我国体育场地发展的核心因素依然存在。

（一）现有政策执行不力

体育场地的发展离不开政府政策支持。我国体育场地早期的发展主要是政府投资管理运营，服务对象是各级运动队及赛事活动，较少对群众的体育健身开放，直到1986年原国家体委下发《关于公共体育场所应进一步改善经营管理，积极向群众开放的通知》以后，各地公共体育场馆开始陆续对群众开放。

1. 现有体育场地相关政策

现有相关政策对体育场地的规划、建设做出了明确的规定，如《公共文化体育设施条例》第二章，对公共体育场地的规划和建设问题进行了规范，要求"将公共体育场馆建设纳入城市建设规划和土地利用总体规划"，并对公共体育场馆设施的数量、种类、规模、布局以及用地定额指标等进行了规范和说明。由国家发展和改革委员会和国家体育总局联合下发的《"十二五"公共体育设施建设规划》就"十二五"期间公共体育场馆设施建设的基本原则、建设目标、主要建设任务、资金筹措等问题进行了明确的规定，并要求各地发展改革部门和体育部门予以贯彻落实。从近期国家有关公共体育场馆规划建设的政策来看，国家鼓励各地进行中小型、群众性体育场馆设施的建设。

土地政策是保障体育场地建设、发展的重要政策，《公共文化体育设施条例》第十三条规定：建设公共文化体育设施使用国有土地的，经依法批准可以以划拨方式取得。《"十二五"公共体育设施建设规划》就公共体育场馆的用地政策进行了明确的规定，并要求做好公共体育设施建设用地落实和储备，保障体育场馆建设用地供给。2014 年《国务院关于加快发展体育产业促进体育消费的若干意见》中再次明确提出："将体育设施用地纳入城乡规划、土地利用总体规划和年度用地计划，合理安排用地需求。新建居住区和社区要按室内人均建筑面积不低于 0.1 平方米或室外人均用地不低于 0.3 平方米执行。在老城区和已建成居住区中支持企业、单位利用原划拨方式取得的存量房产和建设用地兴办体育设施，对符合划拨用地目录的非营利性体育设施项目可继续以划拨方式使用土地；不符合划拨用地目录的经营性体育设施项目，连续经营一年以上的可采取协议出让方式办理用地手续。"

财政政策是保障体育场地建设与发展的重要保障政策，针对体育场地的财政政策主要包括财政投资、财政预算和财政补贴等方面。《体育法》《公共文化体育设施条例》和《"十二五"公共体育设施建设规划》对于体育场地的经费保障等问题进行了明确的规定，将体育场地建设、维修和管理资金纳入地方人民政府建设投资计划和财政预算。《"十二五"公共体育设施建设规划》明确提出地方各级人民政府是体育基本公共服务设施建设的责任主体，要加大资金投入。留归各地体育行政部门使用的体育彩票公益金也应主要用于公共体育场馆建设。此外，中央安排预算内投资设立专项资金，对县级体育场以及"全民健身活动中心"项目建设予以专项补助，并明确提出对于东、中、西部补贴的比例，以支持各地兴建公共体育场馆设施。在体育场馆运营方面，国家体育总局等八部门《关于加强大型体育场馆运营管理改革创新，提高公共服务水平的意见》中提出中央财政设立体育场馆公共服务专项补助资金，并要求地方财政也应安排相应资金，支持大型体育场馆向社会免费或低收费开放。

目前，各级体育主管部门直属的场馆管理机构多为事业单位，财政预算拨款一般用于保障事业单位场馆的日常运行和人员支出，而经营性场地所获得的财政补贴相对较少。（表9-6）

表9-6 体育场馆财政补贴主要项目

财政补贴项目	实施单位	补贴对象	示例
公共体育场馆维修改造资金	国家体育总局、省体育局	体育系统内	
大型体育场馆免费低收费开放补助资金	国家体育总局、省体育局	体育系统内	
群体各类命名资助	国家体育总局	体育系统内	国家级全民健身中心
青少年类命名资助	国家体育总局	公立场馆为主	国家级青少年户外活动基地
体育产业引导资金	部分省体育局	系统内场馆居多	
政府购买场馆公共服务	省、市、县财政、体育部门	系统内场馆及部分社会场馆	
项目专项资金	各级财政、体育部门	系统内场馆	

根据国家有关法律、法规的要求，经营性体育场地作为纳税主体，对于其运营收入应缴纳相应的税收。目前，经营性体育场地需要缴纳的税种主要有营业税、企业所得税、城建税、租赁税（房屋出租要交12%～17%的房屋租赁税）、城镇土地使用税、单项固定资产的购置及更新改造的固定资产投资方向调节税、车船使用税、增值税等税种，有偿转让国有土地使用权，地上的建筑物及其附着物，要缴纳土地增值税。具体的缴纳比例见表9-7。

表9-7 我国公共体育场馆运营缴纳的部分税种及税率

税种	比例/%	备注
营业税	3或5	场地出租为5%
企业所得税	25	企业所得税实行25%的比例税率。同时，对小微型企业实行优惠税率为20%，高新技术企业为15%
城建税	差别税率	市区适用税率7%；县城、建制镇税率5%；其他地区为1%
房产税	12	各地有所不同

税种	比例/%	备注
房屋租赁税	17.6	房产税（12%）＋营业税（5%）＋附加税费（0.6%左右）
城镇土地使用税	差别税率	城镇土地使用税实行等级幅度税额标准。每平方米应税土地的年税额标准如下：大城市每年0.5～10元；中等城市每年0.4～8元；小城市每年0.3～6元；县城、建制镇、工矿区每年0.2～4元
车船使用税	差别税率	乘人汽车每辆60～320元；载货汽车每净吨位16～60元；摩托车每辆20～80元；非机动车每辆1.2～32元。具体的税额标准由各地在此幅度内确定
营业税	3或5	场地出租为5%

公共体育场馆一般的健身活动、其他运营等收入属于文化体育业，按照营业收入的3%的比例缴纳营业税，对于出租场地用于举办大型文体活动等收入则要按照租赁业缴纳5%的营业税。

而在体育场地能源政策方面，2010年国务院办公厅出台的《关于加强大型体育场馆运营管理改革创新，提高公共服务水平的意见》中提出：政府对用于群众健身的体育设施根据其向群众开放的程度，在用水、用气、用电、用热等方面给予政策优惠。2014年《国务院关于加快发展体育产业促进体育消费的若干意见》再次明确，体育场馆等健身场所的水、电、气、热价格按不高于一般工业标准执行。按照我国现行的水、电、气、热等能源费用征收标准，可以分为民用标准、非民用标准、行政事业标准、工业标准和商业（经营）服务标准和特种行业标准等，不同标准的价格有较大差异。现行能源价值政策对于体育场馆而言应该是十分有利，按照不高于一般工业标准执行，即体育场馆甚至可以享受民用标准或者行政事业标准等。但大部分经营性体育场地仍被按照商业（经营）价格标准收取相应的能源费用，甚至有一些游泳场馆和健身房等在部分地区按照特种行业标准收取，价格标准远远高于商业标准。

体育场馆的运营政策主要涉及体育场馆经营的内容、公共体育场馆的使用、服务和管理等方面。《体育法》《全民健身条例》《关于加强大型体育场馆运营管理改革创新，提高公共服务水平的意见》和《国务院关于加快发展体育产业促进体育消费的若干意见》等政策法规对于体育场馆的运营政策都有明确的规定，要求公共体育场馆对群众开放，对特定群众免费或低价开放，并对部分类型公共体育场馆设施开放的形式做出了具体要求，不得将设施的主体部分用于非体育活动，并对公共体育场馆的开放时间、服务规范、收入管理、政府监管等进行了相应的规定。国务院下发的《关于鼓励和引导民间投资健康发展的若干意见》中，明确提出对于可以实行市场化运作的基础设施、市政工程和其他公共服务领域，应鼓励和支持民间资本进入，并明确指出鼓励民间资本参与发展体育产业。2014年，国务院下发的《关于创新重点领域投融资机制，鼓励社会投资的指导意见》中再次提出加快社会事业公立机构分类改革。积极推进养老、文化、旅游、体育等领域符合条件的事业单位转企改制，鼓励社会资本参与公立机构改革。

为贯彻中央鼓励社会投资的意见，财政部和国家发展和改革委员会出台了政府和社会资本合作运营基础设施和提供公共服务的具体政策、措施和实施办法等规范性文件，国家发展和改革委员会还将体育场馆作为鼓励社会力量投资的重要项目（PPP）予以推介。国家体育总局也下发了相应的文件，鼓励民间资本参与体育场馆的运营，这为民营机构参与体育场馆运营和体育场馆服务业的快速发展提供了政策依据和保障。

2. 财政补贴政策覆盖范围较窄

目前，各级政府针对体育场地管理机构的财政补贴范围基本上局限于体育系统内部，非体育系统场地难以享受相应的财政补贴政策，如《全国公共体育场馆维修改造资金》《大型体育场馆免费低收费开放补助资金管理办法》等财政补贴范围均限定为体育系统场馆从业机构。而像《大型体育场馆免费低收费开放补助资金管理办法》第二条明确规定：补助资金由中央财政设立，用于支持和鼓励体育部门所属大型体育场馆向社会免费或低收费开放。体育总局组织开展的国家级全民健身中心等财政补贴项目也只能局限于体育系统的场馆从业机构。非体育系统的场馆从业机构即使场馆达到财政补贴的标准，因不符合申报条件，也无法获得财政补贴。如部分省区市的大型体育场馆改制后由地方国资部门管理，则在申报大型体育场馆免费低收费开放补助资金时被确定为不符合申报条件。例如，国内的北京工人体育中心、五棵松体育中心、南京奥体中心、深圳体育中心、深圳湾体育中心等因不是体育系统大型场馆，而没有获得2014年度的中央大型体育场馆免费和低收费开放补助资金。

3. 税收优惠政策适用范围有限

根据现行房产税和城镇土地使用税征收暂行办法的有关规定，场馆服务业从业机构自用房产和土地免征房产税和城镇土地使用税仅适用于有财政拨款的事业单位，即全额拨款或差额拨款的事业单位，自收自支事业单位和企业性质场馆管理机构则无法享受相应的优惠政策。部分企业性质场馆管理机构虽也有财政拨款，但由于不符合现行税法的有关规定，也无法享受相应的税收优惠。如湖北武汉体育中心发展有限公司为武汉开发区国有企业，区财政每年拨款1200万元用于补贴场馆运行，但区税务局按照现行税法要求其每年缴纳约1400万元的房产税和城镇土地使用税，该公司根本无力缴纳。无锡体育中心原由事业单位运营，但无锡发展改革委托博威公司运营后，税务部门每年均要催缴上千万元的房产税和城镇土地使用税。

事业场馆管理机构转企改制符合国家的政策导向，但相关税收政策却不配套，同一场馆由事业机构运营和企业机构运营，税负差异较大。而且，政府通过购买公共服务方式对于场馆管理机构的财政拨款，由于事业类型场馆管理机构为预算内单位，财政可以通过上级补助方式划拨财政资金到场馆，但企业类型场馆管理机构则只能通过政府购买服务方式予以支持，企业类型场馆获得政府的合同收入，需要交纳至少3.5%的营业税及其附加，并要纳入企业所得税计征范围。

4. 能源支持政策难以落实

虽然相关文件均提出体育场馆等健身场所的水、电、气、热价格按不高于一般工业标准执行，但从政策的实际执行情况来看，不太理想，大多数地方未能执行该项政策，对于场馆使用水、电、气、热价格按照商业标准执行。相关调查显示，在被调查体育场地之中，有44.4%的体育场地水费是按照商业标准收取，48.9%的体育场地电费标准为商业标准，33.3%的天然气收费标准是商业标准。从调查结果可看出，体育场地管理机构执行的能源缴费标准大部分为商业标准，而商业标准是所有收费标准之中相对较高的，更为严重的是有一些游泳场馆和健身房等在部分地区按照特种行业标准收取，价格标准远远高于商业标准。

各地针对体育场地等健身场馆能源优惠政策，当地物价和发展改革部门均予以认可，但在具体的执行层面，水务、电力、天然气等集团均以未接到正式通知为由拒不执行。部分地方政府为了回避相应的优惠政策，将能源一般工业价格与商业价格并轨，使得该能源政策在实践中难以落实。我们在调查中了解到，部分事业类型的体育场地管理机构确实享受了该项优惠政策，部分场馆管理机构利用体校的名义申请到了按照民用价格执行水、电、气、热等能源价格政策。能源价格政策中问题比较突出的是水费价格，由于部分民营机构投资建设的游泳馆，开设有部分水疗或桑拿等服务项目，被水务部门按照特种行业价格对全部用水收取水费，使得这些民营的游泳场馆难以生存。

5. 用地政策仅适用于公益性场馆建设

虽然《体育法》《全民健身条例》和《"十二五"公共体育设施建设规划》就公共体育场地的用地政策进行了明确的规定，建设公共体育设施使用国有土地的，经依法批准可以以划拨方式取得土地使用权，但该项政策仅仅局限于政府投资建设的公益性场馆，社会力量投资建设的公共体育场馆虽然在理论上可以享受该项政策优惠，但是现实中，社会力量投资建设的公共体育场馆不可能享受该项政策。如江苏中南集团投资建设的南通体育会展中心，缴纳了11亿元的土地出让金，北京华熙集团投资建设的五棵松体育馆，虽不是按照市场价缴纳的土地出让金，但也缴纳了一定比例的土地出让金。目前，国内除了广西李宁体育公园（李宁体育公园管理机构为非营利组织）以外，尚未有社会力量投资的公共场馆以划拨方式取得土地使用权的现实。

（二）投资渠道来源不广

党的十八大提出促进政府职能转变和管理创新，提高政府公共服务和社会管理效率。在体育领域要解决政府与市场、政府与社会的关系问题，充分发挥市场在体育资源配置中的决定性作用。通过体育管理部门加快职能转变和管理创新，使体育管理体制的转变促进民间资本参与体育场馆供给。发挥市场机制（价格机制、供求机制、竞争机制）支配体育场馆投融资市场行为主体的经济行为和引导资源的流动作用，推动民间资本参与体育场馆建设。

我国现有的体育场地建设的主要参与者既是投资主体，又是监督主体，形成了政府垄断形式，造成了信息不对称。然而在市场经济运行下是信息对称的，显然现有的投资和融资模式不符合市场经济的运行规律。因而，就需要改变体育场地建设的投融资方式，解决好体育场馆运营与市场的关系。

尽管我国体育场地投融资体制改革已有多年，体育场地投资主体已呈现多元化的趋势，融资渠道开始趋向多样化，但是，在具体的实践中，体育场地投融资体制改革还显得相当滞后，政府财政拨款仍然是体育场地建设资金的主要来源。体育场地投融资体制改革相对落后，造成体育场地投资主体过于单一，难以引入民间资本参与体育场地投资。体育场地投资主体单一增加了政府的财政负担，也不利于体育场馆的赛后运营。

1. 体育场地总投资金额构成

2004—2013 年，我国体育场地的总投资金额为 111280467 万元。其中，财政拨款占 56.9%，单位自筹占 34.4%，社会捐赠仅占 2.9%，其他投资占 5.7%。（表9 - 8）

表9 -8　全国各地区体育场地投资金额构成

区域	投资总额		财政拨款				单位自筹		社会捐赠		其他投资	
			财政拨款		其中：体彩公益金							
	金额/万元	占比/%	金额/万元	占比/%	金额/万元	占比/%	金额/万元	占比/%	金额/万元	占比/%	金额/万元	占比/%
东部地区	60565830	100	31705044	52.4	2701689	4.5	22017921	36.4	2705417	4.5	4137448	6.8
中部地区	12053595	100	6958515	57.7	420108	3.5	4269581	35.4	114668	0.1	710831	5.9
西部地区	28292988	100	18082735	63.9	512474	1.8	8800025	31.1	398216	1.4	1012012	3.6
东北地区	10368054	100	6605768	63.7	201924	2.0	3176276	30.6	60567	0.6	525443	5.0
总计	111280467	100	63352062	56.9	3836195	3.4	38263803	34.4	3278868	2.9	6385734	5.7

由此可见，我国体育场地投资的渠道依然比较单一，以财政投入为主体（财政拨款和单位自筹）的投资占总投资的 90% 以上，而且经济越是相对落后地区，体育场地建设投资对财政拨款的依赖性越强。

财政拨款和单位自筹 2 种投资类型 2004—2013 年一直是递增状态，而社会捐赠投资只在 2006 年出现高速增长，之后进入缓慢增长状态，但在全部投资所占的比例仍然很低。

2. 各系统体育场地投资金额构成

我国体育场地建设在不同系统的投资比例存在差异。其他系统体育场地的投资额最多，为 52435380 万元，占 47.1%；其次是教育系统，投资额为 37872525 万元，占 34.0%；体育系统体育场地投资额为 20972562 万元，占 18.8%。

教育系统体育场地投资总额 37872525 万元中，中小学体育场地投资额为 30335501 万元，占我国教育系统体育场地总投资额的 80.10%；高等院校体育场地投资额为 6002914 万元，占我国教育系统体育场地总投资额的 15.85%；中专中技体育场地投资额为 950794 万元，占我国教育系统体育场地总投资额的 2.51%；其他教育系统体育场地投资额为 583316 万元，占我国教育系统体育场地总投资额的 1.54%。

我国体育场地中，体育系统和教育系统体育场地投资主要依赖于财政拨款，财政拨款占投资额比重分别为 89.6% 和 68.3%；而其他系统主要依赖于单位自筹，单位自筹占投资额比重为 53.9%。教育系统中，中专中技、中小学、其他教育系统单位对财政拨款的依赖程度高于高等院校。（表 9-9）

表 9-9　我国各系统体育场地投资额构成情况

| 系统 | 投资总额 | | 财政拨款 | | | | 单位自筹 | | 社会捐赠 | | 其他 | |
| | | | 财政拨款 | | 其中：体彩公益金 | | | | | | | |
	金额/万元	占比/%	金额/万元	占比/%	金额/万元	占比/%	金额/万元	占比/%	金额/万元	占比/%	金额/万元	占比/%
体育系统	20972562	100	18785180	89.6	748488	3.6	1396217	6.7	177256	0.8	613909	2.9
教育系统	37872525	100	25871970	68.3	933660	2.5	8587366	22.7	1955109	5.2	1458080	3.8
其中：高等院校	6002914	100	3045550	50.7	44753	0.7	2744318	45.7	49463	0.8	163583	2.7
中专中技	950794	100	684211	72	21361	2.2	242538	25.5	9887	1.0	14158	1.5
中小学	30335501	100	21722957	71.6	855244	2.8	5482774	18.1	1883399	6.2	1246371	4.1
其他教育系统	583316	100	419252	71.9	12302	2.1	117736	20.2	12360	2.1	33968	5.8
其他系统	52435380	100	18694912	35.7	2154047	4.1	28280220	53.9	1146503	2.2	4313745	8.2

3. 各隶属关系体育场地投资金额构成

我国体育场地 2004—2013 年 111280467 万元的总投资中，隶属于县/市/旗的体育场地投资额最多，为 35565926 万元，占 30.4%；隶属地区/市/州/盟的体育场地，投资额为 18869619 万元，占 16.1%；隶属于街道/镇/乡的体育场地投资额为 17431396 万元，占 14.9%；隶属于其他关系的体育场地投资额为 14755447 万元，占 12.6%；隶属于居民/村民委员会的体育场地投资额为 14433902 万元，占 12.3%；隶属于省/自治区/直辖市的体育场地投资额为 14236779 万元，占 12.2%；隶属于中央体育场地投资额为 1744898 万元，占 1.5%。

这些体育场地总投资中，隶属于县/市/旗、地区/市/州/盟、中央、街道/镇/乡、省/自治区/直辖市的体育场地投资，主要依赖于财政拨款。财政拨款占该隶属关系体育场地总投资额的比重分别达到了 74.5%、73.6%、57%、50.5% 和 50.1%。隶属于其他关系的体育场地投资额主要依赖于单位自筹，单位自筹占该隶属关系体育场地总投资额的比重为 80.4%。隶属于居民/村民委员会、县/市/旗的体育场地对体彩公益金的依赖性较强，体彩公益金占该隶属关系体育场地总投资额的比重分别为 11.8% 和 3.0%。（表 9 - 10）

表 9 - 10 我国各隶属关系体育场地投资额构成

| 隶属关系 | 投资总额 | | 财政拨款 | | | | 单位自筹 | | 社会捐赠 | | 其他 | |
| | | | 财政拨款 | | 其中：体彩公益金 | | | | | | | |
	金额/万元	占比/%	金额/万元	占比/%	金额/万元	占比/%	金额/万元	占比/%	金额/万元	占比/%	金额/万元	占比/%
中央	1744898	100	994538	57.0	20708	1.2	713917	40.9	19628	1.1	16815	1.0
省/自治区/直辖市	14236779	100	7133248	50.1	280176	2.0	6714687	47.2	48675	0.3	340169	2.4
地区/市/州/盟	18869619	100	13894979	73.6	336482	1.8	4086615	21.7	110619	0.6	777406	4.1
县/市/旗	35565926	100	26480780	74.5	1066882	3.0	6708089	18.9	812310	2.3	1564747	4.4
街道/镇/乡	17431396	100	8802810	50.5	332808	1.9	5912931	33.9	1258187	7.2	1457468	8.4
居民/村民委员会	14433902	100	6303856	43.7	1697893	11.8	5992904	41.5	992323	6.9	1144819	7.9
其他	14755447	100	1743156	11.8	101270	0.7	11863678	80.4	37138	0.3	1111475	7.5

4. 各单位类型体育场地投资金额构成

我国现有体育场地中，由事业单位管理的体育场地投资额最多，为 54193847 万元，占 46.3%；由企业管理的体育场地投资额 33754601 万元，占 28.8%；由其他单位管理的体育场地投资额 20571328 万元，占 17.6%；由行政机关管理的体育场

地投资额8518191万元，占7.3%。（图9-12）

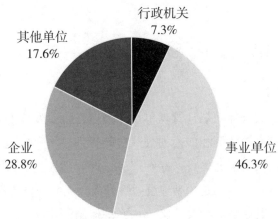

图9-12　我国各单位类型体育场地投资占比

　　我国现有体育场地中，由行政机关和事业单位管理的体育场地投资主要依赖于财政拨款，财政拨款占体育场地总投资额比重分别为84.8%和76.9%，均超过50%。由企业管理的体育场地投资额主要依赖于单位自筹，单位自筹投资额占体育场地总投资额比重为71.3%。（表9-11）

表9-11　我国各单位类型体育场地投资额构成情况

单位类型	投资总额		财政拨款				单位自筹		社会捐赠		其他	
			财政拨款		其中：体彩公益金							
	金额/万元	占比/%	金额/万元	占比/%	金额/万元	占比/%	金额/万元	占比/%	金额/万元	占比/%	金额/万元	占比/%
行政机关	8518191	100	7224486	84.8	213224	2.5	848064	10.0	84309	1.0	361332	4.2
事业单位	54193847	100	41690181	76.9	1646343	3.0	8656621	16.0	2081294	3.8	1765751	3.3
企业	33754601	100	7697339	22.8	129264	0.4	24069712	71.3	56690	0.2	1930860	5.7
其他单位	20571328	100	8741361	42.5	1847388	9.0	8418424	40.9	1056587	5.1	2354956	11.4

　　综上所述，2004—2013年的10年，在体育场地建设的投资方面，在全国层面，总体上还是政府主导型投资模式。在体育场地的投资面积和投资总额上，分别以教育系统投资和政府投资为主，体育场地分布以校园为主；体育场地建设的数量、面

积和投资总额的增长率上，其他社会力量投资、私营企业和外商企业投资力量还显不足。

（三）运营模式创新不够

1. 管理体制陈旧

改革开放之前，我国体育场地管理单位作为体育事业发展的基础部门和组成部分，实施的是与计划经济体制相匹配的公共行政管理，体育场地主要由国家配置资源，提供社会大众需要的公共体育产品和服务，即管理人员是行政编制，体育场地运行经费是行政拨款，实行的是免费或公益性开放，无关社会效益和经济效益。

改革开放后，尤其是随着社会主义市场经济体制的建立，体育场地的管理需要适度改革，遵循市场经济规律，以适应社会主义市场经济体制运行的规则。实际上，改革开放 30 多年来，尤其是 1992 年党的十四大确定建立社会主义市场经济体制的20 多年来，我国体育场地管理部门的改革步伐较小，仅是从单纯的政府行政管理逐步过渡到了事业单位管理，加之很少的企业化管理。这样陈旧的管理体制，不仅制约了体育场地管理部门职工主动性和积极性的发挥，也难以适应社会主义市场经济体制的宏观环境，从而造成体育场地部门的孤立、资源的闲置、优势的丧失，直接导致体育场地部门社会效益和经济效益的低下。

现阶段我国体育场地，尤其是体育系统所属体育场地大多数还属于事业单位，经营效益与经营者的利益没有太大的联系。经营管理人员专业化水平较低，这也是目前我国体育场地管理效益较低的一个重要原因。我国大型体育场馆的收入主要靠财政拨款、场馆房屋出租、演出收入、部分的比赛收入和广告收入，体育场馆冠名权、特许权、豪华包厢等大量无形资产的流失是体育场地管理效益低的另一个原因。我国体育场地建设与管理的条块分割现象十分严重，造成体育场地的充分建设与建成之后场地管理不力、资源浪费的矛盾。

2. 运营模式单一

我国体育场地的整个发展历史过程中，公益性体育场地数量和总面积都远远高于经营性体育场地，体育场地作为公共设施的一部分，对满足人们生活需要，体现人们基本生活权利起到积极作用。1978 年以前，我国基本上不存在经营性的体育场地，改革开放之后，经营性的体育场地数量和面积都开始增加，同时一些公益性的体育场地由于运营经费困难也开始走向经营的道路，以增加收入用以弥补日常维护和修建等费用。但是，以市场为导向的社会资本投资和体育场地经营，现阶段仍处于一个低速发展阶段，社会资本和民间资本投资建设的体育场地数量和面积，无论是增加量还是增长速度，都远远小于国家投资的公益性体育场地。

1995 年体育体制改革进入具有划时代意义的阶段，体育产业开始起步并加速发展，体育场地也迈出市场化的步伐。1995—2003 年，经营性体育场地数量 22730 个，面积为 1.59 亿平方米，与同时期的公益性体育场地数量 512481 个、面积 6.26 亿平方米相比，经营性体育场地数量仅是公益性体育场地的 1/25，面积也仅有公益性的 1/4。经营性体育场地面积虽然较大，但是数量却较少，这足以说明我国在经营性体育场地建设方面仍然处于一个持续发展期。

1995 年之后的体育场地，经营收入进入了快速增长时期，这是因为 1995 年国家体委发布了《体育产业发展纲要》，客观上刺激了体育产业的步伐，国家原来只用于竞技体育训练和比赛的体育场地也开始进行市场化运作，以弥补体育场地高额维护和修建费用的不足。与此同时，一些商家直接投资于经营性体育场地，伴随着体育场地投资融资体系的多元化发展，体育场地也逐步走向企业自主经营、委托经营、承包经营等多种模式并存的经营模式。但是，体育场地经营的经济效益仍然不见起色，与体育场地历年累积投资共 19067 亿元相比，截至 2003 年底，全国体育场地经营总收入只有 1802 亿元，收益不到成本的十分之一，无疑加重了国家的财政负担，同时也影响了我国体育产业的发展。

根据第六次全国体育场地普查数据统计，通过对各体育场地单位类型及各场地类型的体育场地运营模式进行结构分析发现，所有单位类型以及所有类型的体育场地均以自主运营为最主要的运营模式。

2013 年度我国自主运营的体育场地数量为 1617974 个，占体育场地总数的 98.73%；其次是委托运营的体育场地，为 14060 个，占体育场地总数的 0.86%；合作运营的体育场地数量最少，6771 个，占体育场地总数的 0.41%。在各单位类型中，事业单位自主运营模式下的体育场地数量最多，而在委托经营模式下，企业单位与事业单位拥有的体育场地数量不分伯仲，分别为 3403 个、3462 个。（表 9 - 12）

表9-12　各单位类型不同运营模式情况

单位类型		总额	行政机关	事业单位	企业	其他单位
场地数/个	自主运营	1617974	82271	680405	129277	726021
占比/%		100	5.08	42.05	7.99	44.87
场地数/个	合作运营	6771	344	2794	1352	2281
占比/%		100	5.08	41.26	19.97	33.69
场地数/个	委托运营	14060	1303	3403	3462	5892
占比/%		100	9.27	24.20	24.62	41.91

第六次全国体育场地普查数据显示，在162座大型经营性体育场馆中，自主运营的场馆有130个，占比80.25%；委托运营的有25个，占比15.43%；合作运营的有7个，占比4.32%。这说明体育场地管理机构在运营工作中过多依靠自己的力量解决问题，缺乏合作意识，不能够扬长避短，实现优势最大化。体育场地过分依赖自主运营的结果是体育场地管理者在部分自己并不擅长、并不熟悉的领域从事经营工作，面临激烈的市场竞争，风险过大、容易失败。而且体育场地自主运营较之于专业机构合作，其运营和服务的专业化水平都较低，服务质量难以提高，更缺乏相应的市场资源，也缺乏市场竞争优势。

综上所述，我国体育场地目前运营模式还比较单一，还有待进一步丰富体育场地运营模式，继续挖掘合作运营模式以及委托运营模式的潜力。

（四）公共服务供给不足

体育场地是我国公共体育服务体系建设的重要组成部分，建成布局合理、功能齐全、服务便利的体育场地是完善公共体育服务体系的目标。《体育事业发展"十二五"规划》指出"进一步推动体育场馆向公众开放"，"努力扩大体育场馆开放范围，盘活体育场馆资源，提高体育设施综合利用率和运营能力，充分发挥体育设施提供公共体育服务、满足群众健身需求的作用"。《关于推动大型体育场馆运营管理改革创新，提高公共服务水平的意见》《关于推动大型体育场馆免费低收费开放的意见》等也都把盘活现有场馆存量，扩大公共体育服务供给，提高公共服务水平，作为大型体育场馆的使命，并出台了相关鼓励措施。

大型体育场地是举行全民健身节、体育文化节等主题性群众体育活动以及群众体育运动会的理想场所，能为群众提供体育技能指导，便于体育知识普及和大型群众体育活动的开展，对全国不同地区群众体育活动的开展具有较强的辐射示范作用。同时以体育场地为依托，亦可以为国民体质监测工作的展开提供必要的物质基础，有助于体质监测工作落到实处。大型体育场地集场地设施服务、健身指导服务、体质监测服务、文化与信息服务等多种类型的公共体育服务于一体，其功能的集群和服务的集成，可以同时满足不同群体不同类型的公共体育服务需求，方便群众就地就近参加体育活动，满足群众体育需求的实现。由此可见，大型体育场地供给的公共体育服务主要集中在八大内容上，分别是体育场地设施服务、体育组织服务、健身指导服务、体育信息服务、体育竞赛服务、体育文化服务、国民体质监测服务、应急避险服务等。

大型体育场地所提供的公共体育服务在内容上具有综合性、多样性的特点，可以满足不同群体的多样需求。因此，从形式上来讲，单一的供给方式无法实现场馆公共服务的有效供给。况且，从体育场地性质的差异来看，也必然决定了体育场地公共体育服务供给方式的多样性，不同性质的体育场地供给方式有所不同，而同一供给方式也能适用于不同性质的体育场地。

根据第六次全国体育场地普查数据，就大型体育场馆对外开放、接待健身人次、接待运动队训练、承担各类活动、开展健身培训等反映大型体育场馆供给公共体育服务的情况进行分析，结果显示，大型体育场馆供给公共体育服务的总体水平虽然有所上升，但总量不足，质量不高，没有实现大型体育场馆供给公共体育服务的既定目标，难以满足社会公众的基本体育需求。

1. 体育场馆开放率有待提高

大型体育场馆提供公共体育服务的首要前提是实现对外开放，从"六普"数据中可以看出，全国1093个被调查的大型体育场馆中，不开放的场馆有135个，占大型体育场馆总数的12.4%；部分时段开放的场馆有483个，占大型体育场馆总数的44.2%；全天开放的场馆有475个，占大型体育场馆总数的43.4%。由此可见，87.6%的大型体育场馆基本上实现了对外开放，但是，只有43.4%的大型体育场馆实现了全天对外开放，还有44.2%的大型体育场馆只是部分时段开放。（图9-13）

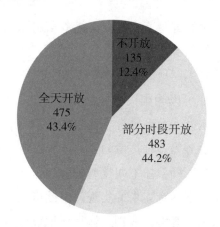

图 9 – 13　大型体育场馆对外开放情况

　　从大型体育场馆的对外开放情况可以看出，我国大型体育场馆的开放率较高，这与国家鼓励大型体育场馆对外开放的政策支持有关。2014 年国家体育总局和财政部联合发布《关于推进大型体育场馆免费低收费开放的通知》，争取在更大程度上开放大型体育场馆。近年来，政府以向社会力量购买公共服务的形式购买体育场馆的开放时长，政府出资促使大型体育场馆实施对外开放，鼓励群众参与健身运动，很大程度上提高了大型体育场馆的开放力度，延长了一些大型体育场馆的开放时间。但对于尚未开放的大型体育场馆，仍需具体分析相应的问题，做好对外开放的准备工作，最大程度地盘活大型体育场馆提供公共体育服务的存量。

2. 体育场馆有效开放时间有待延长

　　由国家体育总局和财政部联合发布的《关于推进大型体育场馆免费低收费开放的通知》，要求体育部门所属大型体育场馆向社会免费、低收费开放，《关于推进大型体育场馆免费低收费开放的通知》中明确规定：在开放时间上，该类体育场馆每周开放时间不少于 35 小时，全年开放时间不少于 330 天；公休日、法定节假日、学校寒暑假期间等，每天开放时间不少于 8 小时。在开放范围上要求体育场馆所属户外公共区域及户外健身器材应全年免费开放，每天开放时间不少于 12 小时。

　　第六次全国体育场地普查数据显示，全国 1093 个被调查的大型体育场馆，从体育场馆年对外开放天数和周对外开放时间上看，958 个对外开放的大型体育场馆 2013 年度开放天数共计 287850 天，周对外开放时间 50497 小时，平均每个体育场馆年对外开放天数为 263 天，周对外开放时间为 46 小时。这与国家体育总局和财政部联合发布的《关于推进大型体育场馆免费低收费开放的通知》中规定的，体育部门所属大型体育场馆全年开放天数不少于 330 天，还存在一定差距。而在周开放时间上，大型体育场馆的周开放时间比规定的不少于 35 小时要做得好。（表 9－13）

表 9－13　大型体育场馆年对外开放天数、周对外开放时间、对外开放场地面积

	年对外开放天数	周对外开放时间/小时	对外开放场地面积/平方米
总数	287850	50497	6700979.51
平均数	263	46	6130.81

《大型体育场馆基本公共服务规范》中规定："体育场馆和区域内的公共体育场地、设施用于提供体育及相关服务的面积比例不低于 60%。"全国大型体育场馆对外开放总面积为 6700979.51 平方米，平均到每个场馆只有 6130.81 平方米，远远没有达到一般大型体育场馆场地面积的 60%。对外开放是大型体育场馆履行社会责任，提供公共体育服务的一扇窗口，政府相关部门在这方面还需继续采取措施，鼓励大型体育场馆加大对社会开放的力度。

3. 每周接待健身人数规模偏小

大型体育场馆的主要功能是为大众健身提供体育场地服务，因而，对外开放接待大众健身，接待的人次数能够反映大型体育场馆对外开放、提高体育场地服务效果的一个指标。究竟有多少居民进入大型体育场馆进行体育健身活动，消费公共体育服务，也是检验大型体育场馆对外开放效果有没有落到实处的一个标准。

根据第六次全国体育场地普查数据，全国 1093 个被调查的大型体育场馆中有 958 个对外开放的场馆，其中平均每周接待健身人次在 500 人次以下的场馆数量为 303 个，占对外开放场馆总数的 31.6%；平均每周接待健身人次在 501～2500 人次的场馆数量为 419 个，占对外开放场馆总数的 43.7%；平均每周接待健身人次在 2501～5000 人次的场馆数量为 137 个，占对外开放场馆总数的 14.3%；平均每周接待健身人次在 5001～10000 人次的场馆数量为 62 个，占对外开放场馆总数的 6.5%；平均每周接待健身人次在 10000 人次以上的场馆数量为 37 个，占对外开放场馆总数的 3.9%。（图 9－14）

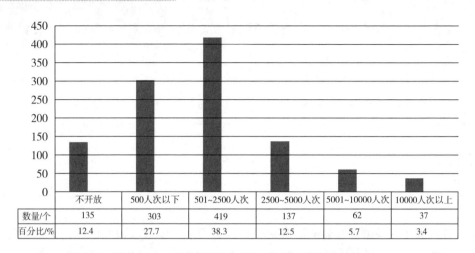

	不开放	500人次以下	501~2500人次	2500~5000人次	5001~10000人次	10000人次以上
数量/个	135	303	419	137	62	37
百分比/%	12.4	27.7	38.3	12.5	5.7	3.4

图9-14　大型体育场馆平均每周接待健身人次

分析图9-14可以发现，平均每周接待人次在500人次以下和501~2500人次的场馆呈现集中趋势，这两种情况的体育场馆总共占对外开放场馆总数的75.3%，大多数大型体育场馆每周接待的人次在2500以下。而每周接待人次在2500人次以上的体育场馆仅占对外开放体育场馆总数的24.7%。因此，大型体育场馆在开放的基础上，如何做好吸引更多的健身人群参与到大型体育场馆提供的服务中，解决好大众健身和场地分配之间的关系，实现体育场馆接待人群的最佳效益，是现阶段大型体育场馆提供公共体育服务需要解决的重要问题。

4. 接待运动队训练的效果有待提升

作为大型赛事举办的基础保障，大型体育场馆自然担负起接待运动队参赛的职责。除满足体育赛事举办的需求外，大型体育场馆凭借其专业完善的设施设备，在满足各类运动队训练需求，尤其是在接待高水平运动队训练方面，具有不可推卸的责任。

大型体育场馆设施设备齐全专业，在满足赛事需求的同时亦能满足训练需求，像专业运动队、职业体育俱乐部等高水平运动队比赛多，对比赛场地要求也高；而业余运动队比赛相对较少，中小型体育场馆就可以满足部分赛事或训练需求，因而，从使用效率上来说，大型体育场馆更应该为高水平运动队提供运动训练的场地服务。

在1093个被调查的大型体育场馆中，接待国家队、省/自治区/直辖市专业运动队、职业俱乐部运动队的有507个，占46.4%；接待业余运动队的有282个，占

25.8%；未接待过运动队的有304个，占27.8%。这说明大型体育场馆的运动队接待工作主要面向专业运动队、职业俱乐部等高水平运动队。（图9－15）

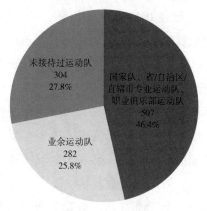

图9－15 大型体育场馆所接待运动队情况

大型体育场馆在接待运动队方面更趋于能够为其带来多重效益的高水平运动队，这也反映了高水平运动队有资本和实力入驻费用较高的大型体育场馆从事运动训练。而在接待运动员参训天数和运动员人次上，大型体育场馆的接待情况主要集中在101人以上和201天以上，这说明运动队在选择大型体育场馆训练上，倾向于固定性和长期性。因而，如何开发未接待过运动队训练的大型体育场馆，实现与运动队的对接，提高体育场馆的利用率，平衡运动队训练和接待健身人群的矛盾也是大型体育场馆需要着力解决的问题。（图9－16）

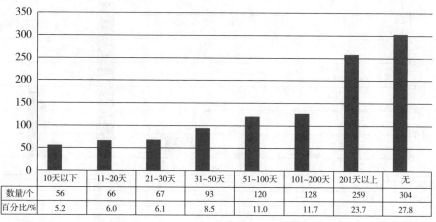

	10天以下	11~20天	21~30天	31~50天	51~100天	101~200天	201天以上	无
数量/个	56	66	67	93	120	128	259	304
百分比/%	5.2	6.0	6.1	8.5	11.0	11.7	23.7	27.8

图9－16 大型体育场馆累计接待运动员天数

第六次全国体育场地普查统计中的 1093 个大型体育场馆中，有 27.8% 的大型体育场馆未接待过运动员，而接待运动员在 201 天以上的场馆有 259 个，占总场馆数量的 23.7%；其次接待天数在 101 ~ 200 天和 50 ~ 100 天的场馆数量分别是 128 个和 120 个，分别占总场馆数量的 11.7% 和 11.0%；而累计接待运动员天数在 31 ~ 50 天、21 ~ 30 天、11 ~ 20 天以及 10 天以下的场馆数量分别为 93 个、67 个、66 个和 56 个，分别占大型体育场馆总数的比例为 8.5%、6.1%、6.0% 及 5.2%。

大型体育场馆承接运动员训练天数反映了大型体育场馆为运动队提供公共体育服务的情况，承接专业、职业和业余运动队训练作为大型体育场馆基本公共服务规范的一项内容，应该得到相应的重视。从第六次全国体育场地普查数据所反映的大型体育场馆累计接待运动员天数的情况看，累计接待运动员 50 天以下和从未接待过运动员的体育场馆数量占到了 53.6%，这一数据表明相当部分的大型体育场馆在为运动员提供场馆训练服务上还存在很大的差距，这与我国竞技体育的发展水平有很大关系，与体育场馆的区位分布和场馆属性也存在一定关系。

再从图 9 - 17 可以看出，大型体育场馆累计接待 10 人以下的场馆数量 3 个，占总场馆数量的 0.3%；接待 11 ~ 30 人的场馆数量 23 个，占总场馆数量的 2.1%；接待 31 ~ 50 人的场馆数量 25 个，占总场馆数量 2.3%；接待 51 ~ 100 人的场馆数量 88 个，占总场馆数量的 8.1%；接待 101 人以上的场馆数量 650 个，占总场馆数量的 59.4%；而未接待运动员的场馆数量 304 个，占总场馆数量的 27.8%。

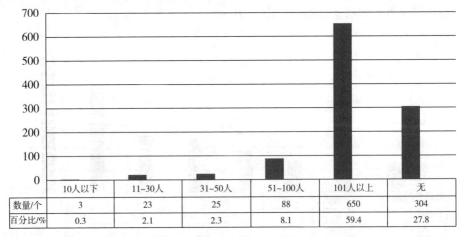

	10人以下	11~30人	31~50人	51~100人	101人以上	无
数量/个	3	23	25	88	650	304
百分比/%	0.3	2.1	2.3	8.1	59.4	27.8

图 9 - 17 大型体育场馆累计接待运动员情况

5. 开展健身培训和项目服务有待丰富

大型体育场馆提供健身培训活动往往以健身培训班的形式进行，健身培训的主体包括体育社会指导员或者一些体育项目专业人士，他们利用大型体育场馆的独有资源，组织科学的健身指导活动，在健身培训班上传授健身相关知识和技能，满足群众获得健身知识和技能的需求。根据第六次全国体育场地普查数据，大型体育场馆全年健身培训班数量为 19817 个，全年健身培训人次为 4677768 人。（表 9 - 14）

表 9 - 14　大型体育场馆全年健身培训班数量、全年健身培训人次

数量类型	全年健身培训班数量/个	全年健身培训人次/人
总数	19817	4677768
平均数	18	4280

在 1093 个被调查的大型体育场馆中，每个大型体育场馆全年开展健身培训班数量平均为 18 个，全年健身培训人次为 4280 人。这一数值超过了《关于推进大型体育场馆免费低收费开放的通知》中规定的"开展体育健身技能等培训不少于 1000 人次"。由此可见，大型场馆提供的体育健身指导服务已经基本达到政策所要求的标准。

大型体育场馆开展的健身培训越多，提供的健身项目服务越多，反映出体育场馆供给公共体育服务的水平越高。从图 9 - 18 可以看出，开展某一健身项目的体育场馆数与开展这一健身培训项目的体育场馆数呈现相同的变化趋势。

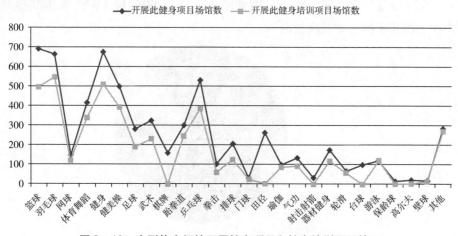

图 9 - 18　大型体育场馆开展健身项目和健身培训项目情况

大型体育场馆中开展篮球、健身、羽毛球的健身项目和健身培训项目最多，其次是乒乓球、体育舞蹈和健美操，武术、足球、田径、跆拳道等项目也比较多。而开展壁球、保龄球、轮滑、高尔夫球、台球等健身项目和健身培训项目的场馆较少。这与健身项目本身的受欢迎程度及特点和场馆能否为项目提供场地设施有关。

像篮球、健身、羽毛球、乒乓球、足球、田径等健身项目，多为群众喜闻乐见的一些运动项目，这类健身项目的特点是操作简单，技术入门容易，场地要求限制少等。而壁球、保龄球、高尔夫球等项目在中国普及率低，鲜有群众知道规则和技术，且像高尔夫这项运动对于场地的要求尤其严格，需要专门的训练场地，这项"贵族运动"消费成本也很高，因此，开展此类运动的体育场馆也较少。调研中也发现，一些大型体育场馆开展培训的对象主要面向青少年群体，而参与体育场馆健身的人群则以中青年为主。因此，大型体育场馆在提供各类培训服务的同时，应结合大众不同的健身需求，组织开展相应的体育服务项目；同时政府在实施购买服务的过程中，也应考虑到这一现状，将服务购买内容和群众需求紧密对接。

6. 承担文化体育活动需要平衡

从第六次全国体育场地普查数据可以看出，1093 个大型体育场馆，一年中承担：全国及以上体育赛事 1705 次，占其承担活动总次数的 4.9%；承担省级及以下体育赛事 9441 次，占其承担活动总次数的 27.1%；承担文化演艺活动 3871 次，占其承担活动总次数的 11.1%；承担会展活动 2762 次，占其承担活动总次数的 7.9%；承担公益活动 6535 次，占其承担活动总次数的 18.8%；承担其他活动 10491 次，占其承担活动总次数的 30.2%。（图 9－19）

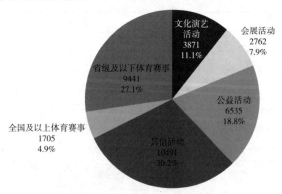

图 9－19　大型体育场馆承担活动次数情况

从图 9 - 19 可以看出。大型体育场馆在承担各类活动次数方面：承担体育赛事类活动占到32%，基本符合大型体育场馆以体为主的经营理念；其次是其他活动和公益活动，分别占到活动总数的30.2%和18.8%，表明大型体育场馆在提供公共体育服务的同时，也承担和发挥着社会性、文化性和公益性的功能。但是，通过对大型体育场馆的实地调研发现，大型体育场馆除了提供不同类别的体育赛事服务外，其他类的经营创收活动和文化演艺活动构成了大型体育场馆运营服务的重要部分。

由此可见，大型体育场馆在体育赛事承办上占其活动总次数的1/3不到，而承担其他活动的比例相对较高。如何在确保以开展体育相关活动为主体的前提下，最大限度地开发场馆资源，为场馆实现经营创收，是大型体育场馆供给公共体育服务的基本保障。

第十章　我国体育场地发展对策概论

2004—2013 年，在党中央、国务院的正确领导下，经过各级政府、有关部门和社会各界的共同努力，覆盖城乡、比较健全的体育场地设施体系基本建成。今后，面对经济社会发展新趋势、新机遇和新矛盾、新挑战，要更加准确把握战略机遇期中我国体育场地建设与发展的内涵，增建扩建改建体育场地，为全民健身运动的广泛开展，为进一步提高全民族的健康素质，促进健康中国建设，为全面建成小康社会发挥更大价值，完成全民健身作为国家战略的目标任务，实现中华民族伟大复兴的中国梦奠定坚实的基础。

随着我国经济社会发展水平的不断提高，人民群众的体育健身意识显著增强，人们对体育健身的需求也越来越旺盛。虽然我国体育场地总量较多，但是由于人口基数很大，因此，人均体育场地占有量却依然比较小，与欧美等体育强国相比，还存在着较大的差距。尤其是 2014 年 10 月《国务院关于加快发展体育产业促进体育消费的若干意见》提出了"2025 年人均体育场地面积达 2 平方米"的发展目标。按照目前人均体育场地面积 1.57 平方米的实际，到 2025 年实现人均体育场地面积达 2 平方米的目标，还存在较大的差距。因此，为了实现这一目标，我国体育场地建设的步伐不能仅仅维持原来的速率，未来 10 年更应该加速发展。

一、促进现有政策全面落实

随着我国体育产业和全民健身事业的发展，国家相关政策特别是加快现代服务业发展的有关政策更是鼓励放宽市场准入，允许民间资金进入法律法规未禁入的基础设施、公用事业及其他行业和领域，明确鼓励民间资本参与体育场馆运营，并出台若干金融、财政和税收政策，支持体育场地的建设与运营。但是，这些优惠政策在具体实施过程中，还存在着贯彻落实不到位的问题。这就需要体育主管部门积极与政策实施部门沟通与协调，力促现有的各项优惠政策贯彻落实，为体育场地建设与运营提供宽松的环境。

（一）体育主管部门要监督优惠政策落实

政策制定是政府的主要职能，也是政府对经济和市场进行宏观调控的主要手段，经营性体育场地的发展迫切需要政府的政策支持。自 2013 年国家体育总局等八部委联合下发《关于加强大型体育场馆运营管理改革创新提高公共服务水平的意见》以来，又陆续出台了《关于推进大型体育场馆免费低收费开放的通知》《国务院关于加快发展体育产业促进体育消费的若干意见》和《体育场馆运营管理办法》等文件，包括鼓励社会力量参与体育场地运营管理政策、大型体育场馆的房产税和城镇土地使用税优惠政策、水电气热价格按不高于一般工业标准执行政策、落实企业从事文化体育业按 3% 的税率计征营业税政策等。这些政策有利于激发社会资本投资热情，盘活体育场地资源，促进体育场地提供公共体育服务与资源的合理配置，培育体育场地及体育服务供给市场，提升体育场地的运营管理水平。体育主管部门应积极协助体育场地运营商做好与其他职能部门的协调工作，促进各类优惠政策的落实，给体育场地运营商减负，以吸引更多的社会资本和民间机构参与体育场地开发与运营。此外，体育主管部门应做好政策执行过程中的细化工作，使之具有操作性。

（二）地方政府要落实国家战略的相关政策

自 2013 年国家发展和改革委员会和国家体育总局联合下发《"十二五"公共体育设施建设规划》和 2014 年国务院出台《国务院关于加快发展体育产业促进体育消费的若干意见》以来，各省区市积极回应全民健身国家战略，在各省区市制定的实施意见中，都提出了"十三五"时期增加体育场地数量和面积的目标。与之相配套的土地、金融、税费等优惠政策也同时出台，如落实企业从事文化体育业按 3% 的税率计征营业税的政策，水、电、气、热价格按不高于一般工业标准执行等。只有这些政策在省区市级政府真正落地，才会产生现实的生产力，才能激发体育场地运营管理的巨大潜力。经营性体育场地单位，也必将借助这些优惠政策的东风，为社会提供多类型、多层次、多等级的体育服务产品，从而引导消费，繁荣体育场地服务业和体育市场，促进体育产业的进一步发展。

（三）各级地方政府要落实体育场地建设的土地政策

首先，体育场地是城市必配的功能区域，政府在进行城市建设过程中，必须将公共体育用地纳入城市发展规划，为新建体育场地预留足够的城市空间。政府还应将公共体育用地的使用权以招、拍、挂等形式，公开招标选取有关体育场地建设运营机构兴建体育场地，既能完善城市体育功能，保障公共体育服务质量，又能实现土地的有效利用。其次，政府要引导相关经营主体优化利用土地资源，开发体育用地，如引导体育场地避开租金昂贵的商业区，向更为便民的居住小区集中。同时，对居住社区开发商做出新建居住区和社区体育场地面积的硬性要求，使社区居民享有体育锻炼的权利。最后，政府还应鼓励和引导体育场地开发商对有条件的旧厂房、旧厂区的大空间建筑进行改造，使其变废为宝，既解决了旧厂区土地闲置浪费的问题，也增加了城市体育用地面积。政府应将民营资本提供的体育服务纳入政府购买公共体育服务范围，对连续经营一年以上的可采取协议出让方式办理用地手续，以激发民营资本开发与建设体育场地的积极性。

（四）各级体育主管部门要落实各种优惠政策

2014 年国务院出台的《国务院关于加快发展体育产业促进体育消费的若干意见》，将各种优惠政策享受范围扩大到整个体育产业领域，如落实企业从事文化体育业按 3% 的税率计征营业税，体育场馆自用的房产和土地，可享受有关房产税和城镇土地使用税优惠，体育场馆等健身场所的水、电、气、热价格按不高于一般工业标准执行等。这就要求各级体育主管部门行使自己的职责，与政府其他部门沟通协调，促进相关政策的尽快落实，为体育场地管理单位争取到更多的权益。也有利于经营性体育场地主动调整经营业务和服务产品，使经营内容符合政策优惠范围，从而减少体育场地运营成本和压力，增强运营的活力。

二、引导各类社会资本投入

从第六次全国体育场地普查数据可以看出，我国体育场地建设仍然是以国家财政投入为主。中华人民共和国成立以来，我国城市体育场地建设资金中，国家财政拨款589.16亿元，单位自筹资金为862.81亿元，两者相加达到建设总投资的96%，而社会出资仅占3%，由于其他社会融资、民间直接投资渠道还不畅通，所以，所占的比例还很小。

2014年国务院发布《国务院关于加快发展体育产业促进体育消费的若干意见》明确提出，大力吸引社会投资，"鼓励社会资本进入体育产业领域，建设体育设施，开发体育产品，提供体育服务"。实际上，在经济新常态下，政府资本投入融资模式、社会资本投入融资模式、公私联合资本投入融资模式等共存的多元化资本投入融资，将会是我国未来体育场地建设和发展的一个必然趋势。深化我国体育场地投融资体制改革、激发民间投资活力、提高体育场地公共服务的供给效率、切实扩大有效投资势在必行。

（一）民间资本关注体育场地投资

现阶段我国体育场地建设依然以政府投入为主，但在政策环境和体育产业快速发展的背景下，民间资本已成功投资我国体育场地建设，民间资本参与体育场馆投资建设的数量和规模正在逐步增加。

第六次体育场地普查结果显示，民间资本投资体育场地建设，从1978年的946万元增加到2013年的368244万元，占投资总额之比从2.12%增加到2.71%，虽然比例没有显著增长，但是，投资数额却有了明显增加。其中，2011年达到最高值1124658万元，占当年体育投资总额的10.04%，首次达到两位数。2001年以后，基于2008年举办北京奥运会，2010年举办广州亚运会，2011年举办深圳大运会，民间资本投资额增加较快。从2001年的177998万元，增加到2011年的最高值1124658万元，整体呈现逐步递增趋势（除2002年、2007年、2010年外）。

随着北京联合张家口共同申办2022年冬奥会的成功，会有更多的民间资本参与冰雪场馆投资建设，民间资本投资体育场地绝对额和占比将会进一步提高。

（二）民间资本投资体育场地建设的国际经验

自20世纪80年代以来，英国、加拿大和澳大利亚等发达国家开始将PPP（公私合营模式）应用到基础设施和公共服务领域，目前已日臻成熟，PPP模式已经从最初的经济类基础设施扩展到政府类和社会类基础设施。在经济发达国家，PPP在政府增加、改善和优化公共产品和服务供给，提高财政资金使用效率，便于市场准入等方面发挥了积极的作用。PPP 模式在全球的应用已经成为一种趋势，据世界银行估计，在发展中国家基础设施总投资中 40% 左右由私营机构提供，以 PPP 模式推动公共建设的政策，已经逐步成为各国竞相尝试的新途径。

目前，经济发达国家民间资本已经成为投资建设体育场馆的主体，而且已非常普遍。美国在 2002 年体育场馆融资总额中，民间资本占比达到 37.8%，远远高于我国。（表 10 – 1）

表 10 –1　美国体育场地融资中社会资本比重变化趋势

年份	1973	1980	1987	1990	1995	1998	2002
民间资本所占比重/%	16.2	19	19.3	20	28.6	35	37.8

资料来源：David Swindell "Sports Stadiums Can be Privately Financed", The Buckeye Institute for Public Policy Solutions.

在西班牙和英国的体育场馆融资总额中，私人投资是政府投资的 6.2 倍和 5.3 倍。意大利、德国、瑞典等欧洲国家的体育场馆融资总额中，私人投资也超过政府投资 3 倍以上。发达国家体育场馆的前期投资大部分由中央和地方政府投入，随着经济社会和体育产业的发展，政府作为体育场馆主要出资人的地位逐步淡化。民间资本在体育场馆融资结构中扮演着越来越重要的角色，随着时间的推移，民间资本投资所占比重持续增加。

美国对于一些体育场馆的资助已经广泛使用公私合营的 PPP 模式。伴随着这些体育设施及承租人所创造的收入不断增加，也刺激了民间资本对体育场馆的参与水平。（表 10 – 2）

表 10 – 2　美国大型体育场馆公私联合融资模式形成表

时期	体育场		运动场地		投入合计	
	公共投入比/%	私人投入比/%	公共投入比/%	私人投入比/%	公共投入比/%	私人投入比/%
酝酿阶段（1961—1969 年）	82	18	100	0	88	12
公共资助阶段（1970—1984 年）	89	11	100	0	93	7

续表

时期	体育场		运动场地		投入合计	
	公共投入比/%	私人投入比/%	公共投入比/%	私人投入比/%	公共投入比/%	私人投入比/%
过渡阶段 （1985—1994 年）	85	15	49	51	64	36
公私联合阶段 （1995—2003 年）	62	38	39	61	51	49

资料来源：陈元欣. 大型体育场馆投融资实务［M］. 北京体育大学出版社，2012：22.

在 2000 年悉尼奥运会主会场 6.15 亿澳元的预算中，政府、企业、个人分别占比 19.7%、34.4%、45.9%。政府为调动企业和个人建设体育场馆的积极性，分别在土地征用、建设资金补贴、贷款和税收等方面提供优惠政策。

（三）我国体育场地建设的模式选择

国外体育场地建设的实践证明，PPP 融资模式是控制政府债务、构建现代财政制度的重要抓手。应进一步鼓励社会资本和民间资本参与发展体育产业，建设各类体育场馆及健身设施。社会资本和民间资本通过参与改组改制（出资入股、收购股权、认购可转债、股权置换）、产权转让、资产收购、项目业主招标、互联网众筹等方式参与体育场馆投资建设。在体育场馆建设领域，逐步形成"政府投资为主，社会资本、民间资本投资为辅"的多元化体育场地投资模式。

体育场地建设和运营的 PPP 模式，按照不同分类标准可以划分为多种形式：按照 PPP 项目运作方式，主要包括委托运营、管理合同、租赁－运营－移交（LOT）、建设－运营－移交（BOT）、建设－拥有－运营（BOO）、转让－运营－移交（TOT）、改建－运营－移交（ROT）以及这些方式的组合等。按照社会资本、特许经营者和项目公司获得收入的方式，PPP 项目可分为使用者付费方式、政府付费方式和可行性缺口补助方式（VGF）3 类。其中 VGF 方式指用户付费不足部分由政府以财政补贴、股本投入、优惠贷款和其他优惠政策的形式，给予社会资本经济资助。

为规避风险，促进体育场地的可持续发展，必须做好以下 5 个方面工作。

（1）完善与 PPP 模式相配套的法律和法规。优化政府投资方式，通过投资补助、基金注资、担保补贴、贷款贴息等，优先支持体育场馆项目引入社会资本，尤其是民间资本。鼓励社会资本投资或参股体育场地建设等项目，使投资者在平等竞争中获取合理收益。

（2）积极推动政府角色转换。我国要实现从"大政府，小市场"到"小政府，大市场"的转变尚需时日，而PPP模式则从根本上要求政府改变自身的定位，由公共产品唯一提供者转变为项目合作者和监督者，严格遵守契约精神。通过LOT、BOT、TOT等方式吸引民间资本参与体育场馆的建设和运营，充分发挥市场主体和市场配置资源的作用。

（3）规范合同订立，平衡风险与收益。在合同订立方面，PPP合同是保障项目成功运营的核心要件，从地方政府角度来看，订立的合同要在风险分担和利益分配方面兼顾公平与效率，要详尽责任分担、收益分享、风险分摊、项目监督等多方面的内容。从社会资本角度来看，合同订立要预留调整和变更空间，根据市场环境和项目的变更设定动态调节机制，保证社会资本的收益率。民间资本参与体育场馆PPP项目的合同订立要避免政府对市场干预导致投资回报率的下降，政府应弥补对政府干预过程中所导致的民间资本的正常收益的损失。

（4）合理设计投资回报机制。为保证民间资本可以取得适当的投资效益，消除民间资本的投资顾虑，政府可以采取一定的措施提高民间资本投资体育场馆回报率：一是土地开发补偿；二是价格调整；三是现金补偿。

（5）建立健全约束与激励机制。要鼓励个人在体育场馆的消费，政府可以实施补贴。目前有补助和凭单2种不同的方式。补助是政府给予生产者（体育场馆）的补贴；凭单是补贴消费者，使其在市场上自由选择得到补贴的物品和服务。

然而，PPP虽能暂时拉长政府债务期限，将部分负债置于资产负债表之外，但其包含政府因长期付费承诺或分担项目风险而产生的显性或隐性担保责任，推广时需要根据政府的实际财力，避免形成新的政府财政负担。体育场地建设尤其是大型体育场馆建设融资是一个复杂的系统工程，具体融资模式的构建应适应我国的经济、社会和体育产业的发展阶段。建议在选择社会资本参与我国体育场地建设时，应该因势利导、稳健推进、注重PPP、财政资金、银行贷款、体育产业引导基金等多种融资模式匹配使用。例如，在我国体育场地建设过程中，还有捐赠、体育彩票公益金投入、资金信托、产业投资基金以及无形资产融资等（包括冠名权融资、经营权有偿转让、广告发布权出让等）可供选择的融资方式。

（四）体育场地建设实施 PPP 模式的政策支持

2014 年 10 月，国务院出台了深化预算管理制度改革和创新重点领域投融资机制以鼓励社会资本投资的相关文件，财政部、国家发展和改革委员会等先后密集发布了《关于推广运用政府和社会资本合作模式有关问题的通知》（财金〔2014〕76 号）、《关于开展政府和社会资本合作的指导意见》（发改投资〔2014〕2724 号）等部委规范性文件，在基础设施及公共服务领域大力推广运用政府和社会资本合作（PPP）模式，从制度建设、机构能力、政策扶持、项目示范、合同操作等方面开展了一系列富有成效的工作，对于加快新型城镇化建设，增加体育场地等公共产品和公共服务供给，提升国家治理能力，加快政府职能转变，充分发挥市场配置资源的决定性作用，具有重要意义。继续改革和完善不利于民间投资发展的政策法规，切实保护民间投资的合法权益，建立平等竞争的投资环境是未来我国体育场地建设的主要任务和发展目标。对于体育场地 PPP 模式的推广和实施，政府还需要提供以下政策保障。

1. 完善体育场地投融资政策

创新和灵活运用多种金融工具，加大对民间投资的融资支持，加强对民间投资的金融服务。鼓励民间资本采取私募等方式发起设立主要投资于公共体育场馆等领域的体育产业投资基金。政府可以使用包括中央预算内投资在内的财政性资金，通过认购基金份额等方式予以支持。

2. 完善体育场地投资的财政政策

增加财政投入，安排专项资金支持体育场馆建设。统筹使用体育彩票公益金，通过政府购买服务等多种方式，积极支持大众健身消费，鼓励公共体育设施免费或低收费开放，引导民间资本经营主体提供公益性体育健身服务。有条件的地方可设立体育产业发展专项资金，对符合条件的民营企业给予项目补助、贷款贴息。

3. 完善体育场地规划与土地政策

对于体育场馆建设，尤其是民间资本参与的体育场馆，优先保障土地供给。将体育场馆用地纳入城乡规划、土地利用总体规划和年度用地计划，合理安排用地需求。支持老城区和已建成居住区中的企业、单位利用原划拨方式取得的存量房产和建设用地建设体育场馆，不符合划拨用地目录的经营性体育场馆，连续经营一年以上的可采取协议出让方式办理用地手续。营利性项目按照相关政策优先安排供应，按有关规定对相关建设项目减免城市基础设施配套费等税费。

4. 完善体育场地税费价格政策

落实企业从事文化体育业按 3% 的税率计征营业税。根据国家相关税收政策，对企业从事文化体育业按 3% 的税率计征营业税，税费还有较大减负空间。在全面完成营业税改征增值税后，依照国家有关扶持体育产业发展的最新税收优惠政策，对体育场馆征收增值税。

体育场馆自用房产和土地，符合条件的可享受现行有关房产税和城镇土地使用税的优惠政策。民建的单体体育场馆实施节能改造的，如符合当年度节能专项资金选项要求，可给予一次性补贴。体育场地的水、电、气、热价格按不高于一般工业标准执行。比照文化产业，建立、完善鼓励和引导民间资本进入体育场地建设运营领域的税收政策。对于体育场地举办赛事的门票收入，能够单独核算和建账，可以比照文化产业，在一定期限内免征营业税或减半征收，鼓励民间资本参与体育场馆运营。

三、变革体育场地运营模式

根据第六次普查统计数据，2013 年度我国自主运营的体育场地数量最多，为1617974 个，占体育场地总数的 98.73%；其次是委托运营的体育场地，为 14060个，占体育场地总数的 0.86%；合作运营的体育场地数量最少，6771 个，占体育场地总数的 0.41%。可以看出，我国体育场地现阶段运营模式还比较单一，还有待进一步丰富体育场地运营模式，继续挖掘合作运营模式以及委托运营模式的潜力。

（一）促进体育场地多种运营模式融合

统计第六次全国体育场地普查数据发现，自主运营模式下的体育场地很大一部分分布在公园以及居住小区，而合作运营模式下的体育场地主要分布在公园和机关企事业单位楼院，最后在委托运营模式下的体育场地主要分布在宾馆商场饭店以及居住小区和街道。上述情况说明，不同体育场地会根据地点方位的不同，选择不同的运营模式，以达到运营效率最优的目标。

对于全部体育场地的运营管理，大型体育场馆的运营具有一定的代表性。通过对第六次体育场地普查数据的分析，符合"大型体育场馆"条目的 1093 个大型体育场馆中，采用自主经营模式的有 984 个，占比为 90.03%；采用委托经营模式的场馆有 67 个，占比为 6.13%；采用合作经营模式的场馆有 42 个，占比为 3.84%。由此可见，目前我国大型体育场馆采用的运营模式主要有 3 种：自主经营模式、委托经营模式和合作经营模式。自主经营模式是我国绝大多数大型体育场馆采用的运营模式，而其他运营模式的采用比例相对较少。

由于我国大型体育场馆的建设资金主要来源于财政投入，最初的建设目的主要是为承办大中型体育赛事、保障运动队训练和为群众提供体育健身场地服务，因此，大型体育场馆的管理比较多的是通过建立行政事业单位来实现。这种以政府为依靠，以事业单位为基础的自主运营模式，必然会出现管理效率低下、人事制度不灵活、市场开发程度较低、社会效益与经济效益难以兼顾等问题。再者，随着社会主义市场经济体制的逐步完善，市场在资源配置中决定性作用的充分发挥，原有的管理体制和运行机制逐步失去了它存在的环境和条件，迫切需要大型体育场馆变革运行模式，提高体育场馆的社会效益和经济效益。针对我国大中型体育场馆运营中存在的不足，在借鉴部分经济发达国家大中型体育场馆运营模式的前提下，亟待变革体育场馆运营模式。

大型体育场馆的投资较大，如果只靠一种运营模式很难充分开发体育场馆的各项功能，也会使体育场馆陷入部分资源闲置、经营效益较差的困境，难以达到"以体养馆"的目标。所以，大型体育场馆不能仅仅依靠开展体育业务，应该采用多渠道和多样化的运营模式来达到良好的运营效果。经过多年的探索，我国部分大型体育场馆开始突破传统的单一运营模式，转向可以充分利用体育场馆资源，吸收各类运营模式优点的创新型多种模式融合运营。自此，企业型、事业型自主运营融合、多类型的委托经营和合作模式（PPP 模式）开始成为大型体育场馆运营者的选择。例如，广州天河体育中心采取自主运行模式和合作经营模式相结合，在保证完成全民健身活动任务的同时，发挥场馆闲置资源的作用，开展多元化经营，充分发挥两种运营模式的优势。

当然，无论选择哪种运营模式，大型体育场馆都要做到公益服务为先，并积极拓展公共体育服务内涵，实现国有资产增值保值。因为大型体育场馆运营效果的优劣不能仅以经济效益指标做评价，应该是社会效益先于经济效益，即体育场馆向社会公众提供公共体育服务的价值要远远高于经济效益本身。大型体育场馆的公益价值涉及为社会培养体育人才，带动群众性体育事业发展。作为标志性建筑，不仅在于美化城市形象，为大众提供休闲娱乐场所，而且对周边地区的经济产生辐射作用，以及在举行公众集会，创造就业机会，乃至推动当地体育事业发展，优化文化环境、传承中华民族精神等方面，都将产生积极的作用。所以，大型体育场馆应该采用适合自己场馆特点的最佳模式，即符合市场规律，又能为大众提供丰富多彩的公共体育服务，实现社会效益和经济效益的共同提升。

（二）着力扩展委托运营和合作运营模式

2014 年 10 月国务院发布《关于加快发展体育产业促进体育消费的若干意见》和 2013 年国家体育总局等八部门联合出台的《关于加强大型体育场馆运营管理改革创新提高公共服务水平的意见》中都强调：要突出体育场馆的公益属性，强化服务功能，增强发展活力，提高使用效率，积极进行运营管理体制改革和机制创新。引入和运用现代企业制度，有效推进人事、收入分配和社会保障制度改革。加强绩效考核，建立有利于激发活力、增强内生动力的激励约束机制，改进和提高大型体育场馆运营管理水平和服务质量。但是，现阶段我国大型体育场馆提供的产品和投资运营主体具有不同的属性，应根据其本身属性选择适合的运营模式。

针对我国大型体育场馆的主要运营模式为行政事业单位自主运营模式的现状，"按照政事分开、事企分开和管办分离的原则对现有事业单位分 3 类进行改革。主要承担行政职能的，逐步转为行政机构或将行政职能划归行政机构；主要从事生产经营活动的，逐步转为企业；主要从事公益服务的，强化公益属性，整合资源，完善法人治理结构，加强政府监管"改革精神，需要对行政事业单位自主运营模式的体育场馆进行改革。

对于主要提供基本公共体育服务和公共体育产品的大中型体育场馆，它们提供的产品具有纯公共产品的特征，是市场不愿意做或做不好的产品，应该由政府提供。这些体育场馆大多分布于学校和体育系统，应保留其行政事业单位自主运营模式，即公益一类，确保基本公共体育服务和公共体育产品的有效供给，但也还要进行内部制度改革，逐步建立现代企业管理制度。

对于主要以提供一般公共体育服务为主，或除提供公共体育服务以外仍有余力的公益性大中型体育场馆，它们提供的产品十分多样，包括体育健身、体育培训、体育用品销售和演艺活动等。这些产品具有准公共产品和非公共产品的特征，因而由政府、社会和市场多元供给。对照2015年国务院出台的《关于深化国有企业改革的指导意见》：对公益类国有企业可以采取国有独资形式，具备条件的也可以推行投资主体多元化，还可以通过购买服务、特许经营、委托代理等方式，鼓励非国有企业参与经营。这给公益性大中型体育场馆带来了利好，即提供准公共产品和非公共产品的大中型体育场馆可以通过多种方式进行事业单位转企，从行政事业单位转制成国有控股企业或合资企业，或者与专业的运营团队合作，采取委托运营和合作运营模式，实现管理权与经营权的彻底分离。这种转变既可以保证公益性大中型体育场馆最初的建设目的，也兼顾了经济效益。

（三）推广城市综合体运营模式

我国大中型体育场馆的运营管理所依托的背景条件与西方发达国家存在本质的不同（西方发达国家具有比较成熟的职业体育体系和精品赛事体系，大型体育场馆的运营主要依托职业体育和精品赛事进行）。长期以来，我国职业体育发展不够成熟，也没有形成稳定的精品赛事体系，国内体育消费潜力还没有完全释放，因此，我国大中型体育场馆的运营管理具有典型的中国特色。实际上，大中型体育场馆仅仅依靠体育本体产业是难以支撑其自身的生存和发展的。所以，建立以体育产业为基础，旅游、休闲、餐饮、娱乐、商贸、会展等产业相互融合、相互支持、相互协调的多元化产业城市综合体运营模式，是针对除专门提供运动训练大型体育场馆外的其他大中型体育场馆比较有效的运营模式。我国大中型体育场馆应该以体育本体产业为基础，通过横向拓展、纵向延伸形成引致产品和扩展产品，形成城市产业集聚地，实现"以商养体"的发展目标。目前，北京工人体育馆、芜湖奥体中心、德州体育中心等大中型体育场馆开展的城市综合体运营模式探索已经取得了初步成效。

（四）完善体育场地运营的相关政策

实现大中型体育场馆运营模式的变革，需要多方面的齐心协力。委托经营和合作经营等具有市场化特征的运营模式有助于大中型体育场馆解决运营过程中的组织模式、业务模式、盈利点等问题。但是，实现由自主经营向委托经营、合作经营模式的转变，需要政府在政策层面予以大力支持与引导。《国务院关于加快发展体育产业促进体育消费的若干意见》的出台，已经明确了"落实企业从事文化体育业按3%的税率计征营业税""体育场馆等健身场所的水、电、气、热价格按不高于一般工业标准执行""各地要将体育设施用地纳入城乡规划、土地利用总体规划和年度用地计划，合理安排用地需求"等政策，为大中型体育场馆运营模式的变革提供了良好的政策环境。但是，在税收、人才、投资等领域，依然还需要各级政府给予更多实实在在的政策支持。

各级政府要建立和完善政府购买公共体育服务政策、学校体育场馆对外开放的补贴政策等，保证大中型体育场馆在采用了委托经营、合作经营或其他多种综合运营模式后，仍能为全民健身及其他社会事业提供支持，以产生良好的社会效益和经济效益。

在税收方面，房产税一直是大型体育场馆缴纳的主要税种，其征缴的基础是大型体育场馆的经营面积。体育场馆运营就是要最大限度地对其进行开发利用，但高额的房产税征收却让场馆对运营开发望而却步。所以，应尽快在落实了营业税征收范围的基础上，进一步对大型体育场的房产税进行税收优惠，缓解大型体育场馆运营的困境。

在人才培养方面，除了鼓励有条件的高等院校设立相关体育场馆管理专业，加强校企合作，多渠道培养复合型体育场馆管理人才，支持退役运动员接受再就业培训外，还要出台优惠政策，吸引国外体育专业人才或国内其他行业的经营管理人才，参与大中型体育场馆运营模式的改革与创新。同时，还要对现有的大中型体育场馆从业人员进行职业培训和岗位培训，以提高体育场馆从业人员的专业素养和运营管理水平。

四、促进各类场地社会开放

根据第六次全国体育场地普查数据，2013年度我国体育场地全天开放与部分时段开放的体育场地数量之和为1079457个，占到全国体育场地总数的65.9%，对外开放率属于中等水平。其中，全天开放的体育场地数量为845363个，部分时段开放的体育场地数量为234049个，不开放的体育场地数量为559348个。

（一）扩大学校体育场地的对外开放

全国各系统体育场地中，虽然体育系统的体育场地数量在各个系统中最少，但是，体育系统体育场地对外开放率，包括部分时段对外开放（4868个）和全天时段对外开放（15656个），达到了84.38%，不开放的只有15.62%（3798个）。

其他系统体育场地对外开放情况最好，对外开放率高达89.07%（部分时段对外开放率为7.98%，全天时段对外开放率为81.09%），不开放的体育场地有104236个，只占10.93%。

而教育系统在全国各系统体育场地中的对外开放情况的表现最差，在所有660521个体育场地中，开放率为仅为31.67%（部分时段对外开放率为23.17%，全天时段对外开放率为8.50%），不开放率达到了68.33%。

在教育系统内部，仅是高等学校体育场地开放率稍高，为44.94%（包括部分时段对外开放和全天时段对外开放），而中专中技学校，尤其是基数很大的中小学体育场地开放率分别只有30.12%和30.5%。未来一个时期，各级政府在新建体育场地的同时，应制定相关政策，着力开发各类学校体育场地的存量，以扩大学校体育场地的社会开放度。

第一，各级政府和教育主管部门，要出台学校体育场地有偿开放或政府补贴的相关政策和规定，不定期地进行检查和监督，对于违反政策的学校进行公示，减少其体育设施的财政拨款。

第二，现阶段，我国中小学校依然是"应试教育"模式，以升学率高低作为衡量学校教育质量、教师工作成绩及学生学业水平的标准，学校体育场地的社会开放程度与学校"升学率"存在负相关。这也需要各级政府和教育主管部门出台相关政策，在不影响学习正常教学秩序的前提下，引导和鼓励学校在一定程度上开放学校体育场地。

第三，学校体育场地在不同时间段实施"有偿和无偿"模式相结合的原则，这样既能照顾各阶层和不同年龄段的人群对体育场馆的使用权，而且还能发挥学校体育的文化宣传和辐射作用，对全民健身和学校体育相融合起到积极的作用。

（二）增加体育场地开放时长

全国在 2013 年度对外开放的体育场地中，开放天数分为 1～90 天/年、91～180 天/年、181～270 天/年、271 天/年以上 4 个区间。对外开放天数在 271 天以上的体育场地为 824249 个，占对外开放的体育场地总数的 76.4%；对外开放天数在 181～270 天之间的体育场地数量为 125470 个，占比为 11.6%；对外开放天数在 91～180 天之间的体育场地数量为 105166 个，占比为 9.74%；而对外开放天数为 1～90 天的体育场地，数量最少，为 24572 个，占比为 2.28%。可见，我国目前只要是在对外开放的体育场地中，开放时间相对比较长的体育场地数量较多，这也说明我国现有体育场地使用率处于较高水平。

按照全国各系统对外开放体育场地年均开放天数 271 天以上排名，其他系统的体育场地数量遥遥领先，达到 724612 个，占 76%；其次是体育系统的体育场地，达到 17099 个，占 70.3%；最后是教育系统只有 82533 个，仅占 12.5%。

实际上，我国现有体育场地的对外开放时间，还有较大的延长空间。尤其是学校体育场地，在不影响学校日常体育教学工作的前提下，完全可以实行早晨、晚上和节假日的对外开放。建议各级政府和教育主管部门应发挥主导作用，建立完善的学校体育场地对外开放政策和保障措施，引导学校逐步开放存量体育场地，为广大社区居民提供形式多样的体育场地服务。

（三）促进中小城市体育场地的对外开放

2014 年 11 月 20 日，国务院印发了《关于调整城市规模划分标准的通知》，对原有城市规模划分标准进行了调整，明确了新的城市规模划分标准。对城区常住人口 100 万以下的建制市、县、县级以上行政区划的中心城镇，及远离中心城区的、相对独立的市辖区统称为中小城市。这些中小城市聚集了较大规模的人口，在体育基础设施、公共体育服务等方面与建制市市区较为接近，中心城镇居民享受着与城市居民相似的生活方式。

以 2013 年全国行政区划为标准，依据第六次全国人口普查数据公布的全国各区县常住人口数据，共筛选出符合要求的中小城市 2483 个，中型规模体育场地 755 个，其开放情况如表 10－3 所示。

表10-3 我国中小城市中型以上规模体育场馆对外开放情况

城市类别	对外开放情况			
	不开放/个	部分时段开放/个	全天开放/个	合计/个
市辖区	35	75	85	195
地级市	26	110	119	255
县级市	14	41	46	101
建制县	6	103	95	204
合计	81	329	345	755

表10-3显示，我国中小城市中型以上规模体育场馆整体开放率达到89.27%，其中全天时段对外开放占全部开放总数的51.18%，说明我国中小城市中型以上规模体育场馆开放度情况一般。由此可见，我国中小城市中型体育场馆的对外开放还有很大的开发余地。

此外，对我国大型体育场馆2013年度的对外开放状况进行单独分析。我国大型体育场馆总数为1093个，不对外开放的体育场馆数量为135个，占比为12.35%；部分时段开放的体育场馆为483个，占比44.19%；而全天开放的体育场馆数量为475个，占比为43.46%。数据表明，我国2013年度大型体育场馆的对外开放率达到87%以上，但是全天开放的体育场馆占比依旧处于中等水平，还有待进一步改善。在开放天数中，开放天数在271天以上的体育场地个数为697个，占到总数的63.8%。可见，我国大型体育场馆对外开放，也有待进一步扩大。

五、合理规划体育场地布局

未来10年，我国已经完成小康社会建设，人们的生活水平又有了进一步的提高，大众体育健身需求会有一个爆发式的增长。从经济社会战略发展的角度，从新型城镇化建设的角度，从老龄化社会形成的角度，需要以前瞻性的眼光，科学规划城乡体育场地，合理布局体育场地，以满足10年之后的大众体育健身需求。

在2010—2014年的5年间，中国城镇化率分别是47.50%、51.27%、52.57%、53.7%、54.77%。根据国家统计局发布的《2014年国民经济和社会发展统计公报》，截至2014年底城镇常住人口为74916万人，占总人口比重为54.77%。随着新型城镇化建设的不断推进，我国城市发展水平将会不断提高，城镇居民对体育健身、休闲娱乐空间的需求也会不断增加。但是，我国的许多城市（镇）都面临着人口老龄化、亚健康人口比例扩大、体育基础设施配套不足等问题。城市（镇）体育场地作为市民运动、休闲与游憩的公共空间，不仅能够帮助新移民融入城市（镇），扩大其与社区居民的社会交往与互动，还有利于丰富城市（镇）居民的文化生活内容，提高生活品质。

根据第六次全国体育场地普查公告，截至2013年底，分布在城镇的体育场地数量为96.27万个，占场地总数的58.61%；城镇体育场地面积为13.37亿平方米，占全国总场地面积的68.61%。随着我国新型城镇化建设进程的加快，到2025年，我国城镇化率将达到70%甚至更高。但是，一直以来，我国城市体育场地建设存在与人口结构发展匹配性差、滞后于城市（镇）发展水平、场地设施类型单一以及体育场地空间分布不均等问题。从体育场地建设与人口结构、城市发展和老龄社会相协调的角度，本研究提出我国城乡体育场地的规划布局。

（一）增加城市非中心城区体育用地的供给

城市非中心城区往往是城市居民的聚集区，现阶段的体育场地还比较少，也缺乏必要的规划。未来，对大中型城市而言，要增加城市非中心城区体育用地的供给，建设多功能或开展多种体育活动的体育场地。以城市非中心城区体育场地建设为目标，既是城市建设和功能完善的需要，也是实现基本公共体育服务均等化的需要，更是我国经济发展到一定阶段的必然结果。

目前，从规划环节来看，制度性缺失是导致城市非中心城区体育场地配套建设不足的主要原因。因此，本研究建议在对城市非中心城区体育场地进行合理规划的基础上，通过无偿划拨土地，来解决建设用地不足的问题。即以城市非中心城区居住片区平均房价为标准，如果低于城市房价中位数，即对体育用地规模进行硬性规定，并对建设用地进行无偿划拨。如果等于或高于城市房价中位数30%，则对体育用地规模进行影响规定，并对建设用地进行部分有偿划拨。如果房价高于城市平均房价中位数30%以上，则无须对体育用地进行硬性规定。体育部门、城市规划和土地主管部门应当共同参与城市体育用地供给、建设规划，以保证建成后的体育场地设施配套符合社区居民的体育健身需求，实现为居民提供基本公共体育服务之目标。

（二）打造"三绿合一"的户外体育场地

国发46号文件明确将全民健身上升为国家战略，并对体育用地发展规划提出建议，指出各级政府要"充分利用郊野公园、城市公园、公共绿地及城市空置场所等建设群众体育设施"，标志着政府对户外体育运动的推崇，对大众体育健身需求趋势的把握，必将成为人民群众未来的首选。所以，各级地方政府要尽早规划，充分利用城市现有的城市公园、郊野公园、公共绿地，打造具有"三绿合一"的户外体育场地，为大众提供充足的体育场地服务。

1986年发布、2004年修订的《中华人民共和国土地管理法》第五十四条明确规定：建设单位使用国有土地，应当以出让等有偿使用方式取得。但是，城市基础设施用地和公益事业用地等建设用地，经县级以上人民政府依法批准，可以以划拨方式取得。而国土资源部2002年发布的《划拨用地目录》中规定，非营利性体育设施用地等基础设施用地项目，可以以划拨方式提供土地使用权。2005年由国家体育总局、建设部、国土资源部联合颁布的《城市社区体育设施建设用地指标》，制定出符合城市实际情况、又有一定超前性的体育用地划拨标准，"充分利用郊野公园、城市公园、公共绿地及城市空置场所等建设群众体育设施"，并在执行体制和监督机制上予以完善。

确实，我国城市社区体育场地建设法律体系，从表面上看，相应的法律、法规、政府政策和标准十分完善，但许多下位法规，尤其是地方性法律规章并没有得到全面贯彻落实，特别是在实践层面，各个政府部门之间漠视民众需求，过于注重部门权力的权威而刻意制造利益冲突，使得合理规制的法律法规很难付诸操作，城市规划中的体育用地建设成为被"悬置"的应然权利，难以付诸实践。

为了实现"三绿合一"的建设目标，各级体育主管部门应克服"上"没有决策部门硬性政策支持，"下"没有社区居民舆论呼应的现实压力，从新型城镇化的宏观战略视角来看待体育用地问题，积极向地方政府争取体育发展权益。各级政府的规划部门作为主要职能单位，应积极协调政府其他部门的参与，避免仅从建筑学的角度考虑，更多地从提升自然环境、人造环境与市民休憩诉求之间的契合，从促进城市公共空间的多功能化与高效率的角度，设计与整合郊野公园、城市公园和公共绿地的一体化。作为城市规划部门，要把体育用地作为公益事业来看待，并坚持社区体育用地及其体育场地建设的非营利性质。在"三绿合一"设计过程中，把国家标准设定与当地经济社会发展水平结合起来，以当地实际情况为基准，建设富有当地体育传统特色的户外体育场地。

（三）完善体育用地规划政策

在具体的城乡规划与建设进程中，体育用地规划与建设之所以被忽视，一方面是由于我国房地产市场发展迅速，许多民众停留在近期的追求居住权的需求层面，而对于长期的居住区的配套设施、多功能化并无太大动力，并不注重参与体育运动等发展性权利的保护。另一方面，对于负责城乡规划的政府部门来讲，土地出让费是地方税收的主要来源，对于并无直接收益的体育用地没有积极性去规划且付诸实践。

根据我国《城乡规划法》的规定：在编制城乡发展规划过程中，应当将城乡规划草案予以公告，并采取论证会、听证会或其他方式征求专家和公众的意见。我国《体育法》第四十五条规定："县级以上地方各级人民政府应当按照国家对城市公共体育设施用地定额指标的规定，将城市公共体育设施建设纳入城市建设规划和土地利用总体规划，合理布局，统一安排。城市在规划企业、学校、街道和居住区时，应当将体育设施纳入建设规划。"

但是，城乡规划中关于体育场地的部分非常虚弱，漏洞很多，而且从规划、设计、建设、监督验收等过程都没有政府体育部门介入，致使开发商有机可乘，大大缩减了体育场地的指标。在一些住宅小区的体育场地建设问题上，开发商根本没有参照体育场地定额指标进行楼盘建设，随意性很强，这是造成很多住宅小区根本没有挽回体育设施建设余地的主要原因之一。在调查中全部住宅小区都没有按照有关规定来建设，更没有一个住宅小区严格按照规划中的定额指标来配备体育设施。

总而言之，我国城乡体育用地规划应当重塑理念，将城市自然环境、人造环境重新进行多功能全方位的开发。例如保障性住房集中区域无偿划拨土地，进行体育场地及设施建设；通过将体育场地引入，实现城市公园绿地、居住区绿地的多功能化。在具体执行过程中，体育部门、城市规划和土地主管部门互为协同，地方政府积极配合权力机关——地方人大及其常委会、相关专家学者组成的科学咨询团队，对所辖区域的体育用地建设配套标准、技术规范和运动设施进行设计，实现规划决策科学化。通过公众参与、民意代表进行陈述或公证，集体做出最符合民众体育诉求的抉择，实现新型城镇化进程中我国城乡体育用地供给的最佳匹配，不断满足人民群众的体育健身需求，提高居民的生活质量。

六、优化体育场地类型结构

第六次全国体育场地普查共登记 83 类体育场地，但是，体育场地在地区之间、城乡之间、室内与室外之间、不同场地类型之间，都还存在着显著的不平衡现象。随着我国小康社会的全面建成，要保障公民基本体育权益的实现，即全民享有均等的基本公共体育服务。作为基本公共体育服务重要组成部分的体育场地，无论是数量还是面积分布，都必须与地域经济发展、城乡发展相匹配。基于此，未来 10 年，我国体育场地建设需要进一步优化布局结构。

（一）加快室内体育场地建设速度

截至 2013 年 12 月 31 日 24 时，全国符合第六次体育场地普查要求的各类体育场地 169.46 万个。其中，室外体育场地 152.55 万个，占 90.02%，室内体育场地 16.91 万个，占 9.98%。室外体育场地数量远多于室内体育场地，前者为后者的 9.02 倍。从体育场地面积来看，室外体育场地面积也远大于室内。

我国各省区市室外体育场地数量均多于室内体育场地数量。室内体育场地的数量占比体育场地总数量，在各省区市之间差异较大，按照这一比例的从高到低排列，室内体育场地占当地全部体育场地之比前 10 位的省区市依次为上海市（32.5%）、江苏省（22.8%）、内蒙古自治区（19.8%）、浙江省（19.1%）、北京市（17.9%）、福建省（13.4%）、吉林省（11.6%）、天津市（10.7%）、黑龙江省（10.6%）、辽宁省（9.8%）。排在前 10 位的有 6 个中东部地区的省区市，3 个东北部地区的省区市，1 个西部地区的省区市。

经济发达的东部地区和经济相对落后的东北部地区，充分利用现有室内建筑资源建设室内体育场地。室内体育场地面积占比位于全国前 5 位的均为东部地区，这或许源于东部地区经济较为发达，能够为室内体育场地的发展提供经济保障。而东北地区特殊的自然环境，全年较长的寒冷时段使室外体育活动难以进行，因此发展室内体育场地，满足特殊的体育健身需求。

再从各省区市室外、室内体育场地面积情况分析。总体上看，室外体育场地面积均多于室内体育场地。室内体育场地面积占比均未超过总面积的8%，室内体育场地面积与全国体育场地面积之比排在前10位的省区市依次为上海市（7.0%）、浙江省（6.1%）、北京市（5.0%）、内蒙古自治区（4.8%）、江苏省（4.2%）、福建省（3.8%）、黑龙江省（3.7%）、天津市（3.5%）、辽宁省（3.3%）、广东省（3.2%）。排在前10位的有7个东部地区的省区市、2个东北部地区的省区市、1个西部地区的省区市。

（二）适度增加农村体育场地建设规模

第六次全国体育场地普查统计数据显示，全国城镇体育场地数量达到959359个，占体育场地总数的58.54%，农村体育场地数量为679446个，占全国体育场地总数的41.46%。全国城镇体育场地数量比农村体育场地数量多279913个。

在农村体育场地中，其他系统有体育场地433420个，占农村体育场地总数的63.8%；体育系统仅有体育场地2192个，仅占农村体育场地总数的0.3%；教育系统体育场地243834个，占农村体育场地总数的35.9%。其中，农村中小学体育场地238454个，占农村教育系统的97.8%，占农村体育场地的35.1%。

同样，全国城镇体育场地面积总量达到1335224216平方米，占全国体育场地总面积的68.58%，农村体育场地面积总量达到611859912平方米，占全国体育场地总面积的31.42%。全国城镇体育场地面积比乡村体育场地面积多723364304平方米。

农村体育场地总数量与总面积都有较大增加，但各系统分布仍不均衡。体育系统91%的体育场地在城镇，农村仅占9%。教育系统中校址在农村和在城镇高校拥有体育场地面积的比例分别为6.1%和93.9%；教育系统中分布在农村和城镇的中专中技学校所拥有的体育场地面积比例分别为7.1%和92.9%；其他教育系统所在农村和城镇单位所拥有体育场地面积的比例为45.4%和54.6%，差别并不大。

近年来，城市人口生育率下降，户籍人口的总量在减少。但是，常住人口的数量却并没有减少，在一二线城市甚至不断增加。在户籍制度和土地制度等改革问题没有解决的情况下，农村人口数量并没有减少，这个结构不发生转换，我国体育场

地的城乡失衡问题会依然存在。（表 10 - 4）

表 10 -4　常住与户籍口径下的人口城乡结构（2015 年末）

城乡结构	人数/亿	比重/%
城镇常住人口	7.71	56.1
农村常住人口	5.46	43.9
城镇户籍人口	4.91	39.9
农村户籍人口	8.26	60.1

所以，要对照城乡人口分布与比例，适度增加农村体育场地建设规模，重点增加教育系统的体育场地建设，一是保证学校体育教育对体育场地的需求，二是保障农村人口对体育健身场地的基本需求。

（三）增建全民健身类体育场地

根据《全民健身计划（2016—2020 年)》的要求，未来 5 年"大力发展健身跑、健身走、自行车、足球、游泳、户外、冰雪等参与人数众多的运动项目，积极培育帆船、击剑、赛车、航空、马术、射击、射箭、极限、房车露营等具有消费引领特征的运动项目，鼓励开发适合不同人群特点的休闲运动项目，扶持推广武术、围棋、象棋、龙舟、舞龙舞狮等传统体育项目发展"。

第六次全国体育场地普查统计数据显示，在 83 种场地类型中，场地数量排名前 20 位的场地类型包括篮球场、全民健身路径、乒乓球场、其他类体育场地、小运动场、乒乓球房（馆）、排球场、羽毛球场、棋牌房（室）、健身房（馆）、3 人制篮球场、室外网球场、室外门球场、综合房（馆）、台球房（馆）、城市健身步道、田径场、室外游泳池、羽毛球房（馆），占全部场地数量的 94.50%（其中，场地数量排名前 10 位的场地类型占 89.83%）。

再从体育场地面积来看，排名前 20 位的场地类型包括小运动场、篮球场、高尔夫球场、田径场、其他类体育场地、体育场、城市健身步道、水上运动场、天然游泳场、室外人工滑雪场、足球场、乒乓球场、登山步道、全民健身路径、室外马术场、综合房（馆）、排球场、室外网球场、羽毛球场、室外游泳池，占全部场地类型场地面积的 95.21%。

综合以上两组数据来看：体育场地数量和体育场地面积都排在前20名的场地类型包括篮球场、全民健身路径、乒乓球场、其他类体育场地、小运动场、排球场、羽毛球场、室外网球场、综合房（馆）、城市健身步道、田径场、室外游泳池、体育场共13种；场地数量和场地面积都排在前10名的场地类型包括篮球场、小运动场、其他类体育场地共3种。

这些数量排在前20位的体育场地，与政府未来推广的体育健身相对应，还有许多新兴项目或传统项目的体育场地需要增加建设规模，以满足大众体育健身对体育场地的需求。因此，在未来规划建设体育场地时，应充分尊重大众体育健身需求，依据《全民健身计划（2016—2020年）》中"大力发展健身跑、健身走、自行车、足球、游泳、户外、冰雪等参与人数众多、具有消费引领特征的运动项目"，以提高现有体育场地使用效率为前提，增加建设广受大众欢迎的体育健身场地，满足大众日益增长的体育健身需求。

（四）拓展现有篮球类场地的使用功能

第六次全国体育场地普查结果显示，篮球类体育场地共有62.09万块，占所有体育场地总数的36.7%，在全部83种场地中排第一；篮球类场地面积共有3.69亿平方米，占所有体育场地面积总数的18.5%，在所有83种场地中排第二。

篮球类场地包括"篮球场""篮球房（馆）"和"三人制篮球场"等3类。其中，篮球场数量占篮球类场地总数的95.89%，场地面积占篮球类场地总面积的97.02%，在3类篮球场地中占有绝对优势；三人制篮球场占篮球类场地总数的3.25%，场地面积占篮球类场地总面积的1.63%；篮球房（馆）数量占篮球类场地总数的0.85%，场地面积占篮球类场地总面积的1.36%，在3种类型篮球场地中场地品质和档次都是最好的类型。

由于篮球场地分属不同的管理部门和单位，在使用和管理上会有很大的不同。位于广场、公园、小区街道、村镇的篮球场地开放程度较高，而坐落于校园的篮球场地，虽然也向社会开放，但对外开放有着严格的限制条件，开放率并不高。机关企事业单位、工矿、宾馆商场饭店这些地方拥有的篮球场地，除了对内部人员开放外，都是限制性开放。

我国人口众多，体育场地的总量资源稀缺，距离人均2平方米体育场地的目标还很远。我国篮球类场地总量较多，场地面积也较大，如果加以合理的管理和使用，现有的篮球类场地的存量基本能够满足当前大众参与篮球活动的需求。同时，篮球类场地不能仅仅满足篮球这一项运动的场地需要，在条件允许的范围之内，应该利用自身优势，提出更多的综合利用方案，包括部分篮球场地与排球、足球项目的跨项共享场地以外，还有很多大众健身运动也能共享篮球类场地。这就需要我们合理规划已有的各类篮球类场地，关键在于体育场地主管部门要开阔思路，更好地综合利用篮球类场地现有存量，提高篮球类场地的多项目综合使用效率，以弥补目前我国体育场地总量的不足。

我国城市和农村都有众多的篮球爱好者，特别是广大农村居民更是对篮球这项运动情有独钟。篮球类场地作为体育运动的基础设施，是篮球活动必不可少的硬件条件。因此，对于农村地区，还需要不断增建篮球类场地，满足农村居民开展篮球运动和其他健身运动的需要。同时，农村地区篮球类场地不仅是开展篮球比赛、体育竞赛和其他健身运动之用，还可以丰富农村居民的业余文化生活，有利于社会主义新农村的文化建设和精神文明建设。

七、加快重点项目场地建设

党的十八大以来，党中央和国务院十分关心我国体育事业的发展，并对足球改革寄予厚望。2014年10月，国务院印发的《国务院关于加快发展体育产业促进体育消费的若干意见》提出，抓好潜力产业，要求到2025年，体育产业总规模超过5万亿元，并对改革职业体育、发展健身休闲项目、创新体育场馆运营机制等提出了新的要求。

（一）加大足球类运动场地建设的力度

2014年11月，国务院副总理刘延东在全国电视电话会议上强调，要认真贯彻习近平总书记、李克强总理关于抓好青少年足球、加强学校体育工作重要指示精神，坚持体教结合，锐意改革创新，推进校园足球普及，促进青少年强身健体、全面发展，夯实国家足球事业人才基础。

1. 足球类运动场地数量

截至 2013 年 12 月 31 日 24 时，我国现有足球类场地数量为 10600 个 ①。其中足球场 4565 个，占足球类场地总数的 43.07%；室外五人制足球场 3660 个，占足球类场地总数的 34.53%；室外七人制足球场 2335 个，占足球类场地总数的 22.03%；室内五人制足球场较少，只有 40 个，仅占足球类场地总数的 0.38%。此外，经体育场地改造后，可以进行足球比赛、训练使用的体育场地共 5692 个、田径场共 10995 个、小运动场共 89084 个。

2. 足球类运动场地总面积

全国足球类场地总占地面积约 3539.30 万平方米，其中足球场占地面积最大，约 2483.42 万平方米，占足球类场地总面积的 70.17%；室外五人制足球场占地面积约 372.61 万平方米，占足球类场地总面积的 19.17%；室外七人制足球场地占地面积约 678.63 万平方米，占足球类场地总面积的 10.53%；室内五人制足球场地仅占足球类场地总面积的 0.13%。同样，经体育场地改造后，可以进行足球比赛、训练使用的体育场地约 10452.16 万平方米、田径场约 16898.81 万平方米、小运动场约 44198.53 万平方米。以上两组数据表明：我国足球场地无论是场地总数，还是面积总量，近 10 年的增长幅度都较小，远远落后于其他类型体育场地的增长速度。

3. 各系统足球类场地分布

在 10600 个足球类场地中，各系统足球类场地数量最多的是教育系统，为 6766 个，占全部足球类场地数量的 63.83%；其次是其他系统，为 3175 个，占全部足球类场地数量的 29.95%；体育系统最少，为 659 个，占足球类场地总数的 6.22%。在教育系统内部，中小学拥有的足球类场地数量最多，为 5681 个，占全部足球类场地数的 53.59%；其次是高等院校，有 769 个，占全部足球类场地数量的 7.25%；中专中技有 214 个，占全部足球类场地数量的 2.02%；其他教育系统单位拥有的足球类场地数量最少，仅有 102 个，占足球类场地总数的 0.96%。

与各系统足球类场地数量排名相一致，各系统足球类场地面积最大的为教育系统，为 23777520.05 平方米，占足球类场地总面积的 67.18%；其次为其他系统，为

---

① 全国足球场地不含火车头协会和武警系统数据。

9251850.21 平方米，占足球类场地总面积的 26.14%；体育系统场地面积最小，为 2363664.39 平方米，占足球类场地总面积的 6.68 %。

在教育系统内部，中小学的足球类场地面积最大，为 18688711.60 平方米，占足球类场地总面积的 52.80%；其次为高等院校，为 3767645.77 平方米，占足球类场地总面积的 10.65%；中专中技为 929119.58 平方米，占足球类场地总面积的 2.63%；其他教育系统单位最小，为 392043.10 平方米，占足球类场地总面积的 1.11% 。

如果从微观上分析足球运动场地的投资，那么，我国足球场地投资结构与其他体育场馆投资以及 2003 年"五普"体育场地的投资结构和规模基本一致，说明我国足球运动场地投资结构在过去 10 年间没有发生本质变化，以政府投资和单位自筹为主，社会资本和体彩公益金所占比重较小。

4. 增建足球运动场地的动力

《中国足球改革发展总体方案》提出："推动足球运动普及。坚持以人为本，推动社会足球加快发展，不断扩大足球人口规模。鼓励机关、事业单位、人民团体、部队和企业组建或联合组建足球队，开展丰富多彩的社会足球活动。注重从经费、场地、时间、竞赛、教练指导等方面支持社会足球发展。工会、共青团、妇联等人民团体发挥各自优势，推进社会足球发展。""全国校园足球特色学校在 5000 多所基础上，2020 年达到 2 万所，2025 年达到 5 万所。"近年来，校园足球事业取得了积极进展，体制机制不断完善，发展模式不断创新，校园足球定点学校达到 5000 多所，举办各种比赛 10 万多次，青少年足球人口不断扩大。

2015 年 8 月 13 日，教育部等 6 部门正式公布的《关于加快发展青少年校园足球的实施意见》明确指出，各地要把校园足球活动的场地建设纳入本行政区域足球场地建设规划，纳入城镇化和新农村建设总体规划，按照因地制宜、逐步改善的原则，加大场地设施建设力度，创造条件满足校园足球活动要求。鼓励建设小型多样化足球场地设施。在现有青少年培养、实践基地建设中，规划和建设好足球场地设施，推动场地设施共建共享。各地要统筹体育场地设施资源的投入、建设、管理和使用，鼓励各地依托学区建立青少年足球活动中心，同步推进学校足球场地向社会开放和社会体育场地设施向学校开放，形成教育与体育、学校与社会、学区与社区共建共享场地设施的有效机制。

综上所述，未来几年，要加大足球类运动场地投资与建设的速度，在分析现有足球场地分布的基础上，根据足球运动人口、足球传统以及足球文化和环境等条件，合理布局足球类运动场地建设的数量、面积和类型。对于经济发达、人口密集、土地资源稀缺的一二线城市，应充分利用闲置地、公园、林带、屋顶、人防工程等因地制宜建设足球类场地，以建设五人制或笼式足球场地为主。对于远郊区或城镇，以建设综合体育场和专业足球场为主。重点是建设学校足球场地，保障校园足球的广泛开展，以普及校园足球运动，扩大足球运动人口。

（二）夯实冰雪运动发展的场地基础

1. 我国冰雪场地数量及构成

根据第六次全国体育场地普查的数据，截至 2013 年底，全国滑雪场数量为 306 个（其中室外滑雪场 298 个，室内滑雪场 8 个），滑雪场地总面积为 2904.05 万平方米（其中室外滑雪场总面积数为 2898.36 万平方米，室内滑雪场总面积数为 5.69 万平方米）。

全国共建有滑冰场地 177 个，其中室外速滑场地 60 个，室内速滑场地 44 个，室内冰球场地 42 个，室外冰球场地 21 个，室外和室内冰壶场地各为 5 个。各类滑冰场地总面积数为 59.42 平方米，其中室外速滑场地 34.52 万平方米，室内速滑场地 9.34 万平方米，室内冰球场地 8.35 万平方米，室外冰球场地 6.43 万平方米，室内冰壶场地和室外冰壶场地面积分别为 0.48 万平方米、0.2 万平方米。

2. 我国冰雪场地接待健身人次情况

根据全国第六次体育场地普查的数据，2013 年底在冬季滑雪季内我国冰雪场地平均每周接待健身人群 120 多万人次，其中滑雪 96 万人次，滑冰 24.5 万人次。我国东北、华北等冰雪场地密集地区，滑雪季一般在 3～4 个月，东北地区多数雪场可维持在 4 个月。若按我国多数冰雪场地可以维持 3 个月的冰雪季来推算，则我国冰雪场地每年接待的健身人数在 1446 万人次以上，其中接待滑雪健身人数 1152 万人次，接待滑冰人数 294 万人次。

根据国际知名冰雪产业专家劳伦特·弗纳特（Laurent Vanat）提供的数据，目前全世界有 80 多个国家开展冰雪运动，拥有 2000 多个滑雪度假村，6000 多个滑雪场，27000 多条缆车索道。目前世界上冰雪强国主要集中在欧洲阿尔卑斯山及周边地区，以及北美地区。我国每百万人口拥有 0.2 个滑雪场，而奥地利拥有 31.75 个，瑞士拥有 24.25 个，加拿大拥有 8.23 个，意大利拥有 5.72 个。在接待游客数量方面美国、法国、奥地利的滑雪场接待的滑雪度假游客均超过了 5000 万，而现阶段我国滑雪人口大概在 1500 万人次。

3. 我国冰雪场地的地区分布

全国 306 个滑雪场主要分布在秦岭、淮河以北地区的 22 个省区市中。拥有滑雪场数量最多的省份为黑龙江省，共 50 个，其次为辽宁省和河北省，滑雪场数量均为 30 个。目前我国拥有各类冰场 177 个，分布在 27 个省区市。黑龙江省拥有的冰场数量达 35 个，高居全国之首。以下依次为广东省 23 个、吉林省 21 个、辽宁省 14 个、江苏省 10 个。上述 5 个省市拥有的冰场数量占全国冰场的总数的 58.19%。滑雪场的建设与自然气候有关，但冰场的建设则与经济发展水平有很大的关联，尽管东北地区冰场总体数量领先其他地区，但大多为室外冰场。而广东、江苏等东部发达省份拥有的冰场则基本为室内冰场，其数量远远超过东北三省。

4. 加快冰雪场地建设的速度

2015 年 1 月 14 日，国家主席习近平在会见国际奥林匹克委员会委员、亚奥理事会主席艾哈迈德亲王时强调，北京举办冬奥会将带动中国 3 亿多人参与冰雪运动，这将是对国际奥林匹克运动发展的巨大贡献。国家体育总局前局长刘鹏同志指出："要实现带动 3 亿人参与冰雪运动这一目标最基础的条件，一是要大力加强冰场、雪场建设，从数量上满足人民群众冬季运动锻炼需求；二是冰雪进校园、进公园、进商业园工程的具体实施；三是各类冰雪体育人才的培养；四是进一步扩大冰雪体育的宣传和影响。"推动 3 亿人参与冰雪运动最重要的举措就是进一步拓展冰雪场地，从数量上满足 3 亿人参与冰雪运动的需求。

随着 3 亿人上冰雪目标的拉动，北京、张家口成功申办 2022 年冬奥会，以及《国务院关于加快发展体育产业促进体育消费若干意见》中"以冰雪运动等特色项目为突破口，促进健身休闲项目的普及和提高"，"制定冰雪运动规划，引导社会力量参与建设一批冰雪运动场地，促进冰雪运动繁荣发展，形成新的体育消费热点"，我国冰滑场地建设将进入一个高速发展的黄金期。

第一，借助北京联合张家口成功申办 2022 年冬奥会，充分贯彻节俭办奥运的理念，场馆建设规划要充分考虑冬奥会后场馆的再利用，并广泛动员社会力量参与奥运场馆的建设。训练和比赛场地建设除满足冬奥会的需要之外，应着眼于我国未来开展冰雪运动，推动冰雪产业发展的整体目标。

第二，布局重点地区冰雪场地建设，打造中国冰雪产业发展增长极。综合各方面因素分析，京（北京）张（张家口）冰雪产业带和哈（哈尔滨）牡（牡丹江）冰雪产业带具备了打造中国冰雪产业发展极的条件。重点发展京张冰雪产业带和哈牡冰雪产业带必将充分发挥两个区域的产业优势，以点带面带动中国冰雪产业的整体发展。

第三，采用多种手段促进我国城市滑冰场地的建设。推动我国 3 亿人参与冰雪运动，必须大力拓展城市滑冰场地建设，打破以往以建室内永久滑冰馆为主导的理念。通过多种手段，拓展城市滑冰场地的建设与发展，最大限度地利用公共水域的野外自然冰场。

第四，充分利用可拆装冰场技术，拓展城市滑冰场地。采用可拆卸移动冰场技术，因地制宜在城市广场、购物中心广场、商场、展览馆、体育场馆、公园或其他娱乐休闲空间安装专业滑冰场地，以满足大众滑冰，以及速滑、短道速滑、花样滑冰、冰球等项目的训练、表演和竞赛需求。

第五，适度发展城市室内滑雪场地。在我国人口稠密、经济发达的大中城市，合理规划、布局和建设大型室内滑雪场地可以拓展我国冰雪场地数量，尤其在"北冰南展""北冰西扩"的带动下，南方城市、西部地区城市，规划和建设大型室内冰雪场地可以吸引更多居民参与冰雪运动，提高城市居民的生活品质，拉动体育消费，推动体育产业健康可持续发展。

（三）适度增加排球场地建设

中国女排在 1981—1986 年期间连续获得 5 次世界大赛的冠军，创造了世界排球运动发展史上的奇迹，成为当时中国人的模范和骄傲，更是中国在 19 世纪 80 年代腾飞的象征，"女排精神"被称作整个民族奋发向上的时代精神。习近平总书记曾指出："把'三大球'搞上去，这是一个体育强国的标志。"从目前情况看，排球运动在我国有良好的群众基础，但是现有的排球场地与蓬勃开展的我国排球运动并不相称。

第六次全国体育场地普查结果显示，我国现有各类排球场地 42560 个，占地面积为 2309.50 万平方米，建筑面积为 351.06 万平方米，场地面积约为 1372.69 万平方米。以 2013 年末全国内地总人口 136072 万计算，平均每万人拥有各类排球场地仅 0.31 个，人均排球场地面积仅 0.01 平方米。而且存在着城乡分布的不均衡（排球场地数量和面积，城镇与乡村的比例都是 3∶1），室外与室内场地数量比例严重失衡，分别占排球场地总数的 97.75% 和 2.25%。

为了促进排球运动的进一步发展，首要任务就是增加排球运动场地建设。一是建设多功能复合型排球场地，即建设既能够开展排球运动，也能够兼顾成为室内五人制足球场、篮球场、气排球场和羽毛球场，并且能够开展其他健身运动。这样的场地设计既节省了空间，也有效提高新建场地的使用效率。二是改建原来具有排球场地潜力的体育场馆，如篮球场馆。我国现有篮球类场地 62.09 万个，场地面积 3.69 亿平方米，对于排球运动来说则是一笔巨大的"宝藏"，可以通过合理开发综合利用，大大增加排球场地的数量和面积。室外篮球场地可以铺设排球场地预埋件，室内篮球场地可以将排球网柱悬挂在室内钢结构屋顶上，这样既不影响篮球训练和比赛的正常运行，又可以增加排球场地数量。

（四）加大全民健身场地建设力度

1. 调整全民健身场地建设思路

在我国推行的"全民健身路径工程""雪炭工程"和"农民体育健身工程"等全民健身场地设施建设过程中，均不同程度地存在体育场地所建非所需的现象。鉴于此，建议根据当地大众体育健身需求实际，调整全民健身场地建设思路。

一是以县、区、市为重点，加大对公共体育场馆、全民健身活动中心、体育公园等体育场地建设的力度。二是以街道、社区为核心，加强篮球场、网球场、乒乓球长廊、笼式多功能球场（包括"五人制"或"七人制"足球场）、城市健身苑、青少年快乐营地、门球场、社区健身步道、职工综合健身馆（内设羽毛球场、乒乓球台、棋牌类设施、文艺设备等）、社区多功能运动场等场地的建设。三是以乡镇、行政村为基点，加强多功能运动场（或球场）、农民健身广场、农民健身步道、青少年快乐营地、健身器材等设施的建设。四是调整农民健身工程"一场两台"建设方案，改为"一场＋健身器械"（多功能运动场或运动广场、若干健身器械）、"半场多台"（半个篮球场、多个乒乓球台）、"多台＋健身器械""健身路径＋健身器械"等多种适合农民实际体育需求的运动场地组合类型。五是因地制宜，建设具有民族体育特征、地区体育传统、符合季节气候、贴合大众需求的全民健身场地设施，实现全民健身场地的所建为所需。

2. 依"六建"增场地

一是增建。在我国新城镇、新社区、新农村的规划、建设过程中，按照建设部、国土资源部发布的《城市社区体育设施建设用地指标》和《"十二五"公共体育设施建设规划》的相关要求，制定城市社区15分钟和农村30分钟体育健身圈，大力推进全民健身公共体育设施建设。

二是补建。各省、地、市在实施城市老、旧小区整治过程中，应与房管部门联合，对"市民有需求、土地有条件"的老、旧小区全部补建体育健身设施，达到老百姓健身场地就在身边的基本要求。

三是配建。与园林部门、规土部门联合，坚持"体绿（地）结合、体（公）园结合、体景（观）结合"，做到公园绿地广场景观建到那里，体育场地设施就配置到那里。

四是共建。体育部门与自然村（或居民小区）共建，体育场地由自然村（或居民小区）建设，体育场地设施由体育部门提供。

五是换建。对使用年限已满8年或损坏严重的体育健身设施，由各地、市、县体育局出资，定期进行更新，保证全民健身场地设施的完好率和使用率。

六是民建。坚持"全民健身全民办"的思路，采取捐助、赞助、合作、股份制等多种形式，鼓励社会力量积极参与兴建和管理全民健身场地设施。

3. 提高全民健身场地的利用率

积极采取措施提升体育场地设施的品质，进而提高体育场地的利用率。一是对现有的室外体育场地应增加风雨棚，配置灯光照明设施，有条件的场地配置卫生间、看台、停车场等辅助设施，提高现有体育场地的有效使用时间。二是改善体育场地的面层，对泥土、水泥、煤渣、沥青等面层材料的体育场地根据气候特点进行改造，保障市民的安全与科学健身。

4. 增加全民健身场地设施的投入

一是采用体育彩票公益金投入形式设立全民健身场地设施维护专项资金；二是依据全民健身场地设施标准建立服务标准，采用政府购买体育服务方式下拨专门维修资金；三是建立扶持引导、以奖代补制度，对于利用率高、社会效益好的全民健身体育场地进行资金奖励；四是开发体育旅游资源，将体育旅游和全民健身运动相结合，引进社会力量捐资或出资为全民健身场地建设和维护提供资金保障。

八、建立体育场地统计的长效机制

体育场地统计是一项通过搜集、汇总和计算体育场地数据，反映体育场地整体发展状况的重要工作。目前，全国体育场地普查平均约 10 年开展 1 次，在普查年份可以获得全国体育场地发展的情况，但在非普查年份很难获得有关体育场地发展状况的统计信息，不便于政府进行决策。因此，无论是从政府宏观政策决策需要，还是从政府微观管理需求的角度来看，都有必要建立体育场地长效统计机制。

长效机制并不是意味着一成不变、一劳永逸，它随着时间、条件的变化而不断丰富、发展和完善。当前，统计工作的领域不断拓展，作为信息主体的统计数据逐步引起了社会各界的高度关注，社会对统计数据的需求也越来越高，统计工作的重要性日益凸显。因此，我们只有充分认识体育场地统计工作的重要性，结合体育场地统计的实际，运用互联网思维以及信息科技的创新发展，逐步建立较为完善的体育场地统计长效机制，创新体育场地统计手段，让体育场地统计的信息、咨询和监督作用得到最大限度的发挥。

（一）建立场地长效统计工作方案，完善非普查年份体育场地统计报表制度

经过进一步深入调研和广泛征求意见，本研究认为应尽快建立体育场地统计长效机制工作方案，包括建立以 10 年为周期的体育场地周期普查制度，建立以全面普查、小普查、抽样调查、重点调查和推测算相结合的体育场地统计长效机制。在两次普查周期内，奇数年测算，偶数年开展抽样调查和重点调查，逢零年份进行小普

查，依据体育场地普查长效工作方案的制度设计，细化工作方案，落实每年场地统计工作任务，明确各偶数年度统计核心指标和调查方法，形成并完善非普查年份体育场地统计报表制度，规范未来若干年度体育场地的调查工作。

（二）依托现有地图服务供应商，建立体育场地统计信息查询平台

随着互联网＋战略的实施，互联网地图服务的快速发展，部分互联网地图服务商，如高德、百度、腾讯等地图服务供应商的产品，给人们的交通出行、消费、生活提供了更多便捷的服务，实现了线下数据整合与线上服务的有机发展。互联网地图服务供应商在日常数据采集过程中也大量采取与群众生活相关的信息，包括体育场地等服务信息，涵盖了部分体育场地统计范围内的体育场地信息。因此，未来地方政府或体育主管部门可以考虑与地图服务供应商合作，采集体育场地统计信息。目前较为可行的路径是将现有第六次全国体育场地普查数据导入地图服务平台，依托互联网地图供应商现有平台，建立体育场地信息查询服务平台，充分利用地图服务商的技术能力，将普查数据转化为实际应用的技术能力，使现有场地统计数据的价值得到最大限度的开发和利用，为群众参与全民健身活动提供一个健全的网络化场地信息查询服务平台。同时，借助互联网地图服务供应商地图数据采集的专业队伍，加大对平台内数据的更新力度，确保实现体育场地数据的及时更新。而且，该平台所保存的体育场地信息也是体育场地非常重要的台账和原始记录，为今后体育场地统计和普查提供连续性和延续性的数据。

（三）政府购买地图供应商采集服务，逐步实现体育场地信息采集社会化

体育场地作为公共体育服务的基础性要件，群众迫切需要了解场地的基本信息（类型、质量、结构）及周边配套服务情况，政府应根据群众的需求，及时为群众提供体育场地信息查询服务。政府在提供此类查询服务时，可考虑充分引入市场机制，利用社会力量采集和提供体育场地统计数据等各方面的信息，如向地图服务商购买体育场地信息采集服务。地图服务供应商日常也有采集大量的社会机构和建筑物等地理信息，也包括大量各类体育场地的地理信息，这些信息正是群众和政府所

需要的，政府部门可以通过购买公共服务的方式，明确体育场地信息统计的标准，由地图供应商提供体育场地的统计信息。随着众包模式的推广与普及，未来可考虑采取众包模式采集体育场地信息，实现体育场地统计信息的社会化采集。目前，较为可行的路径是政府向地图供应商购买体育场地信息采集服务，由地图供应商在采集场地信息过程中按照政府设定的标准和统计口径、统计指标采集体育场地信息，及时在体育场地统计数据库中对体育场地信息进行更新，由地图供应商定期向政府部门提交各区域体育场地的发展变化情况。

（四）建立移动互联网的体育场地信息采集平台，试点推行移动网络直报

构建体育场地统计长效机制，实现体育场地统计信息的动态化和及时更新，改进体育场地统计数据采集手段，提高体育场地统计工作效率，首先应建立基于移动互联网的体育场地信息采集平台，试点推行体育场地统计信息的移动网络直报系统。该信息采集平台在后台与体育场地查询平台对接，实现采集数据的及时入库，及时更新。场地数据采集的初级阶段可以人工步行采集为主，后期逐渐向车辆采集、互联网报错、卫星图像等更高级形式的采集方法过渡。非普查年份的场地抽样调查、重点调查等，均应使用该平台进行网络直报，减少人为因素对数据的干扰，提高数据采集的准确性，为后续的场地推测算做好准备。与此同时，体育行政部门和其他相关部门的日常体育场地建设数据，如农民体育健身工程、全民健身路径、学校体育场地等也可全部录入移动网络直报系统。最后，在网络直报系统中设立体育场地信息的变更等功能，可随时对发生变更的场地进行信息与数据的更改，便于实时掌握体育场地发展变化情况。